CHERYL BENARD, geboren 1953 in New Orleans, und EDIT SCHLAF-
FER, geboren 1959 im Burgenland, beide Sozialwissenschaftlerinnen,
leiten die »Ludwig-Bolzmann-Forschungsstelle für Politik und zwi-
schenmenschliche Beziehungen« in Wien. Von den engagierten
Autorinnen ist unter anderem erschienen: *Männer. Eine Gebrauchs-
anweisung für Frauen; Es gibt ein Leben nach der Scheidung; Gemeinsam Eltern bleiben – auch nach der Trennung; Mütter machen
Männer; Let's kill Barbie* und *Die Emotionsfalle*.

CHERYL BENARD /
EDIT SCHLAFFER

Rückwärts
und auf
Stöckelschuhen

... können Frauen
so viel wie Männer

WILHELM HEYNE VERLAG
MÜNCHEN

HEYNE SACHBUCH
19/698

Taschenbuchausgabe 11/99
Copyright © 1989, 1991 by Verlag Kiepenheuer & Witsch, Köln
Wilhelm Heyne Verlag GmbH & Co. KG, München
http://www.heyne.de
Printed in Germany 1999
Umschlagillustration: Jordi Cubells I. Biela, Barcelona
Umschlaggestaltung: Hauptmann und Kampa
Werbeagentur, CH-Zug
Gesamtherstellung: Presse-Druck, Augsburg

ISBN 3-453-16498-9

Inhalt

I. Vorwort
Rückwärts und auf Stöckelschuhen –
Frauen erklimmen die Erfolgsleiter

Können Frauen alles, was Männer können? Auf diese Frage haben amerikanische Feministinnen eine sinnige Antwort. Wir sollten doch an Ginger Rogers und Fred Astaire denken: Fred Astaire wird gefeiert als der große Künstler, aber Ginger Rogers konnte alles, was er konnte, ebensogut. Nur konnte sie es rückwärts und auf Stöckelschuhen.

Rückwärts und auf Stöckelschuhen – dieses Bild kam uns immer wieder in den Sinn, wenn wir die Lebenswege und Karrieren von Frauen studierten. Die 25- oder 30- oder 50jährige Frau, die uns im Interview gegenüber saß, hatte ihr Leben im Griff, hatte bereits viel geleistet und noch viel vor, war dabei das zu erreichen, was sie sich vorgenommen hatte. Aber hinter ihr lag meist ein Hindernislauf. Und die Hindernisse bestanden aus einer komplexen Mischung von Konventionen, Vorurteilen und Selbstsabotage – genau wie im Bild unserer beiden Tanzenden. Die Vorurteile sagen, daß der Mann führt. Die Konvention will, daß die Frau graziös folgt und dabei auf Stöckelschuhen balanciert. Als gelegentliches Unterhaltungsprogramm mag das ganz nett sein, aber die ganze Lebensgestaltung nach diesem altmodischen, artigen Bild zu orientieren ist Selbstsabotage.
So fand sich in den Lebensgeschichten und Karrierewegen der interviewten Frauen meist eine Mischung aus erlebter Ungerechtigkeit und Eigentoren. Erstaunlich oft fing die Ungerechtigkeit im Elternhaus an, wurde ein Bruder gefördert und ermutigt und finanziell unterstützt, die Tochter zu bescheideneren Zielen angeregt. Erschütternd häufig hatten Frauen es im

Studium und im Beruf mit vorurteilsbeladenen Professoren und Vorgesetzten zu tun. Besonders interessant aber waren die Steine, die Frauen sich selber in den Weg legten, unnötige Umwege, die sie sich selber antaten. Die ungesunden, unbequemen Schuhe, mit denen wir unser eigenes Vorankommen erschweren; die altmodischen Tanzschritte, zu denen wir uns immer noch lächelnd auffordern lassen; der Rückwärtsgang, der uns vom schon so nahen Ziel wieder abbringt – diese Dinge sind interessant, weil wir sie am leichtesten ändern könnten.

ER fährt auf Geschäftsreise. Er sagt tschüs, packt seinen Koffer und fährt zum Flughafen.
SIE fährt auf Geschäftsreise. Vorher verfaßt sie eine lange Liste für ihren Ehemann: was die Familie am Abend essen soll und wo die Bestandteile zu finden sind, welche Freunde und Verwandte die beiden Kinder von der Schule abholen und danach betreuen werden und wann und wo sie am abend abzuholen sind, die Telefonnummer der Kinderärztin, ein bereits verpacktes Geburtstagsgeschenk in einer Plastiktüte und die Adresse der Party. Auf dem Badezimmerspiegel kleben letzte Erinnerungen: Zahnspange nicht vergessen! Dienstag eine Stunde später Schulbeginn!
ER bereitet seinen Vortrag vor. Und was soll er anziehen? Das ist nicht schwer: er will einen seriösen Eindruck machen, ergo, den dunklen Anzug.
SIE bereitet ihren Vortrag vor. Und was wird sie anziehen? Sie will einen seriösen Eindruck machen, aber nicht zu maskulin wirken. Auch nicht zu feminin, das lenkt ab. Attraktiv, aber nicht sexy. Seriös, aber modisch. Sie weiß, daß das Publikum sich ausführlich für ihr Aussehen und Erscheinungsbild interessieren und daraus Schlüsse auf den Wert ihrer Aussagen ziehen wird.

Aber nicht immer ist es die böse Umwelt, die der Frau Hindernisse in den Weg legt:

ER ist unzufrieden mit seinem Job. Er kommt nicht so schnell voran, wie er es erhofft hat, muß neben einigen interessanten Tätigkeiten auch viel langweiligen Kleinkram erledigen. Aber so ist es nun mal, im Berufsleben. Er beißt sich durch. Der Chef hat versprochen, ihn in einem halben Jahr in die erwünschte Abteilung zu versetzen. Wenn das nicht passiert, wird er sich nach einem anderen Job umsehen.

SIE ist unzufrieden mit ihrem Job. Wozu sich herumärgern – vielleicht ist es angenehmer, für eine Weile zu Hause zu bleiben. Ihr Ehemann hat ja auch gemeint, daß sie nicht arbeiten gehen »muß«, wenn es ihr keinen Spaß macht. Sieben Jahre später bereut sie ihren Ausstieg, tut sich aber schwer damit, einen Ansatzpunkt für den beruflichen Wiederbeginn zu finden.

Strategien

Karriere- und Durchsetzungsstrategien gibt es so viele wie es Berufe und Berufstätige gibt. Wir wollen daher nur drei, sehr allgemeine, Möglichkeiten vorstellen, die eigenen Chancen zu verbessern.

I. Auf sich selber hören

Wenn Frauen ihre Lebensplanung erläuterten, dann bekam man beim Zuhören oft ein leicht schwindliges Gefühl, so, als ob man zwei Stimmen auf einmal zuhörte. Die erste gehörte der Frau selber. Und die zweite, die sie wie eine Halluzination begleitete, das war eine fremde Stimme, die sich irgendwie eingeschlichen hatte. Die Stimme der Frau sprach davon, daß sie gerne einmal eine interessante berufliche Aufgabe haben würde, und eine gute und kameradschaftliche Partnerschaft und ein abwechslungsreiches Leben. Und die zweite Stimme sprach von einem Heim mit zwei süßen Kindern und einem nur schemenhaft sichtbaren Mann, auf den man sich immer verlassen könnte und der einem alle Lasten und Sorgen abnehmen würde. Die Frau sprach davon, daß sie unkonventionell sei und etwas Besonderes machen wolle, und daneben säuselte eine andere Stimme irgend etwas über die Meinung der Nachbarn und der Tante Trude und einer abfälligen Bemerkung über berufstätige Mütter, die der Professor Sowieso einmal gemacht hatte.

Und wenn man sich die Geschichte dann anhörte, verwünschte man oft diese Zusatzstimmen. Denn oft dauerte es Jahre, bis die Frau sie abschütteln konnte, obwohl sie von Anfang an wußte, daß sie ihr keinen guten Rat gaben.

Das Bedrückendste an weiblichen Lebensgeschichten ist gar nicht, daß es so lange braucht, bis den Frauen irgendwelche Einsichten kommen, bis sie wissen was sie wollen, bis sie »Bewußtsein« erzielen. Das Bedrückende ist, daß sie es meist schon von Anfang an ganz genau wissen und sich trotzdem immer wieder davon abbringen lassen. Und daß sie dadurch meist weder das eine noch das andere erreichen: weder das bekommen, was sie selber wollten, noch das, wovon die anderen glaubten, daß es für sie gut wäre.

Wenn wir den Frauen nur einen einzigen Rat geben sollten, dann wäre es dieser: nicht immer abzudriften in die Traumwandlerei irgendwelcher Klischees.

2. Sich Verstärkung holen

Relativ selten begegneten wir Frauen, die ihre Karriere in Partnerschaft mit einer zweiten Frau betrieben hatten. Und das ist erstaunlich, denn die, die es so gemacht hatten, waren von diesem Modell ganz überzeugt. Um nur einige der Vorteile aufzuzählen, die eine solche Vorgangsweise mit sich bringt: Zwei Frauen versachlichen die berufliche Interaktion. Es fällt einem negativ gesinnten (bzw. einem mit irgendwelchen Problemen belasteten) Mann dann wesentlich schwerer, die Interaktion zu sexualisieren. Es fällt ihm auch schwerer, die weibliche Wahrnehmung der Situation durch Realitätsverdrehungen zu entwerten – denn neben ihr steht eine zweite, die es genauso sieht. Die Zusammenarbeit mit einer anderen Frau ergibt, vor allem im Umgang mit Männern, nicht bloß eine Verdoppelung, sondern eine Multiplikation der Freiräume und der Möglichkeiten. Auch die psychische Entlastung ist bedeutend. Es gibt dann eine ähnlich wahrnehmende Person, mit der die Situation durchbesprochen, die Meinungen verglichen, die Strategien durchdacht werden können.

Für die spezifischen – oftmals absurden – Belastungssituationen einer berufstätigen Frau hat eine andere Frau am ehesten Verständnis, und man ist so am ehesten in der Lage, sich gegenseitig zu helfen und zu ergänzen. Um die diversen Unzumutbarkeiten der Vielfachbelastung halbwegs zu ertragen, braucht man in erster Linie Flexibilität, und die ist eher gewährleistet, wenn man eine ähnliche Einstellung und eine ähnliche Ausgangssituation hat.

3. Einen männlichen Berater ernennen

Die Berufswelt, die Öffentlichkeit, ist noch immer männlich strukturiert und dominiert. Es gelten dort männliche Regeln, und Männer bestimmen. Manche Frauen versuchen angesichts dieser Situation, sich anzupassen. Das ist erstens eine Entfremdung und zweitens gelingt es sowieso meist nicht. Die bessere Alternative ist es, sich auf dem fremden Terrain zu orientieren, um die jeweils beste Reaktionsmöglichkeit zu finden. Wenn man sich auf fremdem Terrain orientieren will, braucht man einen Ortskundigen, einen Fremdenführer, einen Spion.

Männer wissen, wie andere Männer reagieren, wie sie Leistungen beurteilen, worauf sie ansprechen. Zahlreiche Frauen betonten, daß sie von Männern – von befreundeten Männern am Arbeitsplatz, von Ehemännern, die in verwandten Berufen arbeiteten – nützliche Hinweise erhalten hätten; daß Männer sie vor Fehlern bewahrt, ihnen zur Selbstbehauptung verholfen hätten. Ihre Motivation dazu können wir außer acht lassen –

manche taten es aus Freundschaft, aus Solidarität, andere vielleicht nur, weil es jedem begabten Menschen schwerfällt einem anderen dabei zuzusehen, wie er eine Sache vollkommen schief anpackt.

Marlies ist Mitarbeiterin eines Meinungsforschungsinstituts. Als sie dort anfing, wurde sie angewiesen, Begleittexte für das Handbuch eines anderen Mitarbeiters zu schreiben, ohne daß sie dafür als Mitautorin erscheinen würde. Marlies fühlte sich unwohl dabei, wollte aber nicht gleich zu Beginn ihrer Tätigkeit »Probleme machen«. Schließlich war sie ja neu, und mit der Zeit würde sie wohl auch mehr Anerkennung bekommen ... oder? Ihr Mann schüttelte ob solcher Schicksalsergebenheit den Kopf. Schließlich war sie ranggleich mit dem Mann, der das Handbuch herausgab. Wenn sie sich jetzt in eine Zubringer- und Assistentinnen-Rolle drängen ließ, würde sie nie wieder da herauskommen. Gerade am Anfang wird man danach abgetastet, was und wieviel man sich gefallen läßt, erklärte er ihr. »Du mußt jetzt gleich, zu Beginn, die Markierungslinien abstecken. Jetzt wird dein Standort bestimmt, nicht später.« Je mehr sie über seine Sätze nachdachte, desto mehr ärgerte sich Marlies. Wirklich, er hatte recht. Wie kamen die bloß dazu, sie als Sekretärin und Helferin zu behandeln, bloß weil sie eine Frau war. Marlies war in Stimmung, eine kleine Szene zu liefern. Falsch! meinte ihr Mann. Das wäre jetzt das entgegengesetzte Extrem. Nein, lieber soll sie ganz gelassen und kühl vortragen, wie sie es sich vorstellt. Nicht zu viel erklären, sonst klingt es nach einer Rechtfertigung. Lieber ohne Vorwurf und Prinzipienfrage, sonst fällt es ihnen schwer, nachzugeben. Lieber nicht zu viel Emotion, sonst werden sie nervös und reagieren abwertend. »Das werde ich leider nicht tun können.« »Ich arbeite sehr gerne mit. In welcher Form wird mein Beitrag benannt werden?« »Nein, das wäre mir eigentlich nicht so recht. Warum machen wir es nicht so und so?« schlug er etliche Formulierungen vor.

Natürlich ist nicht jeder x-beliebige Mann als Berater zu gebrauchen. Es muß einer sein, der selber schon ähnliche Probleme bewältigt hat und einer, dessen Rat man traut und der das Fragen nicht bei anderer Gelegenheit als Schwäche interpretieren und gegen einen verwenden wird. Situationen, in denen eine männliche Einschätzung nützlich ist, sind unter anderem folgende: Ein bestimmter Mann macht Schwierigkeiten am Arbeitsplatz, und man sieht nicht, wie man sich am besten durchsetzen könnte. Man hat das Gefühl, in irgendein weibliches Stereotyp hineingerasselt und dort steckengeblieben zu sein. Man sieht sich einer geschlossenen Männerfront gegenüber und weiß nicht, wie man einbrechen kann. Das sind Situationen, in denen eine männliche Begutachtung der strategischen Lage wertvoll sein kann.

II. Hinter jeder erfolgreichen Frau ...

Die amerikanische Soziologie versucht seit Jahren, Gesetzmäßigkeiten bezüglich des weiblichen Erfolges zu entdekken, *die* Variablen und Korrelationen zu finden, die eine weibliche Karriere begünstigen.

Im Zuge der Forschungsarbeiten wurden eine Reihe von Faktoren ermittelt, die angeblich in direktem Zusammenhang zu einer verbesserten weiblichen Ausgangssituation stehen. Dazu gehört z. B. die These, daß vor allem der Vater eine zentrale Rolle für den weiteren Lebensweg der Tochter spielt. Wenn er seiner Tochter vermittelt, daß er sie in ihrer Weiblichkeit akzeptiert und liebt und zugleich berufliche Ambitionen für sie hegt, dann werden Erfolg und Weiblichkeit für sie später nicht im geistigen Widerspruch stehen, sondern eine Einheit bilden.

Andere wiederum hängen eher der konventionelleren These an, daß die Mutter die Ausschlaggebende und prägende Figur ist: Sie vermittelt der Tochter, nicht unbedingt durch ihre eigene Berufstätigkeit, aber doch durch ihre Persönlichkeit und ihr Auftreten, die weiblichen Eigenschaften, die sie entweder zu Selbstbewußtsein und Selbstbehauptung oder zu Anpassung und Unterordnung prädisponieren werden.

Wieder andere Studien sehen sich innerhalb der Familie nicht so sehr die Eltern als die Geschwister an. Ob eine Frau die älteste, die jüngste oder in der Mitte war, ob sie Brüder hatte und wie die jeweilige Verteilung der Erwartungen unter den Geschwistern verlief, darin suchen diese Theoretiker nach Erklärungs- und Prognosemöglichkeiten.

Für unsere eigene Untersuchung haben wir Interviews mit 200 berufstätigen Frauen durchgeführt, und natürlich hatten wir dabei diese verschiedenen Erklärungsansätze im Kopf. Für keinen davon konnten wir überzeugende Bestätigung finden.

Das Vorbild der Mutter zum Beispiel spielte zweifelsohne eine Rolle – aber eine sehr unterschiedliche. Für so manche Frauen war das konventionelle Leben der Mutter, jahrelang eingehend zu Hause beobachtbar, ein großer Ansporn dafür, selber einmal nicht in diese Situation zu kommen. Dabei spielte es offenbar keine Rolle, ob die Mutter selber mit ihrer klassisch weiblichen Situation zufrieden war (oder wirkte) oder nicht, ob sie sich der Tochter zur Nachahmung oder zur Abschreckung präsentierte. Manche Mütter, selbst in ihren Ambitionen gescheitert, gaben diese an die Tochter weiter und stellten sich selber als abschreckendes Beispiel dar. Manche gaben vor, mit ihrem Frauenschicksal glücklich und versöhnt zu sein, verrieten sich aber den aufmerksamen Tochteraugen durch die Ehestreits hinter geschlossenen Türen, den hohen Alkoholkonsum, die widersprüchlichen Aussagen. Manche lebten ein zufriedenes Hausfrauendasein vor, bis sie dann aber mit 50 oder 60 vom Mann wegen einer jüngeren Frau verlassen werden – für die Tochter eine eindringliche Lektion, selber einmal solche Abhängigkeiten zu meiden.

Und bei den Vätern waren die Widersprüchlichkeiten nicht geringer, wobei auch hier wieder die unterschiedlichsten Schlußfolgerungen für die Töchter möglich waren, wobei die Persönlichkeit der Tochter fast eine größere Rolle zu spielen scheinte als irgendeine objektive Konstellation in der Familie.

»Meine Mutter hat immer nur für ihr Dasein als Ehefrau, Hausfrau und Mutter gelebt. Das war und ist ihr Lebensinhalt. Das hab' ich als Kind nicht so mitgekriegt, aber so ab 18 störte es mich, und mir ist bewußt geworden: so will ich es nicht. Ich möchte mich nie in eine so große Abhängigkeit begeben. Bei uns hat immer der Papa alles gemacht, was mit der Welt-da-draußen zusammenhing. Meine Mutter entscheidet bis heute nicht die kleinste Kleinigkeit allein und fragt ihn immer um seine Meinung. Ich glaub, sie fragt auch heute noch, ob sie dann und wann zum Friseur gehen kann, und dann holt er sie ab.«

Das klingt klar; genauer betrachtet steckt darin aber nur eine negative Klarheit. So erklärt sich, daß diese Frau zwar wußte, was sie *nicht* wollte, dem aber nichts Konkretes entgegenhalten konnte:

»Mit 18 hatte ich sehr verschwommene Vorstellungen von meiner Zukunft. Ich hatte allerlei Flausen im Kopf, Au-pair-Mädchen sein in Schweden oder England, Schauspielerin werden, Stewardess sein. Für ein langes Studium konnte ich mich nicht entscheiden, da hat sich dann die Pädagogik angeboten, auch unter dem Druck meiner Eltern. Privat hab' ich mir vorgestellt, daß ich mit jemandem liiert bin, aber eine Ehe sollte es nicht unbedingt sein, und Kinder wollte ich überhaupt keine.«

Silvia »wählt« also einen typischen Frauenberuf, wird Lehrerin. Der Beruf macht ihr wenig Freude – die Struktur in der Schule erlebt sie als autoritär, und Lehren ist ihr keine Berufung. Sie lernt einen Mann kennen, wird schwanger, entscheidet sich zur Ehe.

»Ich war damals genau 30 und hab' mir eingeredet, das sei jetzt vielleicht die letzte Chance, und ich hätte es wahrscheinlich unterbewußt genau so gewollt und geplant. Die ersten Monate der Schwangerschaft waren dann auch recht schön, ich freute mich und kam mir richtig als Frau vor, aber es hielt nicht lange an. Vor allem mit meinem Mann gab es immer größere Probleme, ich weiß nicht warum, denn eigentlich hat er sich sehr um mich bemüht. Ich denke, durch das mehr Miteinandersein wegen meiner Schwangerschaft, als ich nicht mehr so beweglich war, haben wir uns erst so richtig kennengelernt, und für mich hat sich herausgestellt, daß wir eigentlich gar nicht so gut zusammenpassen. Meine Gefühle wurden immer gemischter, und das trifft auch auf das Kind zu. Ich liebe es, aber manchmal verfluch' ich die Situation und frag mich, was hab ich mir da bloß angetan. Frauen, die mehrere Kinder haben und damit zufrieden sind, die bewundere ich, das sind richtige Heldinnen für mich.«

Silvia bleibt nach der Geburt des Kindes zu Hause und fühlt sich zunehmend frustriert. Sie möchte wieder arbeiten, aus Langeweile und um den Lebensstandard der Familie anzuheben, kann sich aber nicht dazu entschließen. Ihre Situationsauffassung ist umfassend negativ:

»Ich hab meinen Beruf nie gemocht, die Vorstellung, wieder jeden Tag in die Schule zu müssen, macht mir richtig Angst. Jetzt bin ich wenigstens mein eigener Herr, kann mir meine Zeit einteilen ... obwohl, das stimmt ja auch nicht. Das ist ja gerade das Negative an meiner jetzigen Situation, ich brauch so viel Zeit für das Kind, das ist ein 12-Stunden-Tag und sehr anstrengend und vor allem sehr eintönig.«

Bei genauerem Hinsehen erweisen sich Silvias Probleme zu einem Großteil als selbstverursacht; nicht in erster Linie deshalb, weil sie in Vergangenheit irgendwelche Fehler machte, was unvermeidbar ist, sondern weil sie jetzt kein Konzept hat und Zustände, an denen sie leidet, nicht verändern will. Mit ihrer Ehe ist sie unzufrieden, aber sie kann nicht sagen, warum: »Probleme miteinander haben wir eigentlich erst, seit die Kleine da ist bzw. eigentlich genaugenommen, seit ich schwanger war. Da hab ich plötzlich meinen Mann mit anderen Augen gesehen, ich kann's gar nicht erklären. Im Grunde genommen ist es ja komisch und tragisch zugleich. Vorher wollte immer er ausbrechen, frei bleiben, und ich hab darunter gelitten. Seit dem Kind ist es genau umgekehrt.

Er hat sich geändert, hat gemeint, das ist ein neuer Anfang, alles wird gut, er steht zu seiner Familie und zu dieser Entwicklung, und plötzlich war's bei mir aus, und ich hab ihn nicht mehr ertragen können.«

Die Einengung, die von ihm ausgeht, ist aber zumindest zum Teil selbstkonstruiert:

»Ab und zu denk ich, jetzt muß ich schon wieder seine Hemden bügeln, und er ist in der Firma und erlebt Sachen. Dabei müßte ich ja auch nicht daheim sein. Er hat mir sogar angeboten, die ersten Jahre bei dem Kind zu bleiben, und ich wäre arbeiten gegangen. Ich hätte damals nämlich Leiterin einer Privatschule werden können und hätte sehr gut verdient. Aber ich wollte das nicht. Zu Hause bleiben, für eine Weile, das sah ich als Abwechslung. Und vor allem war ich davon überzeugt, daß ein Mann das sowieso nicht schafft, Kind und Haushalt. Der Gedanke an das Chaos, das da geherrscht hätte, hat mich krank gemacht. Das traute ich ihm nicht zu. Binnen einer Woche wäre die Wohnung im Chaos versunken. Einem Mann fällt das meist im Haus nicht auf, die schweben doch alle in höheren Sphären.«

Das sind Sätze, die von ihrer Mutter gesprochen sein könnten – und wahrscheinlich auch von ihrer Mutter gesprochen wurden. Hat Silvia sich also bewußt gegen das Schicksal ihrer Mutter aufgelehnt, nur um später getreulich ihrem Vorbild zu folgen? Denn hätte sie es wirklich anders machen wollen, wäre das durchaus möglich gewesen, und zwar nicht nur einmal, sondern an mehreren Entscheidungspunkten in ihrem Leben. Erstens hätte sie eine Ausbildung machen können, die sie wirklich interessierte, und wäre nicht vor der längeren Ausbildungszeit zurückgeschreckt. Zweitens hätte sie das Angebot ihres Mannes, und seine anderen Kompromißvorschläge nicht unversucht zurückweisen dürfen. Denn das Ergebnis ist die reine Selbstbestrafung: Sie hat sich den beruflichen Erfolg versperrt und hat sich zugleich, da sie ihn

– in diesem speziellen Fall wohl zu unrecht – für ihr unglückliches Leben verantwortlich macht, ihre Ehe und ihr Privatleben selber vermiest. Denn wie läßt sich der, von Silvia selber unerklärliche, Gesinnungswandel ihm gegenüber enträtseln? Am ehesten wahrscheinlich dadurch, daß er zum Verantwortlichen gemacht wurde für eine Wende in ihrem Leben, die sie eigentlich nicht wollte und doch fast zwanghaft selbst herbeiführte. Silvia hätte das Kind nicht bekommen müssen; sie hätte überhaupt nicht zu Hause bleiben müssen, da ihr Mann sich dafür anbot; sie hätte nicht drei Jahre daheimbleiben müssen, sondern hätte nach dem Karenzjahr in ihren Beruf oder in eine andere, interessantere Ausbildung zurückkehren können. Sie hätte nicht Lehramt studieren müssen und wenn doch, dann hätte sie den Beruf der Lehrerin nicht 12 unzufriedene Jahre lang ausüben müssen. Sie hätte heiraten und zu Hause bleiben können, um dem Beruf zu entkommen, ohne sich mit einer Schwangerschaft erneut die Möglichkeit zu nehmen, doch noch eine andere Qualifikation zu erwerben. Und so befindet sich Silvia – größtenteils durch eigenes Zutun – in genau der Situation, in der sie nie sein wollte, in der Situation ihrer Mutter, weiß es, will es nicht wahrhaben, und unternimmt auch kaum etwas dagegen: »Ich möchte nie in einer Situation sein, in der ich dem Mann alles, was nach außen geht, überlasse. Mit dieser Rolle als Frau würde ich mich nie zufriedengeben, obwohl ich genauso erzogen worden bin: Der Mann ist die Versorgung, den Mann muß man gut bekochen. Das hat mir meine Mutter immer eingebleut – du mußt ruhig sein und schön und willig und den Haushalt perfekt führen, sonst schnappt ihn dir eine andere Frau weg.«

Auch hier wieder wirkt Silvias Verhalten fast wie eine Serie von Zwangshandlungen, die unter Hypnose ausgeführt werden – denn sie haben überhaupt keine innere Konsistenz. Erstens hat sie, obwohl sie es abstreitet, die Weltanschauung ihrer Mutter offenbar komplett übernommen. Die Angst vor dem »Chaos«, das vermutlich im Haushalt herrschen würde, wenn ihr Mann ihn übernehmen würde, hielt sie sogar in der angeblich verhaßten häuslichen Gefangenschaft mit Bügeln und Baby fest. Zweitens aber stimmt die Formel gar nicht, denn ihre Mutter lebte diese Rolle für einen traditionellen Mann, dem offenbar daran lag, während Silvias Mann dezidiert kein großes Interesse hat am perfekt funktionierenden Haushalt und auch nicht traditionell denkt, da er sich sonst nicht freiwillig als Hausmann angeboten hätte. Und drittens stimmt die Formel noch einmal nicht, da Frauen im Weltbild ihrer Mutter das alles leisten mußten, um den Mann nicht zu verlieren (was ohnehin die allerwackeligste Theorie ist). Silvia aber liegt angeblich gar nichts mehr an ihrem Mann, sondern sie spielt sogar mit dem Gedanken an die Scheidung. Es könnte ihr also vollkommen egal sein, wenn er sich doch irgendwann einmal an ungebügelten Hemden stoßen sollte.

Daß Silvia an selbsterrichteten Barrieren scheiterte, macht die Lage natürlich nicht leichter, sondern psychisch wohl eher schwerer; woraus sich auch ihr tiefes Unglück, ihre Handlungsunfähigkeit und ihre umfassende Unzufriedenheit erklären. Das Muster, das sie mit den anscheinend sehr anders verlaufenden Lebenswegen anderer Frauen – aus traditionellen Elternhäusern und aus liberalen, aus ermutigenden und aus bremsenden – verbindet – geht dabei weit über die Unzulänglichkeiten ihrer eigenen Persönlichkeit hinaus. Bevor wir es aussprechen, wollen wir aber noch einige andere Lebenswege vergleichen.

Irene hatte ebenfalls eine traditionell lebende Mutter, wurde aber vom Vater gefördert:
»Meine Eltern hatten beide eine handwerkliche Ausbildung, meine Mutter blieb dann aber zu Hause, während mein Vater einen sozialen und beruflichen Aufstieg erlebte. Seine

Firma blühte auf, er avancierte zum Chef und Manager und war dann beruflich viel unterwegs. In meiner Kindheit sah ich ihn nur wenig, er reiste viel, hatte immer Freundinnen und trank auch gerne. Erst viel später lernte ich ihn überhaupt als Person kennen und begann auch zu verstehen, daß es nicht eine völlig einseitige Geschichte war, sondern daß auch meine Mutter ihre Schwachstellen hatte.«

Irene erlebt während ihrer Kindheit fast ausschließlich den Einfluß ihrer Mutter, die ein traditionell weibliches Rollenbild vorlebt und zugleich traditionell bürgerliche Werte vermittelt, sehr unter dem Aspekt des Aufstiegs der Familie: Materielles Vorankommen wird als wichtigstes Lebensziel präsentiert, begleitet von einem intakten Familienleben und Werten wie Anstand und solidem Lebenswandel.

»Ich wurde sehr kurz gehalten daheim, mit extremen Regeln. Nur ganz selten durfte ich ausgehen, und dann nur nach eingehender Prüfung der Umstände und nie mit einem Burschen alleine am Abend, sondern nur in einer Gruppe. Wenn mich einer ins Kaffeehaus einlud, war ich Wochen vorher schon aufgeregt, so eine Sondersituation war das. Alleine hätte ich mich nie in ein Kaffeehaus gesetzt.«

Der Vater tritt nur einmal massiv in Erscheinung, und zwar als es um die Frage der Ausbildung geht.

»Meinem Vater habe ich es zu verdanken, daß ich Matura (Abitur) machen durfte. Die Mutter meinte, als Mädchen bräuchte ich das nicht. Es hat mich sehr verwundert, daß mein Vater mir das zutraute, obwohl er ja nie da war. Woher kannte er mich? Warum glaubte er, daß ich das schaffen würde?«

Dieser Vertrauensbeweis aus der fernen Männerwelt blieb leider einmalig. Zwar bestand Irene erfolgreich die Matura, danach aber kamen keine schicksalhaften Interventionen mehr, und die Möglichkeit eines Studiums stand nicht einmal zur Diskussion. Irene ging ins Büro und arbeitete dort, bis sie ihren Mann kennenlernte. Der war Student, hörte aber mit dem Studium auf, als die Ehe beschlossen wurde.

»Es hat nicht in seine Vorstellungswelt gepaßt, daß ich uns alleine erhalten hätte, während er fertig studierte. Er war da sehr starr. Bald kamen die Kinder, ich blieb daheim.«

Als junge Frau hat Irene Vorstellungen, aber sie sind sehr vage. Mit ihrer Mutter versteht sie sich nicht besonders gut, überhaupt hat sie das Gefühl, »nicht in diese Familie zu passen«, weil die konventionellen Vorstellungen ihr sehr oberflächlich und unbefriedigend vorkommen. Daß ihr Vater in ihr offenbar irgendeine Begabung erkennt und sie schulisch fördert, gibt ihr ein Gefühl der Bestätigung und des Glücks, bleibt aber zu undefiniert, zu unpersönlich und zu einmalig, um zukunftsbestimmend nachzuwirken. Irene geht ins Büro und heiratet im Alter von 22 einen Mann, der mit seiner konservativen Denkhaltung absolut den Vorstellungen ihrer Mutter entspricht.

Die Ehe ist nicht besonders gut, auch nicht besonders schlecht, sondern besteht in einem eher distanzierten Nebeneinander, das auch wieder an die Ehe der Eltern erinnert. Man hat nicht dieselben Vorstellungen, hatte sie von Anfang an nicht; darüber wird aber nicht gestritten, sondern man lebt sich konfliktlos auseinander. Auch die Scheidung verläuft dann, nach 18 Jahren, eher leidenschaftslos. Materiell abgesichert durch die Unterhaltszahlungen, die ihr Ex-Ehemann pflichtbewußt leistet, beginnt Irene, über ihre eigentlichen Vorstellungen nachzudenken. Sie hat sich schon seit Jahren in einem wohltätigen Verein engagiert, nun ergibt sich dort die Möglichkeit einer bezahlten Anstellung, die sie annimmt. Um sich zusätzlich zu qualifizieren, besucht sie Kurse, und nimmt bald in dem Verein eine wichtige Stellung ein. Irene erlebt ihre Situation insgesamt sehr positiv. Manchmal fragt sie sich, was wohl geschehen wäre, wenn sie sich von Anfang an mehr zu ihren eigentlichen Vorstellungen bekannt hätte. Hätte sie dann jetzt noch einen Partner, der zu ihr paßt, statt 18 Jahre mit einem verbracht zu haben, der nie zu ihr paßte? Hätte sie eine »wirkliche« Karriere gemacht, statt ein sozial angesehenes, mit anspruchsvoller Arbeit verbundenes, aber dennoch als halb ehrenamtlich definiertes und somit drastisch unterbezahltes Amt innezuhaben? Andererseits aber meint Irene, daß auch anfänglich innige Ehen in die Brüche gehen, und dann oft mit weniger Fairness als die ihre, und daß sie auf ihre beiden Kinder nicht verzichten möchte. Vielleicht ist der Lohn nicht der wesentlichste Indikator für beruflichen Erfolg? Und dennoch irritiert Irene das Gefühl, so viele Jahre ein ihr nicht entsprechendes, fast künstliches Leben geführt zu haben, und auch heute noch auf einem »karitativen Nebenzweig« zu sitzen.

An der Lebensplanung von Frauen sind zwei Dinge besonders und durchgängig auffallend:

Erstens ist ihre Lebensplanung sehr, sehr vage und unverbindlich und das bis in ein Alter hinein, in dem junge Männer längst zumindest in Umrissen eine Vorstellung davon haben, was sie beruflich tun wollen und wie sie sich ungefähr ihren Werdegang vorstellen.

Zweitens hängen Frauen einem fast mittelalterlich anmutenden Schicksalsglauben an. Wenn wir es sozialhistorisch sehen wollen, könnten wir sagen, daß Frauen absolut vorindustriell denken. Sie sind nicht, wie Männer, von der Machbarkeit, der Selbstbestimmbarkeit überzeugt, sondern hegen sehr oft den Glauben an schicksalhafte Wendungen, an Zufälle, an das Glück. Das ist eine Feststellung und keine Wertung. Denn der Glaube der industriellen Neuzeit, alles sei vom Menschen bestimmbar und vom Individuum mit dessen Willenskraft und Initiative zu steuern, ist zwar ein notwendiger Glaubensgrundsatz unseres Zeitalters, deshalb aber noch lange keine Wahrheit. Und umgekehrt bewahrheitet sich im individuellen Lebenslauf der hohe Stellenwert dessen, was wir wohl auch »Schicksal« nennen können: Ein Kind kommt behindert auf die Welt, der Ehepartner kommt bei einem Unfall ums Leben, und die perfektesten Pläne verlieren schlagartig ihre Relevanz.

Miriam hatte einen Vater, der sie zur Unabhängigkeit animieren wollte. Sie aber wählte, halb bewußt, das Vorbild der eigenen Mutter, und strebte zielgerichtet die Ehe mit einem wohlhabenden Mann an, mit einem Mann wie ihrem Vater:

»Ich bin als verwöhntes Einzelkind aufgewachsen und hab' mit 18, nach der Schule, eigentlich nie etwas anderes geplant als einen tollen, reichen Mann zu finden. Der, den ich dann mit 23 geheiratet hab', war denn auch der begehrteste Junggeselle in der Stadt. Beruflich hatte ich keine Vorstellungen, schon deshalb nicht, weil ich die Arbeit nicht als besonderes Ziel vor Augen hatte. Ich ging ein paar Jahre auf die Uni, studierte Sprachen und ein bißchen Publizistik, hab dann nach der Heirat auch noch ein bißchen herumstudiert, bis ich schwanger wurde. Das war eigentlich auch nicht richtig geplant, es kam einfach, und da ich keinen Job hatte und auch kein richtiges Studium, hatte ich auch keine Ausrede, das Kind nicht zu bekommen. Und bis heute hab ich ein zwiespältiges Verhältnis dazu, einerseits liebe ich meinen Sohn, andererseits wäre mir auch nichts abgegangen, wenn ich kein Kind hätte.«

Wer Miriams Lebensvorstellungen hört, muß glauben, in eine Zeitmaschine hineingeraten zu sein:

»Ich bin sehr froh, daß ich eine Frau bin und man vieles einfach gar nicht von mir verlangt. Ich bin untüchtig, nicht ehrgeizig und absolut kein Motor, für nichts. Da ist es mir sogar lieber, wenn ich als Frau nicht so ernst genommen werde. Auch privat ist mir das lieber. Das wäre schrecklich, wenn ich so funktionieren müßte wie ein Mann. Mir ist's lieber, der Mann rauft sich ums tägliche Leben.«

Von zu Hause erhielt sie diesbezüglich zwei Botschaften.

Wenn sie diese heute wiedergibt, dann mit einem eigenartigen Widerspruch:

»Meine Mutter ist fantastisch, sie ist richtig in der Familie aufgegangen, das tu ich nicht. Sie hat mir immer eingetrichtert, ich solle mich schonen, und ich solle schön sein, alles andere würde sich dann von selber ergeben. Ich hab ihr das geglaubt, und mir hat es auch gefallen, dieses Umschwärmtsein. Auch heute noch würde ich nie mit einem Mann ausgehen, wenn der nicht für mich bezahlen würde. Ich würde auch nie ohne männliche Begleitung in ein Lokal oder Restaurant gehen. Nie. Das käme mir nie in den Sinn.

Mein Vater dagegen hat immer gesagt, auch eine Frau muß einen Beruf haben, und er hat mich immer gedrängt, zu lernen, zu studieren. Ich hab' gedacht, ach was, red' nur, ich heirate ohnehin einen tollen Mann, und der verwöhnt mich dann. Heute denk ich mir, er hatte vollkommen recht, ich hätte auf ihn hören sollen.«

Woher die Ambivalenz, wenn eigentlich alles so eingetroffen ist, wie Miriam es sich vorstellte und sie mit ihrer Situation angeblich so zufrieden ist? Denn ihrer Erzählung nach ist alles vollkommen zufriedenstellend. Zwar endete ihre erste Ehe mit einer Scheidung, es fand sich aber bald ein neuer, gesellschaftlich nicht minder passender Mann, mit dem sie dann ihr zweites Kind bekam. Sie hat sich sogar soweit an das Jahrhundert angepaßt, eine Ausbildung (als Fremdenführerin) zu machen und halbtags Reisegesellschaften der gehobenen Art (Kongreßgruppen u. ä.) durch die Stadt zu geleiten. Als Hauptprobleme ihres Lebens führt sie eine recht eigenwillige Mischung von Beschwerden an:

Erstens sei ihr Haus zu klein, als daß eine Haushälterin ständig da sein und auch da wohnen könnte, weswegen sie nachts höchstpersönlich mit dem unruhigen Kleinkind aufwachen muß.

Zweitens hat sie mit Halbtagsjob, Kindern und einem Mann,

der abends ein gepflegtes und warmes Abendessen wünscht, nicht genug Zeit für sich selber und das Zusammensein mit Freundinnen.

Und drittens fürchtet sie eine drastische Verschlechterung ihres Lebens, sobald sie mit zunehmendem Alter nicht mehr so attraktiv ist wie jetzt, denn in ihrem Aussehen sieht sie ihr hauptsächliches und zum Teil einziges Kapital.

»In zwei, drei Jahren, da überleg’ ich, was da sein wird. Wenn man nicht mehr fesch ist. Jetzt geht’s ja noch mit Handwerkern und Automechanikern etc. – die kommen ja entweder, weil ein Mann anruft oder weil eine Frau fesch ist. Im Moment kann ich alles noch ganz gut mit Charme und gutem Aussehen hinkriegen, aber als alte Frau ist man dann schon recht hilflos gegenüber den Männern. Da hat man dann keine Macht mehr.«

Es ist offenkundig, daß Miriam von zu Hause eine eher seltsame Mischung von Botschaften mitbekommen hat. Ihr Vater, sagt sie, habe betont, daß eine Berufsausbildung »auch« für eine Frau wichtig sei. Aber gehörte dazu vielleicht, ausgesprochen oder unausgesprochen, ein Beisatz wie »... falls sie nicht heiratet«, oder »... falls ihr Mann die Familie nicht ohne Hilfe erhalten kann« oder »... falls die Ehe scheitert«? Die Berufstätigkeit wird vielen Mädchen und Frauen immer noch als eine Art Zusatzversicherung serviert, als etwas, was man bis zur Ehe, innerhalb der Ehe in Momenten der Langeweile oder beim Scheitern der Ehe vielleicht einmal brauchen kann. Damit erscheint der Beruf als etwas, was eigentlich bloß die Unzulänglichkeiten und Mißerfolge im Frauenleben abdecken soll. Die Frau, die als Frau erfolgreich ist, braucht ihn nicht bzw. nicht *wirklich*.

Aus den Lebensgeschichten vieler Frauen geht ein deutlicher Mißklang hervor: Sie lehnen das Vorbild ihrer Eltern ab, bekennen sich explizit zu einem anderen Muster und leben dann doch fast genauso wie ihre Mütter.

Oder sie haben gewisse Vorstellungen, sind in ihren Köpfen unabhängig, leben dann aber lange Zeit den traditionellen Mustern entsprechend, um sich erst sehr viel später erneut an die Startlinie zu begeben.

Dennoch: die Vorstellung, daß man sich sein Leben selber bestimmen kann, ist die absolute Voraussetzung für die Leistungsgesellschaft. Dieser Motor fehlt den Frauen, wenn sie glauben, daß ein schicksalhaftes Ereignis – oft aber nicht nur in Gestalt eines Mannes, denn diese Denkhaltung überträgt sich ohne weiteres auch auf die Arbeitswelt – eine Art Fügung darstellt, von der man sich bestimmen lassen sollte.

Daß da oft der Selbstbetrug eine entscheidende Rolle spielt, geht latent aus den Gesprächen heraus. War das wirklich eine ungewollte Schwangerschaft, die einer an sich ungeklärten Beziehung plötzlich die Wende gab? Wieviel Trägheit, mangelnde Selbstsicherheit, fehlendes Selbstvertrauen steckten hinter der Bereitschaft, sich vom ersten Angebot, dem kürzesten Studiengang, dem dringenden Wunsch der Eltern, dem Protest des Ehemannes usf. in die eine statt die andere Bahn drängen zu lassen?

Und hier gelangen wir wieder zum ersten Punkt, der Unklarheit der Vorstellungen. Das hört sich so an:

»Mit 18 hab' ich mir vorgestellt, daß ich einen Beruf haben werde, denn ein eigener Verdienst war mir immer schon wichtig, und dann wollte ich heiraten und Kinder kriegen. Mit 20 hab ich dann auch geheiratet, nur hab ich keine Kinder bekommen. Mein Mann war sehr eifersüchtig, und wir haben eine sehr enge, eigentlich einengende Beziehung gehabt. Ich fühlte mich immer eingesperrter. Mit 25 hab ich dann die Scheidung eingereicht. Das war ein wichtiger Einschnitt in meinem Leben. Ich hab' eigentlich erst ab diesem Zeitpunkt so richtig gelebt, hab' viel gearbeitet, bin dauernd mit Freunden weggegangen, hab' mich einfach voll ins Leben und in die Karriere gestürzt. Ehe und Kinder – dieser Plan hatte nicht hingehauen, also hab ich die Karriere versucht und das andere abgeschrieben.«

Fast ist es so, daß Lena hier einen obligaten Versuch in Richtung Konvention unternehmen mußte. Erst als der scheiterte, fühlte sie sich berechtigt, über ihre eigentlichen Wünsche nachzudenken, nach dem Motto: Ich *wollte* ja so leben, wie ihr mir das nahegelegt habt, aber es *ging* einfach nicht. Fünf Tributjahre an die traditionelle Lebensführung, dann erst stand Lena an dem Punkt, an dem sich der normale 18jährige befindet, der Punkt, an dem er sich erstmals in die private und berufliche Experimentierphase begibt. Heute, mit 40, hat Lena eine eigene kleine Kosmetikfirma, einen neuen Ehemann und einen 2 Jahre alten Sohn. Ihr beruflicher »Aufstieg« läßt sich mit dem eines Mannes vergleichen, mit der einen Ausnahme: die wenigsten Männer haben als erste Phase einen »Leerlauf«, ehe sie sich mit 30, 35 oder sogar 40 dann endgültig zielgerichtet fortentwickeln. Und viele, vielleicht die Mehrzahl der Frauen hat das.

Auch Rosa:

»Die Schule hat mir keine Freude gemacht, ich sah keinen Sinn darin und konnte meinen Eltern dann einreden, daß sie mir den Ausstieg erlaubten. Ich arbeitete als Verkäuferin, wechselte oft die Stellung, konzentrierte mich hauptsächlich auf die Stunden nach Dienstschluß. Ich hab das Leben genossen, hatte viele Freunde und Bekannte, lebte ohne jede Verpflichtung zu Hause und ließ mich versorgen. Mit 24 lernte ich dann meinen Mann kennen, wir heirateten, und ich arbeitete in seinem Geschäft mit, als Sekretärin. Anfangs war das o.k., aber nach drei Jahren traf es mich ganz plötzlich, als ob mich jemand geschüttelt hätte: Das soll jetzt alles sein? Ich konnte plötzlich nicht mehr atmen, mir war alles so eng. Ich reichte kurzerhand die Scheidung ein. Heute, im nachhinein, war das die einzig richtige Handlung, aber in der Situation hat mich niemand verstanden und ich mich auch nicht. Ich hab ja einfach bei Null wieder angefangen, ohne eigentlich einen guten Grund dafür zu haben. Aber ich fühlte mich schnell sehr wohl dabei. Es war das erste Mal in meinem Leben, daß ich wirklich wußte, was ich will: eine eigene Arbeit, ein Auto, mein eigenes Geld, eine eigene Wohnung und niemandem Rechenschaft ablegen müssen. Vorher, auch mit 18, hatte ich überhaupt keine Vorstellungen über mein zukünftiges Leben.« Heute ist Rosa Abteilungsleiterin in einem großen Konzern und seit kurzem zum zweiten Mal verheiratet. Ihre erste Ehe sieht sie als eine Art verlängerte Kindheit, ihr »Erwachsenenleben« datiert sie ab der Scheidung.

Wie folgenschwer diese verspätete Mündigkeit ist, hängt vom Einzelfall ab. Viele Frauen begeben sich, ohne eigentlich nachzudenken, in Situationen, aus denen sie nicht so leicht wieder herauskommen wie Rosa; oder sie erreichen den Punkt ihres eigentlichen »Beginns« erst, nachdem andere unter dem Neuanfang in Mitleidenschaft gezogen werden, z. B. Kinder. Und natürlich erschweren sie sich selber damit den Start, denn meist ist ein Spätstart ein Start mit vielen Handicaps. Es müssen Ausbildungsabschlüsse und Qualifikationen verspätet und unter erschwerten Umständen nachgeholt werden, Scheidungen und Trennungen vollzogen, Kinder versorgt, Haushalte entwurzelt werden, um die Entscheidungsfreiheit in Ansätzen zurückzugewinnen, die man mit 18, 19 oder 20 noch ganz selbstverständlich besessen hätte. Das Nicht-Überlegen, das widerstandsschwache Sich-treiben-lassen, fordert in späteren Jahren einen hohen Preis; vielen Frauen ist er zu hoch, und sie bleiben länger und noch länger in unerfreulichen Situationen. Der Weg des geringsten Widerstandes, typisch für viele Frauen, ist nicht selten viel steiler und viel steiniger als der, der einen anfänglichen Widerstand erfordern würde.

»Mit 18, 20, also nach dem Abitur, hab' ich mir eigentlich

vorgestellt, irgendwann einmal ein Haus mit Garten, einen lieben Mann und fünf Kinder zu haben. Und ein Pferd. Vorher wollte ich studieren, am liebsten irgend etwas Musisches, und dann viel herumreisen und die Welt sehen. Eine Zeitlang wollte ich dann noch Geld verdienen, so bis zum ersten Kind halt. An eine Karriere im Beruf hab ich eigentlich nie gedacht.«

Mit 20 denkt Käthe wie eine 16jährige, träumt sich eine vage Idylle zurecht, studiert »irgend etwas«. Die Universität, auch für viele Burschen noch eine Zeit der Klärung und ersten Konkretisierung ihrer Pläne, ändert bei Käthe nichts an der spielerischen Unverbindlichkeit.

»Ich hab' mich für Geschichte und Kunstgeschichte einge-schrieben, später auch Theaterwissenschaft. Anfangs hab' ich noch aufs Lehramt hinstudiert und Scheine gesammelt, später dann nicht mehr, sondern bloß noch aus Interesse. Daneben bin ich viel ausgegangen, hab' mir jedes Theaterstück ange-schaut, bin in jedem neuen Beisl gesessen und hab' ein bißchen gejobbt. Mit 25 hab' ich das Studium dann abgebrochen, weil ich keinen Sinn darin gesehen hab'. Dann hab' ich 4 Jahre lang in einem Verlag gearbeitet, das hat mir anfangs gut gefallen, aber ich war einfach zu naiv und weltfremd, hab' irgendwie auf einem Wolkerl gelebt. Der Chef war streng, es war stressig, das hab ich einfach nicht ausgehalten, ich war keine Herausforde-rungen und keine Belastungen gewohnt. Ich bin dann zu mei-nen Eltern gegangen und konnte sie überzeugen, daß ich jetzt wirklich studieren wollte, und zwar Jus.« Wie sehr oft bei Frauen fehlt auch bei Käthe die Verbindlichkeit. Das Studium muß keinen Abschluß finden; die Arbeit wird aufgegeben sobald sie lästig und stressig wird; es gibt Eltern, Ehemänner und immer tausend Gründe, warum man nicht für sich selbst sorgen muß und warum man etwas abbrechen kann.

Käthe lernt während des zweiten Studiumanlaufs einen Mann kennen und heiratet ihn bald danach.

»Mein Mann war Manager und sehr gestreßt, und ich wollte

ihm ein bequemes Zuhause machen. Ich hab die Uni aufgegeben, was mir nicht schwerfiel, denn eigentlich war's eh' nur eine Verlegenheitslösung. Ich hab' dann halbtags gearbeitet, ein bißchen, bis ich schwanger wurde. Jetzt stelle ich mir vor, daß ich noch ein zweites Kind bekomme, dann aber eine Kinderfrau einstelle. Und vielleicht würde ich gern wieder ein bißchen arbeiten gehen. Ich weiß aber noch nicht was. Eigentlich bin ich momentan ganz gern zu Hause, obwohl man schon das Gefühl hat, die Welt da draußen dreht sich und man merkt gar nichts davon.«

Für Käthe, die sich selber als »lax«, richtungslos, eher lethargisch beschreibt, mag die Planlosigkeit ihres eigenen Lebens in der Struktur von Ehe und Familie eine zufriedenstellende Ergänzung gefunden haben – die allerdings davon abhängt, daß die Ehe bestehen bleibt und gut bleibt. In anderen Fällen aber ist die Unmöglichkeit, von Beginn an eine Richtung zu finden und ihr zu folgen, nicht auf den Mangel an weiblicher Klarheit zurückzuführen, sondern auf Widerstände – die allerdings in vielen Fällen wahrscheinlich zu schnell und zu leicht akzeptiert werden.

»Mein Vater war Chirurg, meine Mutter Hausfrau. Meine Eltern ließen sich scheiden, als ich ziemlich klein war, und danach lebte ich mit meiner Mutter von den Unterhaltszahlungen meines Vaters, den ich nicht sehr oft sah. Nach dem Abitur wollte ich unbedingt Psychologie studieren, aber mein Vater erlaubte es nicht, und wir waren ja von seinem Geld abhängig. So mußte ich Geographie und Turnen studieren und danach Lehrerin werden.

Aber ich habe das von Anfang an gehaßt und nur mit Widerwillen machen können. Jetzt geh' ich seit kurzem wieder auf die Uni und hoffe, eines Tages beruflich umsatteln zu können.«

Der Vater erlaubte es nicht, also ging es nicht; eine Gleichung, die in dieser Selbstverständlichkeit so manche Frau teuer zu stehen kommt. 8 Jahre einen Beruf ausüben, von dem man von vornherein weiß, daß er einem nicht zusagt; dann von vorn mit dem Studium anfangen, das ist wahrscheinlich schwieriger, als den Kampf mit dem Vater durchzustehen.

Noch bedrückender aber ist die Bereitschaft der Frauen, nicht bloß auf Widerstände, sondern auf vermeintlich in Zukunft zu erwartende Widerstände hin zu leben. Einen Job zu suchen, der zwar wenig ansprechend scheint, der aber Zeit lassen würde für die in Zukunft vielleicht eintreffenden Zusatzbelastungen einer Ehe und Kindererziehung. Diesbezüglich beschreiben viele Frauen sich als »Traumtänzerinnen«, als »Spätzünder« und sehen ihre frühe Unentschlossenheit als Einzelphänomen an.

»Bis 21 hab' ich bei meinen Eltern gewohnt. Ich war Spätzünder und hab' lang überhaupt nicht gewußt, wo's langgehen soll. Mein Vater war ein ziemlicher Pascha, meine Mutter war Hausfrau. Ich bin sehr konservativ erzogen worden. Immer hieß es, sei folgsam, sei brav, achte die Autoritäten. Nach der Schule bin ich ins Büro gegangen, wollte nebenher das Abitur nachmachen, hab' das nicht geschafft, bin dann auf eine Schule für Fremdsprachenkorrespondenz – ich hab' das alles so einfach gemacht, ohne besonders nachzudenken, weil ich grad eine Annonce gesehen hab' oder weil eine Freundin von mir auch dorthin gehen wollte. Ich hab' viel geträumt, natürlich auch von der großen Liebe.«

Schon mit 18 lernt sie einen kennen, auf den sich diese Träume projizieren lassen, mit 21 heiratet sie ihn. Die Ehe dauert 10 Jahre, obwohl beiden schon viel früher klar ist, daß neben der ersten Verliebtheit wenig Substanz an irgendwelchen Gemeinsamkeiten besteht. Während der gesamten Ehe arbeitet Maria als Chefsekretärin in derselben Firma; sie unternimmt zahlreiche Versuche, einen anderen Job zu finden und auch zahlreiche Versuche, sich von ihrem Mann zu trennen, aber beide Projekte scheitern immer wieder an ihrer Unentschlossenheit.

»Beruflich komm' ich mir seit jeher unterdrückt vor. Mein Chef würde mich nie so behandeln, wenn ich ein Mann wäre. Er brüllt auch oft mit mir herum, das tut er mit keinem der männlichen Kollegen. Danach ist er wieder nett und meint, er könnte ohne mich gar nicht sein. Ich ärgere mich darüber, und dann wieder denke ich mir, daß ich selber schuld bin dran, denn ich bin einfach sehr autoritätshörig und brav erzogen worden und hab' immer den Mund gehalten, auch im Büro, und das war eben vollkommen falsch.«

Zumindest die Scheidung findet letztlich doch statt, allerdings erst, als ihr Mann sich endgültig dazu entschließt. Maria lebt ein Jahr alleine und tut sich schwer damit.

»Ich war 32 und dauernd in irgendwelche unrealistischen Lebensträumereien versponnen. Dann hab ich mir gedacht, so geht's nicht weiter, ich such mir jetzt einen Mann, egal, ob das die große Liebe ist oder nicht.«

Der Anfall von Pragmatik bewährte sich, wie Maria glaubt, sogar in ihrem Berufsleben: sogar ihr Chef benimmt sich besser, seit er in ihr die »stabil verheiratete, daher ernstzunehmende« Frau sieht.

Gerade auch diese Verknüpfung von weiblichen Klischees und Verhaltensweisen in Privat- und Arbeitsleben und die sich daraus ergebende Verlagerung von Prioritäten und Vorgangsweisen, ist typisch. Das könnte positiv sein, wenn es eine Einheit der Lebensbereiche herbeiführen würde. Und es entstammt dem gesunden Impuls, eine solche Einheit zu leben. Nur: unter den gegebenen Umständen bedeutet diese »Einheit«, daß Frauen die untergeordnete Rolle, die sie in einem der Lebensbereiche einnehmen, auch in ihre anderen Lebensbereiche hineintragen. Sie lassen sich im Beruf dazu erpressen genau wie zu Hause Zusatzleistungen »aus Liebe« und unentgeltlich zu erbringen, oder sie lassen sich zu Hause dazu erpressen, ganz besonders hingebungsvolle Hausfrauen zu sein, um ihre Dankbarkeit dafür zu zeigen, daß man sie berufstätig sein »läßt«. Und so weiter, in vielfachen Verstrickungen und Verwirrungen von Gefühl und Intellekt.

Die amerikanischen Studien (z. B. Kathleen Gerson *Hard Choices*) suchen insofern vergeblich nach einer wirklich deutlichen Korrelation, als es weniger an den Müttern und Vätern, der Reihenfolge der Geschwister und sonstwelchen familienspezifischen Zufällen liegt als an einem grundlegenden Zustand der Gesellschaft, wenn Frauen nicht durchsetzungsfähiger und erfolgreicher sind. Und zwar liegt es, genaugenommen, an zwei ineinandergreifenden Zuständen: der Diskriminierung von außen, und dem verinnerlichten Wissen über diese Diskriminierung. Damit soll nicht gesagt sein, daß die Familie nicht eine Rolle, eine ganz entscheidende Rolle spielt. Gegen die Diskriminierung von außen kann sie relativ wenig unternehmen, zumindest nicht unmittelbar. Aber sie kann der Tochter den Rücken stärken und ihr so viele Ressourcen wie möglich mit auf den Weg geben. Manche Eltern versuchen das, indem sie das Mädchen ermutigen, einen Beruf zu erlernen. Wichtiger aber wäre es, ihre Persönlichkeit zu stärken. Ein autoritärer Vater, der unter Zwang und Drohungen und persönlichen Entmündigungen seine Tochter durchs Abitur jagt, hat ihr damit eine verhängnisvolle doppelte Botschaft vermittelt. Er hat ihr vermittelt, daß er wenig Zuversicht in ihre eigene, innere Triebkraft hat. Und er hat ihr vermittelt, daß sie diese Ausbildung nicht für sich selber, sondern für ihn macht, weil er entschieden hat, daß es gut·für sie ist. Damit hat er es unterlassen, ihr wichtige Eigenschaften mitzugeben: Urteilskraft, Selbständigkeit, Eigenmotivation. Oft ging dieses Verhältnis zwischen ambitiösem Vater und Tochter noch einher mit sexuellen Kontrollversuchen seinerseits, und die Koppelung von Lernen und sexueller Entmündigung ist auffallend häufig. Wenn sie nicht lernt, darf sie nicht ausgehen. Sie muß versprechen, bis zu einem bestimmten Alter keine sexuellen Beziehungen zu haben usf. Damit wird scheinbar eine akademische und berufliche Qualifikation begünstigt, in Wirklichkeit aber wird Unmündigkeit eintrainiert. Und das alles gereicht der Diskriminierung sehr zum Nutzen. Denn der Weg zur Emanzipation führt damit schön in die Irre: Die Rebellion läßt das Mädchen genau das tun, was die Ordnung gerne hätte, nämlich ihre Qualifikation vernachlässigen, das vom Vater aufoktroyierte Studium vertrödeln und heiraten, um seiner Gewalt zu entkommen.

Wer seiner Tochter wirklich helfen will, vermittelt ihr Zuversicht in die eigenen Talente und die eigene Urteilskraft, ein selbständiges Verhalten im Alltag und einen klaren Blick für die ihr offenstehenden Möglichkeiten.

Wenn wir im folgenden Abschnitt eingehender die Lebenserfahrungen einiger berufstätiger Frauen vornehmen, dann sehen wir ganz deutlich, wie sich als roter Faden durch die unterschiedlichsten Erfahrungsberichte der Begriff des Selbstvertrauens zieht. Hier liegt die Achillesferse der meisten Frauen.

III. ... steht ein Vater (der sie bevormundet)

Die Rolle des Vaters, das Vorbild der Mutter, daraus ergaben sich zwar interessante Muster, aber nicht durchgängige. Zunächst schien es, als ob nur der Zufall und die Persönlichkeit der Frau bestimmten, welche Lehren sie aus dem Beispiel und dem Einfluß ihrer Eltern zog, welche Aspekte aus deren Leben sie wählte, um daraus ihre Schlußfolgerungen zu ziehen. Die Mutter konnte mit ihrer Hausfrauenrolle glücklich und zufrieden sein, aber die Tochter konnte daraus schließen, daß für sie selber solch ein Dasein nicht in Frage käme. Oder eine spätere Scheidung ihrer Eltern konnte sie überzeugen, daß sie sich nie in die Verletzbarkeit einer Hausfrauen-Ehe begeben wollte. Das waren alles noch logische, nachvollziehbare Konklusionen, aber es gab auch rätselhaftere. Warum entschloß sich die Frau, deren Mutter ihr jahrelang vom Unglück der hausfraulichen Abhängigkeit vorjammerte, deren Vater sie zu Beruf und Leistung animierte, später dazu, eine beginnende Karriere für einen eher zweifelhaften Mann an den Nagel zu hängen? Warum heiratete eine Frau mit 19, um sofort ihr Studium abzubrechen, und erklärte uns zugleich, mit 18 habe sie schon genau gewußt, daß ihr die Karriere eines Tages wichtiger sein würde als eine Ehe?
Das widersprüchlichste an der Lebensgestaltung der Frauen aber waren folgende Punkte:

1. Frauen verloren sehr viel Zeit, bis sie sich – wenn überhaupt – über ihr Ziel im klaren waren und es auch verwirklichten.
Nicht selten brachten Frauen eine uninteressante Lehre, ein

ungewünschtes Studium, eine Ehe, an der sie von Anfang an Zweifel hatten, die Geburt von Kindern, die sie eigentlich gar nicht haben wollten, eine Scheidung u. v. m. hinter sich, um dann mit 30, 35, 40 das zu tun, von dem sie – wie sie rückblickend selber meinten – mit 18 schon gewußt hatten, daß sie es wollten.

Warum ließen sich Frauen so leicht manipulieren? Sie studierten, was ihre Eltern für sie aussuchten, obwohl sie eine tiefe Abneigung dagegen hatten. Sie bekamen Kinder, weil ihr Mann oder die Schwiegereltern es von ihnen wollten. Erst viel später hatten sie die Kraft, sich zu dem zu bekennen, was sie selber wollten; dann aber war es sehr viel schwerer geworden und kostete viel mehr.

2. Die Einsatzkraft von Frauen war sehr ungleich verteilt, und anders verteilt als bei Männern. Eindeutig war, sogar bei selbstdeklarierten »Karrierefrauen«, die ungleiche Gewichtung der Prioritäten zugunsten des Privatbereichs.

Wenn man Lebensläufe von Frauen betrachtete, sie inhaltlich trennte nach Privatbereich und Arbeit und dann nebeneinander auflistete, welche Probleme es jeweils innerhalb der Bereiche gab und wie die Frauen darauf reagierten, dann wurde dieses Ungleichgewicht sehr deutlich. In Beziehungen waren dem Einfallsreichtum, der Ausdauer, der Hartnäckigkeit der Frauen fast keine Grenzen gesetzt. In der Arbeit dagegen war der Atem viel kürzer. (Wir kommen darauf anhand von Beispielen noch zurück.)

Das Rätsel vom Zeitverlust und die anscheinenden Widersprüchlichkeiten in der Sozialisation von Frauen, löste sich im Zuge unserer Interviews.

Nicht die Lebensgestaltung der Eltern war entscheidend; nicht die Förderung oder Entmutigung durch den Vater; nicht das Rollenbild der Mutter; auch nicht der Zufallsfaktor der Persönlichkeitsstruktur der jeweiligen Frau.

Entscheidend an der Sozialisation der Frauen war nicht die *deklarierte* Einstellung der Eltern, sondern die latente, aber unheimlich starke Verhinderung weiblicher Unabhängigkeit. So konnte ein Mädchen durchaus in ihren beruflichen Zielen ermutigt, zum Studium animiert, zur späteren Karriere gedrängt und scheinbar umfassend von den Eltern gefördert und unterstützt werden. Zugleich aber wurde sie fast immer überbehütet, bevormundet, zur Bravheit erzogen.

Damit hatte sie vielleicht die Fertigkeiten, den akademischen Titel, die nötige Ausbildung zu einer Karriere. Aber es mangelte ihr vollkommen an den inneren Qualitäten, am Selbstvertrauen, an der Risikofreude, die sie zum Einsatz dieser Fertigkeiten gebraucht hätte.

Dazu ein paar Beispiele:

»Wir lebten in der Kleinstadt, mein Vater war Jurist. Jahrelang kämpfte er um unser Fortkommen, denn er hatte zwar als Akademiker großes Prestige, aber seine Kanzlei ging trotzdem nicht sehr gut. Das durchgehende Problem meiner Kindheit war seine Strenge und seine sehr konservativen Werte. Dabei machte er mir in meiner Lebensplanung keine Probleme, ganz im Gegenteil. Ich war stets eine sehr gute Schülerin und bei den Lehrern sehr angesehen, darauf war er auch stolz, und es war ihm sehr wichtig. Davon, daß ein Mädchen keine gute Ausbildung braucht, war in unserer Familie keine Rede, niemals. Aber trotz meiner guten Leistungen hatte ich immer Schuldgefühle, denn mein Vater war viel verreist, und wenn er kam, gab es fast immer Krach, denn irgend etwas hatten wir Kinder bestimmt angestellt während seiner Abwesenheit. Das war überhaupt bis zuletzt mein Problem, das Ringen um Anerkennung durch den Vater. In der Mittelschule wurde ich etwas leichtsinnig, die Schule war mir immer so leicht gefallen, daß ich alles nicht so ernst nahm und nichts mehr dazu tat. So kam es, daß ich dann in der sechsten Klasse zur Wiederholungsprüfung antreten mußte. Das war auch das prägendste Pubertätserlebnis mit meinem Vater: Er hatte beschlossen, vom Ferienbeginn bis zum Tag der bestandenen Wiederholungsprüfung kein Wort, kein einziges Wort mit mir zu sprechen.

Später hatte ich viele Verehrer, aber in der Sexualität war ich sehr zögernd und ängstlich. Ich erinnere mich an eine Party als ich sechzehn war. Meine Eltern waren auf Skiurlaub, und ich ging zu einem Fest. Wir haben alle zuviel gegessen und getrunken, und dann haben wir Musik gehört und ein biß-chen geschmust, aber weiterzugehen hätte sich sowieso kei-ner getraut. Als mein Vater von der Party erfuhr, hat er mir abgerungen, bis zum 18. Geburtstag mit keinem Mann zu schlafen. Ich mußte es ihm ganz feierlich versprechen.

Nach dem Abitur war vollkommen klar, daß ich studiere. Wir zogen sogar in die Großstadt, damit ich während des Studiums zu Hause wohnen konnte.

Mit 19 hatte ich meine erste ernsthafte Beziehung, es war irgendwie unausgesprochen von Anfang an klar, daß wir heiraten würden. Ich wohnte aber bis zur Heirat, mit 28, noch daheim. Ich studierte Philosophie, mein Vater wollte das. Dazu mußten wir Griechisch und Latein lernen, und es war schrecklich für mich. Es hat mich überhaupt nicht ge-freut, und ich hatte anfangs ganz große Mißerfolge. Aber ich konnte erst nach dem Tod meines Vaters die Studienrich-tung wechseln. Er starb, als ich 21 war. Denn als ich vorher mit ihm sprach, meinte er, ich solle weitermachen was ich einmal begonnen hatte. So studierte ich tapfer weiter. Und sofort war die Erlösung da, als ich zu Germanistik wech-selte, Erfolge hatte wie nie zuvor. Nebenbei habe ich bei einer Zeitung gearbeitet, dort hatte ich einen sehr fortschritt-lichen Chef, der Frauen sehr gefördert hat. Trotzdem hatte ich das Gefühl, der Journalismus sei zu schwierig und zu hektisch, zuviel Konkurrenz und Unsicherheit, das schaff' ich nicht. So hab' ich dann in der schnellstmöglichen Zeit fertigstudiert, um einen sicheren Mittelschullehrerjob zu bekommen. Davor hatte man mich zu Hause schon immer gewarnt, wie anstrengend Jobs sind, die über das normale weibliche Maß, der weiblichen Persönlichkeit hinausgehen.

Das Studium habe ich also dann sehr schnell und sehr gut abgeschlossen, was meiner Selbstachtung gut getan hat. Mein Freund, den ich heiraten wollte, der hatte sich von mir schon Jahre davor getrennt. Nun lernte ich einen neuen kennen, der immer allen Leuten erzählte, er sei für eine Zweierbeziehung vollkommen untauglich. Und ich hab das irgendwie als Herausforderung gesehen, ich hab' mir gedacht, das werden wir ja noch sehen, ob ich das schaffe oder nicht. Ich beweise ihm, daß er das doch kann, mit der richtigen Frau. Wir heirateten dann, nachdem er mir ausführlich zu bedenken gab, was er alles nicht bieten kann: Er ist faul und will sich nicht strapazieren, er gibt mir keine gesellschaftliche Anerkennung, Kinder will er auch keine. Ich wollte ihn heiraten, weil er der Meinung war, daß er nicht heiraten wird. Außerdem war mein Studium fertig, ich fing an zu arbeiten und kam in die Panik, es muß jetzt alles in geregelte Bahnen, wie sieht das sonst aus? Ich hatte Angst davor, als Lehrerin, täglich von einem anderen Mann mit einem anderen Auto von der Schule abgeholt zu werden.

Die Schule gefiel mir bald sehr gut, vor allem, nachdem ich meine eigene Klasse hatte. Ich hatte auch einige Kollegen und Kolleginnen, die für mich sehr wichtig wurden. In meiner Ehe aber kam bald ein Punkt, an dem wir uns nichts mehr zu sagen hatten. Ich hatte einen Freund, der war verheiratet, mit dem ging's auch nicht gut, und irgendwann hab ich dann angefangen, mich zu verschließen, mich zurückzuziehen. Ich hab dann eine gewisse Körperfeindlichkeit entwickelt, wohl aus Ablehnung gegenüber meinen Erfahrungen mit Männern, und hab mir Kilos angefressen. Ich dachte mir, ich hab' es lange genug versucht mit Männern und Lie-

besbeziehungen, das ist gescheitert, und um das zu unter-
mauern, machte ich mich dick.

Ich hab' dann auch zuviel getrunken und verlor meine Ambitionen für die Schule. Ich fand einen Level, an dem die
Kinder mich noch brauchbar fanden als Lehrerin, der aber
von meiner Seite keine Anstrengung und kein Engagement
erforderte, und da schwebte ich so dahin. Wobei ich, naja,
sagen wir, selten nüchtern war.

Meine Freunde haben das dann bemerkt und sehr auf mich
eingewirkt. Eine Kollegin ist mit mir ein halbes Jahr ins Ausland gegangen, das hat mir Abstand gebracht, und ich hab
kapiert, daß es nichts bringt, wenn ich mich zu Tode saufe
und fresse, um es ganz direkt zu sagen. Danach bin ich von
zu Hause ausgezogen, hab' jetzt eine eigene kleine Wohnung. Ich fühle mich ziemlich aufgewühlt im Moment, aber
nicht im negativen Sinne. Irgendwie ist es sehr aufregend,
mein eigenes Domizil zu haben, aus dem Kreislauf auszubrechen. Andrerseits ist es nicht leicht, allein zu leben. Ich
bin draufgekommen, daß ich meinen Mann doch noch liebe,
nur hat er mittlerweile auch eine andere Beziehung.

Und ich hab noch immer meinen Freund, der noch immer
verheiratet ist. Trotzdem fühle ich mich jetzt ganz optimi-
stisch. Mit 18 bin ich unreflektiert durchs Leben gegangen.
Jetzt arbeite ich immer mehr daran, unabhängig zu werden.«

Es lohnt sich, diese Erzählung ganz genau zu lesen, denn sie
ist in einem ganz typisch: in der Doppelgründigkeit der Botschaft, die dem Mädchen von zu Hause mitgegeben wird. Es
hat den äußeren Anschein, und die Eltern und das Mädchen
mögen auch fest daran glauben, daß sie ermutigt, unterstützt
und gefördert wird. In Wahrheit aber geschieht das genaue
Gegenteil. Es wird ein Mensch produziert, der kein Selbstvertrauen, keine Entscheidungsfreiheit, keine Selbstsicherheit hat. Das Mädchen lernt gut, aber nicht für sich selber,
sondern in der Hoffnung auf väterliche Anerkennung bzw.

aus Angst vor dem Zorn und den Strafen der väterlichen Autorität. Und noch während man ihr vermittelt, daß ein Mädchen lernen, studieren, einen Beruf ausüben kann und soll, gibt man ihr parallel dazu enge Grenzen mit: die Angst davor, sich als Frau ein zu hohes Ziel zu stecken, zu scheitern, sich zu übernehmen. Sie studiert, aber einen Zweig, den andere für sie aussuchen und der ihr keine Freude macht. Sie übt einen Beruf aus, aber nicht den, der sie gefordert hätte. Und was macht sie, parallel dazu, in ihrem Privatleben? Zuerst ist sie brav – sie hält sich an das seltsame Versprechen, das ihr Vater ihr abgerungen hat, und sucht sich erst mit 19 einen Freund. Und dann einen, der den Konventionen soweit entspricht, daß die sexuellen Beziehungen durch eine im Raum stehende, künftige Ehe legitimiert sind. Dann aber, nachdem diese Beziehung scheitert, sucht sie sich gezielt einen schwierigen Partner. Das Risiko, daß sie im Beruf fürchtet und meidet, sucht sie im Privatleben absichtlich. Ihre Mischung an Handlungsmotivationen ist zugleich paradox und bezeichnend: Sie sucht einen schwierigen Mann, um eine Herausforderung zu haben; sie will eine Möglichkeit finden, ihre Weiblichkeit unter Beweis zu stellen; zugleich will sie heiraten, um den konventionellen Normen ihres Elternhauses und ihres Berufsstandes genüge zu tun. Mit ihren eigenen Handlungen garantiert sie schon im voraus den Mißerfolg. Diese Ehe kann fast nicht gutgehen, denn der Machtkampf zwischen dem deklariert beziehungsunfähigen Mann und ihr ist vorprogrammiert. Das Scheitern der Ehe hat den beruflichen und persönlichen Mißerfolg zur Folge.
Da Vera eine starke und intelligente Frau ist, befreit sie sich letztendlich sogar aus dieser schwierigen Situation, um mit 37 dort zu stehen, wo sie mit 18 hätte sein sollen: in einer eigenen kleinen Wohnung, allein, mit dem Ziel und der Muße, sich über ihre eigentlichen Wünsche klarzuwerden. Absolut typisch an Vera ist auch die Bereitschaft, im Sektor

der Arbeit und der Leistung sofort zu kapitulieren. Warum läßt sie sich von ihrem Vater so leicht dazu überreden, beim verhaßten und zukunftslosen Studienzweig zu bleiben? Warum nützt sie die Förderung des frauenfreundlichen Zeitungschefs nicht? Warum fürchtet sie eventuelle Probleme im Journalismus, um sich furchtlos in die »Herausforderung« einer äußerst problematischen Partnerschaft zu stürzen? Warum wohnt sie, bis sie 28 Jahre alt ist, zu Hause? Warum paßt sie sich immer zu ihrem größten persönlichen Schaden an die Konventionen an: achtet sie, um eine schlechte Ehe einzugehen, um eine brave Tochter zu sein, läßt sich durch sie aber nicht davon abhalten, eine (wiederum nur schädliche) Beziehung zu einem verheirateten Mann einzugehen oder betrunken ihrer Schulklasse gegenüberzustehen? Aus dem ihr gebotenen wählt Vera zielsicher immer das aus, was ihr am meisten schaden wird und meidet ebenso akkurat all das, was sie voranbringen könnte – bis es ihr schließlich, mit 37, zuviel wird und sie beschließt, das Muster zu durchbrechen.

Die »Bravheit« der Frauen ist insofern nicht nur viel zu ausgeprägt, sie ist vor allem verhängnisvoll in ihrer Selektivität, als ob die Frauen so brav wären, daß sie das Ziel hinter der Bravheitsforderung noch zusätzlich betreiben würden mit Selbstbestrafung. »Du tust zwar so, als ob du mich fördern wolltest, aber in Wirklichkeit willst du mich zurückhalten und blockieren. Also helfe ich dir dabei.« So könnte man den unausgesprochenen Dialog so mancher jungen Frau mit ihrem Vater formulieren. Hinter der glatten Feststellung der amerikanischen Soziologie, viele Väter würden ihre Töchter fördern, steckt in der Praxis so viel Autoritätsdenken, daß die Förderung nur scheinbar ist – sie ist bloß der Anlaß, die Tochter zu kontrollieren, zu besitzen und herumzukommandieren. Daß sogar ihre Sexualität in diesem Zusammenhang unter der Aufsicht des Vaters steht, sahen wir bei Vera, und sie ist keineswegs untypisch.

Um die Möglichkeit auszuschalten, daß es sich um eine generationsbedingte Sache handelt, heute schon lange überholt, hören wir von einer 18jährigen:

»Als ich mit 16, 17 angefangen habe, mich fürs Ausgehen zu interessieren, drehte mein Vater komplett durch. Obwohl wir sowieso nur ins Kino wollten oder in den Eissalon, alles sehr harmlos. Manchmal hat er mich sogar eingesperrt. Ich hab' dann immer nachgegeben, auch, weil er mich sonst manchmal geschlagen hat oder die Sache über meine Mutter ausgetragen hat. Die war zwar immer auf meiner Seite, aber eben zu schwach.

Er hat mir alles verboten. Als er vor einem halben Jahr entdeckt hat, daß ich rauche, hat er mich gehauen und eine Woche lang eingesperrt. Er hat mich von der Schule abgeholt und genau meinen Stundenplan kopiert, und ich durfte nichts außer lernen, nicht einmal telefonieren. Das war die Zeit, wo ich in der Schule Probleme bekommen hab', auf einmal hab' ich nicht mehr lernen können. Seither haben mein Vater und ich keinen Kontakt mehr miteinander, er redet nur mit erhobener Stimme mit mir.

Vor ein paar Wochen hab' ich dann genug gehabt und hab' zurückgeschrien. Und dann bin ich einfach ausgegangen. Er hat das dann akzeptieren müssen.

Jetzt hab' ich mich, nach einer ziemlich wilden Phase, wieder erholt. Ich will auch wieder lernen. Ich werde die letzte Klasse wiederholen, denn ich möchte wohl doch das Abitur machen. Aber eine Zeitlang hab' ich von allem die Nase voll gehabt, vor allem von der Schule. Nach dem Abitur würd ich gern ein Jahr Pause machen, vielleicht ein bißchen reisen und dann Psychologie studieren. Ich glaube, ich bin sehr begabt dazu, anderen zu helfen. Und ich arbeite gern mit Menschen. Ich hab auch einen lieben Freund jetzt, dessen Familie mich mag. Ich könnte mir schon vorstellen, daß ich mit dem zusammenbleibe, daß wir vielleicht heiraten.«

Eine klassische Geschichte, fast identisch mit denen, die uns die heute 4ojährigen rückblickend erzählten. Der Vater macht das Lernen der Tochter zu einem Teil seiner Macht über sie. Das tut er auch beim Sohn, aber beim Sohn tritt die Schizophrenie zwischen schulischer Erwartung und privater Entmündigung nicht oder zumindest nicht so krass zutage. Einem Sohn wird viel eher die Unabhängigkeit, die ausgleichende Freizeit, die jugendliche Wildheit zugestanden. Bei einem Mädchen, das so umfangreich kontrolliert wird, muß die schulische Ermutigung fast wie ein Hohn wirken. Sie ist vergleichbar mit dem Bauern, der vom Gutsbesitzer abgeholt, in die näheste Stadt zum Wahllokal geführt wird, dort einen Zettel mit dem zu wählenden Kandidaten in die Hand gedrückt bekommt und ihn in die Urne schmeißen darf. Das ist nicht Demokratie, und es ist nicht »Bildung«, wenn man schulische Leistungen auf Befehl und im fremdbestimmten Fach mit fremdbestimmtem Ausgang erbringen soll.

So hat ein Mädchen vielleicht gute Noten und ist bei den Lehrern beliebt, im Leben aber ist sie fast völlig unfähig, sich durchzusetzen. Sie hat, wenn überhaupt, eine nur klischeehafte Vorstellung von ihrer Zukunft. »Reisen«, »mit Menschen arbeiten«, »anderen Menschen helfen«, »flexibel bleiben« für die Anforderungen einer etwaigen Ehe und Familie, dazu »ein bißchen« dies und »ein bißchen« jenes, aus diesem Flickenteppich von weiblichem Klischee und Zaghaftigkeit versuchen Frauen, sich einen Lebensplan zu basteln.

Und weil sie selber spüren, daß einem solchen Plan jegliche Konsistenz, jegliche Verbindlichkeit fehlt, suchen sie zusätzlichen Halt – viel zu schnell und viel zu undurchdacht – dort, wo Frauen schon immer ihren Halt suchten, in einer Beziehung.

Daraus ergibt sich aber auch, daß das Problem nicht bloß in der »Doppelbelastung« oder in der »Diskriminierung« liegt, sondern viel tiefer verwurzelt ist: indem Frauen, wie sabotierte Raketen, zum Fehlschuß programmiert werden. Damit wird erreicht, daß sie Chancen oft gar nicht wahrnehmen, Konflikte gar nicht austragen, wertvolle Zeit verlieren, schon umkehren, noch bevor die Barriere überhaupt sichtbar geworden ist.

Nehmen wir als letztes Fallbeispiel Ulrike, die heute als erfolgreiche Journalistin arbeitet und mit ihrem 5jährigen Sohn allein lebt:

»Ich wollte immer beruflich etwas Tolles für mich erreichen, schon als Kind. Auf der anderen Seite war immer schon klar für mich, daß ich auch eine Ehefrau und Mutter sein werde. Mir war klar, so ist das nur in der gehobenen Schicht möglich, denn da ist Emanzipation einfach objektiv viel einfacher, weil man finanziell abgesichert ist, sich ein Kindermädchen und eine Infrastruktur leisten kann. Ich wollte von Anfang an einen Beruf, der mit Schreiben zu tun hat, und ich wußte auch, daß ich einmal gerne mehrere Kinder hätte. Ich hab das schon mit 11 Jahren gewußt und verkündet, bis mich die Leute ausgelacht haben und ich nicht mehr davon gesprochen habe.

Nach dem Abitur ging ich an die Uni, hab' Publizistik und Germanistik studiert und dazu Psychologie. Nebenbei hab' ich beim Rundfunk gejobbt. Ich hatte dann aber nicht das Gefühl, daß mein Studium mir sehr viel bringt, also ließ ich es bleiben. Ich hab' dann ein paar Jahre mit einem Mann zusammengelebt, obwohl mir völlig klar war, daß der nicht der richtige ist, denn er war einfach überhaupt nicht seßhaft und wollte auch keine Kinder. Nach ihm hatte ich einen verheirateten Mann zum Freund, von dem wußte ich auch von Anfang an, daß er sich nie scheiden lassen würde und selbst wenn, daß er dann nicht von vorne anfangen will mit einer neuen Familie, neuen Kindern.

Damals war ich dreißig und sagte mir, daß ich diese Sachen ja noch ein paar Jahre hinausschieben könne. Dann lernte ich meinen Mann kennen, und wir haben geheiratet. Unser Kind meldete sich bald an, aber mit einer Kinderfrau klappte es ganz gut, im Beruf ging es für mich aufwärts. Dann wurde mein Mann ins Ausland versetzt. Ich fand das nicht so gut von ihm, denn er hätte sich nicht um diese Versetzung bewerben müssen, aber ich ging davon aus, daß wir eine Familie sind und zusammenbleiben und verzichtete also auf meine hiesige Arbeit und ging mit. Und das war, wie sich bald herausstellte, ein Fehler. Ich fand dort keine verläßliche Kinderbetreuung, hatte keinen Job, keinen gesellschaftlichen Anschluß, konnte nicht arbeiten. Bei einem Heimatbesuch merkte ich, daß ich gar nicht mehr dorthin zurückwollte. Es tut mir sehr leid, denn das Leben mit Markus war schön, und wir waren anfangs sehr glücklich miteinander, aber ich glaube nicht, daß er jemals nach Deutschland zurückkommen wird, und ich geh' bestimmt nicht mehr ins Ausland. Wenn ich zurückdenke, ist viel von meinen ursprünglichen Plänen in Erfüllung gegangen, mit Ausnahme einer guten Partnerschaft. Mit meinem Beruf und dem Kind wird es wohl auch gute 10 Jahre dauern, bis ich wieder etwas Zeit für mich selbst habe, aber immerhin habe ich einiges von dem erreicht, was ich mir vorgenommen hatte. Und manchmal habe ich einfach das Gefühl, daß bald etwas passieren wird. Denn es ist ja noch nicht aller Tage Abend.«

Der spezifische Zugang der Frauen wird um so augenfälliger, wenn man ihn mit dem typischen Zugang erfolgsorientierter Männer vergleicht. Sie sind unvergleichlich stärker in Sachen Selbstbehauptung, und wenn ihre Väter sie blockieren oder zu lange bevormunden wollen, dann emanzipieren sie sich meist sehr energisch von solchen Kontrollansprüchen. Beruflich haben sie ein weitaus stärkeres Durchhaltevermögen – entweder in Form einer größeren Risikobereitschaft oder in Form einer viel stärkeren Toleranz für Anfangsschwierigkeiten. Sie halten durch: ein langes oder unerfreuliches Studium, einen komplizierten Chef, unfreundliche Kollegen. Oder sie wehren sich energisch. Frauen aber neigen dazu, aufzugeben, sich zurückzuziehen, unter irgendeinem Vorwand in die Privatheit zu flüchten oder die Entscheidung irgendeiner außenstehenden Autoritätsfigur zu überlassen. Umgekehrt im Privatbereich: da investieren Männer in der Regel nur wenig, vor allem wenig dauerhafte Aufmerksamkeit, vor allem dann, wenn das Privatleben im Konflikt steht zu ihrer Karriere. Bezeichnend an Ulrikes Beispiel, daß sie bereit war, für die Familie den Job fallenzulassen und ins Ausland zu gehen, während sich für ihren Mann aber, als Ulrike es trotz bester Bemühungen im Ausland nicht aushielt, keine Motivation ergab, für sie in die Heimat zurückzukehren.

Bezeichnend an Ulrike aber auch die Schicksalsgläubigkeit, die bei erstaunlich vielen »modernen« Frauen immer wieder durchklingt.

Da war zum Beispiel Helga, die erfolgreiche Bankfrau, die uns erzählte, am Tag, an dem ihr Mann sie erstmals mit seiner späteren Geliebten betrog, sei ihr zu Hause ein großer Spiegel zerbrochen.

Dann waren da die fast unzähligen Interviewpartnerinnen, die das Schicksal oder das Glück für irgendeine Wende in ihrem Leben verantwortlich machten.

Hier zum Beispiel Thea, die 33jährige Maklerin:

»Mein Gespür für Trends, den haben andere erkannt und mich dann auch gefördert. Es ist natürlich ein Zufall, daß ich da die richtigen Leute kennenlernte, die die richtigen Positionen innehatten. Ich bin nur über Förderung von Männern nach oben gekommen. Vieles daran passiert ja auch so instinktiv ... Das wichtigste in meinem Leben ist aber sicher die private Beziehung, obwohl sie in meinem Fall so schwierig ist. Ich find sie trotzdem zentral in meinem Leben. Was den beruflichen Erfolg betrifft, so mußt du erst auf einen

Standpunkt kommen, wo er dir egal ist. Dann erst kriegst du, was du möchtest.«

Zufall, wohlwollende Förderung: Selbst wenn ein erfolgreicher Mann in seinem tiefsten Inneren glauben würde, daß dies die wahren Geheimnisse seines Erfolges seien, er würde es nie zugeben. In seiner Selbstdarstellung nach außen hin würde er die eigenen Fähigkeiten und Verdienste in den Vordergrund stellen. Nur bei Frauen diese obligate Bescheidenheit, bei der man nicht weiß, welche Ängste dahinterstecken. Vor dem Groll einer Gesellschaft, die Frauen nicht zu hoch hinauflassen will? Vor dem Schicksal, das die Unbescheidenen sofort bestraft? Denn als Gruppe zeigen Frauen eine fast mittelalterliche Abergläubigkeit, wie Bäuerinnen, die den bösen Blick abwehren wollen, indem sie den neidischen Göttern gegenüber lautstark verkünden, wie häßlich, kränklich und insgesamt uninteressant ihre strammen, heißgeliebten Kinder doch sind. Wenn sie stolz und erfolgreich und selbstbewußt sind, scheinen diese Frauen zu glauben, dann wird sofort irgendeine zornige Instanz kommen und sie bestrafen, ihnen alles wieder wegnehmen.

Dabei ist das »Zurücknehmen« der scheinbaren Förderung nicht immer nur psychologisch. Oft ist es auch sehr konkret und materiell. Für das betreffende Mädchen muß das desorientierend wirken, und es ist nicht erstaunlich, wenn sie die »Schuld« daran in erster Linie bei sich selber sucht. Denn wenn ein Vater, der sie bis zu einem bestimmten Punkt unterstützt, gefördert und ihre Leistungen stolz verfolgt hat, plötzlich seine weitere Gunst verweigert und meint, nun sei es aber genug, dann hat seine Tochter eigentlich nur drei Möglichkeiten.

Einmal kann sie darin einen Akt der männlichen Willkür, fast – denn es wird ihr damit ja geschadet – der Aggression und Boshaftigkeit sehen. Dann müßte sie eigentlich zornig werden und sich wehren. Psychologisch ist das in zweifacher

Hinsicht schwierig. Zum einen muß sie dann alles Vorange-gangene in Frage stellen und daran zweifeln, daß ihr Vater sie jemals geliebt, es jemals wirklich gutgemeint hat mit ihr. Und zum anderen muß sie auf einen Schlag ihr bisheriges, sorgsam eingeimpftes Autoritätsdenken überwinden.

Zweitens kann sie daraus schließen, daß ihr Vater sich irrt. Das hieße, daß sie sich nun auf sich selber verlassen muß, auf ihre eigenen Entscheidungen und Kräfte und, falls er sich von seinem Irrtum nicht überzeugen läßt, auch auf ihre eigene Fähigkeit, ab nun den eigenen Weg zu gehen. Für eine junge Frau, die bis dahin immer gelenkt wurde, ist auch das nicht einfach.

Drittens kann sie glauben, daß ihr Vater es weiterhin gut mit ihr meint, sie bzw. die Welt besser kennt als sie selbst und weiß, wo ihre Grenzen liegen. Wenn sie sein geringeres Urteil über sich und ihre Zukunftschancen akzeptiert, muß sie damit zugleich eine innere Kränkung hinnehmen. Wie wir sehen, erlaubt also keine dieser drei Möglichkeiten eine psychisch befriedigende Lösung des Dilemmas. Und das Dilemma ist alles andere als selten; so gut wie jeder weibliche Lebenslauf wies es in irgendeiner Form auf. Wie freundlich und positiv es auch formuliert werden mag, ab einem gewissen Punkt halten selbst die scheinbar aufgeschlossensten Eltern ihre Töchter zurück.

Sie deklarieren das Abitur zum Schlußpunkt ihrer Leistungen, auch wenn sie bis dahin in der Schule stets glanzvolle Noten erbrachten und von den Eltern auch zu solchen Leistungen gedrängt wurden.

Sie halten die Tochter von einem anspruchsvolleren oder ihren Neigungen entsprechenden Studium zurück und drängen sie statt dessen in eine Richtung, in der Langeweile, Versagen oder Abbruch schon vorbestimmt ist.

Sie halbieren ihre Tochter in zwei schizophrene Teile, von dem der eine – Leistung, Ausbildung, Beruf – energisch gefördert werden, während der andere – Eigenständigkeit, Sexualität, Mündigwerden – mit ganzer Kraft zurückgehalten wird.

Die Folgen sind vorhersehbar:

»Ich wurde viel kritisiert wenig gelobt. Mein Vater war sehr streng, konnte nur schwer akzeptieren, daß seine Tochter erwachsen wird. Noch mit 17, 18 mußte ich meine Freunde heimlich treffen.

Was die Schule betraf, war mein Vater auf mich sehr stolz. Er war begeistert, daß ich das Abitur so gut schaffte. Dann aber wollte er nicht, daß ich studiere. Ich ging ein Jahr ins Büro, war dort aber so unglücklich, daß mir jeder Tag zur Qual wurde. Ich entschloß mich zum Studium. Mein Vater war nicht einverstanden und weigerte sich daher, mir finanziell zu helfen, obwohl er sehr wohlhabend war. Er kam mir nur soweit entgegen, daß ich gratis zu Hause wohnen durfte. Ich hätte gern Medizin studiert, aber unter diesen Bedingungen war es nicht möglich, denn daneben hätte ich nicht arbeiten können. Ich studierte Pädagogik und fand einen Halbtagsjob als Sprechstundenhilfe bei einem Arzt, um wenigstens einen Hauch von Medizin noch mitzubekommen. Daß ich zu Hause wohnen konnte, war eine finanzielle Hilfe, aber sonst kein Vorteil, denn es bedeutete, daß ich bis 27 wie ein Teenager behandelt wurde.«

Während dieser Untersuchung fragten wir uns immer wieder, wie viele Mängel im Schulsystem wohl dadurch zu erklären sind, daß junge Frauen tausendfach unfreiwillig in den Lehrberuf gedrängt werden, in ihm das Scheitern ihrer Hoffnungen, die Verweigerung ihrer Ambitionen und die Unterbewertung ihrer Fähigkeiten durch diejenigen, die ihnen am nähesten stehen, sehen müssen.

Die oben zitierte Frau schaffte es, der Situation noch das beste abzugewinnen. Sie heiratete einen Mann, mit dem sie eine sehr gute und kameradschaftliche Beziehung aufbauen konnte, der sie auch in ihren beruflichen Plänen unterstützte, sie engagierte sich mit seiner tätigen Unterstützung (bei der Kinderversorgung z. B.) in ihrem Beruf und bildete sich weiter, um schließlich als Schulpsychologin eine befriedigende Tätigkeit zu erreichen.

Typischer ist leider ein langjähriges, zielloses Lavieren. Wie hier:

»Meine Eltern waren beide sehr, sehr lieb. Sie haben mich auch immer gefördert, mit einfachen Mitteln, denn die Firma, die sie hatten, ging nach dem Krieg in Konkurs und danach haben sie den Wiedereinstieg nicht so richtig geschafft. Nach dem Abitur habe ich Musik studiert, dann hätte ich ein Stipendium ins Ausland bekommen an eine Musikakademie, aber das hat meine Mutter nicht erlaubt. Man war damals noch zu streng, um ein Mädchen allein so weit wegfahren zu lassen, vor allem was die Sexualität anbelangte, waren da zu viele Ängste, zu viele Tabus. Mit meinen Kindern mache ich das ganz anders, heute, aber damals war das eben so, und meine Eltern waren sehr konservativ.

Ich wollte eigentlich ursprünglich Medizin studieren, doch meine Eltern meinten, das Studium sei zu lang, damit würde man sich sein ganzes Leben verbauen, denn die Jahre, die für eine Frau wichtig sind, würde man in irgendwelchen Bibliotheken versitzen. Aber mit Musik, das wußte ich, hatte ich ja doch keine Berufsaussichten, also sattelte ich um auf Wirtschaftswissenschaften und ging danach in eine Speditionsfirma, eine sehr große. Heute würde ich nie mehr in eine solche Firma gehen, das war trostlos und entsetzlich bürokratisch. Man konnte den ganzen Tag dahinschlummern, zwischendurch Kaffeetrinken und Null tun. Ein Jahr danach hab' ich geheiratet, 2 Jahre später kam das erste Kind. Die nächsten 5 Jahre vergingen irgendwie, ich hatte 3 verschiedene Jobs, keiner davon was besonders, blieb zwischendurch immer einige Monate zu Hause, suchte ständig eine akzeptable Kinderfrau. Dann hatte ich die Idee, mich als Buchhalterin selbständig zu machen, und arbeitete bei einem Steuerberater. Diese Arbeit war aber schrecklich langweilig, immer bloß Zahlenkolonnen. Dann kam mein zweites Kind zur Welt, und ich hatte ein willkommenes Alibi, um nicht mehr arbeiten zu müssen. Denn es war mir immer wichtig, die richtige Arbeit zu haben. Das Problem war, zu Hause hielt ich es auch nie lange aus. Meist habe ich mir schon nach wenigen Wochen eine Teilzeitarbeit gesucht, oder habe für meinen Mann Sachen gemacht, die Buchhaltung, oder Literaturexzerpte, auch kleinere Recherchen. Aber das ist ja im Grunde genommen auch nichts und führt mich nirgends hin. Mit 18? Wie ich mir da mein Leben vorstellte? Das kann man gar nicht mit der Gegenwart vergleichen. Ich studierte ja Wirtschaftswissenschaften und Welthandel, wollte Handelsattaché werden, lernte Chinesisch. Ich kam auch ziemlich weit damit, aber dann schien es mir zu diskrepant, weiterzumachen. Wozu Chinesisch lernen, wenn man in Wirklichkeit nicht einmal ein Stipendium nach Frankreich annehmen darf? Aber in die Welt zog es mich trotzdem, also lernte ich Englisch. Und nun bin ich überhaupt nicht ins Ausland gekommen. Es ist ein schwerer Augenblick, wenn du draufkommst, daß du deine Karriere vertan hast. Du mußt aufpassen, das deine Kinder nicht spüren zu lassen. Die Gefühle sind sehr gespalten.

In zwei Jahren geht mein ältester Sohn auf die Uni und die Tochter auch bald, dann werde ich wieder voll arbeiten.«

Es wäre vielleicht nicht richtig, für solche Situationen ein Wort wie »Diskriminierung« zu verwenden. Denn schließlich bekommt Ute Unterstützung von stolzen Eltern; bekommt ein Stipendium; kann ohne weiteres auf die Universität gehen; und es hindert sie kein unüberwindbarer Gegner daran, gegen die Wünsche ihrer Eltern nach Frankreich zu gehen, gegen ihren Rat Medizin zu studieren, gegen ihre vorsichtigen Ratschläge einen anspruchsvolleren Arbeitsplatz zu suchen. Nicht einmal die Kinder sind eine objektive Hürde, denn Ute weiß ja selbst, daß die Schwierigkeiten mit der Kinderversorgung zwar zu 50 Prozent ein echtes und großes Problem sind, zu 50 Prozent aber auch ein willkommener Vorwand, um sich aus einer unbefriedigenden beruflichen Situation »ehrenhaft« zurückzuziehen. Fast ironisch, zumindest aber bezeichnend für eine falsche Situationswahrnehmung, ist jedenfalls Utes Beteuerung, es wäre ihr immer sehr wichtig, die richtige Arbeit zu haben – denn die hatte sie in ihrem bisherigen Leben noch kein einziges Mal. Und auch diese, objektiv falsche Realitätswahrnehmung ist recht typisch für Frauen. Sie behaupten, es sei für sie »von Anfang an klar gewesen«, daß der Beruf/die Karriere/die Selbständigkeit das höchste Ziel sei, um im nächsten Atemzug einen Lebensweg zu beschreiben, der keine Sekunde lang von irgendeinem beruflichen Ziel definiert wurde.

»Das wichtigste in meinem Leben ist mir eigentlich der Beruf«, meint nachdenklich Grete, aber was hat sie jemals dafür getan, um aus diesem angeblich so zentralen Lebensbereich etwas zu machen? Sie hat »die Schule nie richtig ernstgenommen, sondern hab' leider immer zu den schlimmen und den frechen gezählt, bin aufgetakelt mit Lippenstift und Lidschatten herumgewackelt, dann ein Jahr vor dem Abitur aus der Schule geflogen, zu recht wie ich jetzt sagen muß. Ich war dann Lehrling in einer Drogerie, hab' das Abitur nachgemacht, bin ein bißchen auf die Uni gegangen, hab' dann in Abendkursen Programmieren gelernt ...«

Ist das ein zielgerichteter Karriereplan? Dabei behauptet diese Frau sogar, für ihre berufliche Flexibilität auf Kinder verzichtet zu haben – um wenig später zu meinen, ihr Leben sei zwar nicht so gelaufen, wie sie es sich wünschen würde, es sei aber wenigstens amüsant gewesen, und man würde ja nur durch Fehler lernen.

Oder nehmen wir Jutta: sie beschreibt sich als jemand, der schon immer eigene Wege ging, resolut und selbstbewußt war, und das eigene Vorankommen an erste Stelle setzte, ohne Schuldgefühle zu haben. Sie bekommt mit 20 ein uneheliches Kind, tut sich schwer mit der Belastung und mit dem ewigen Lamentieren ihrer Verwandtschaft, beschließt, sich »zu verbürgerlichen, um endlich Ruhe zu haben« und sucht sich gezielt einen Partner. »Ich ließ mir dabei wohl nicht genug Zeit, sondern nahm so mehr oder weniger den Erstbesten. Der erwies sich dann als ziemlich grob, auch dem Kind gegenüber. Ich hatte dann aber nicht die Kraft für eine sofortige Trennung. Nach 7 Jahren hab' ich's Gott sei Dank geschafft. Mit 35 bin ich erst zu mir gekommen, bin ich erst ein normaler Mensch geworden. Das Alleinleben hat mir sehr gut getan, man hat direkt gespürt, wie man innerlich aufblüht. Dieses Erlebnis hat mir wohl gefehlt, denn eigentlich bin ich ja direkt von meiner Mutter in die eigene Mutterschaft hineingelaufen.«

Auch bei Jutta wieder die schon typischen, eigenartigen Widersprüche. Sie hat nicht die Zeit, sich einen Partner sorgfältig auszusuchen – hat aber dann die Zeit, 7 Jahre lang neben einem unangenehmen, groben Partner auszuharren, ehe sie allmählich die Kraft findet, ihn zu verlassen. Sie sieht sich selber als unkonventionell, als gleichgültig gegenüber den Meinungen der Umwelt, läßt sich dann aber unter Druck setzen, für ihr Kind »einen Vater« aufzutreiben. Und das typischste überhaupt: mit 35 »kommt sie zu sich«, reflektiert erstmals, setzt sich überlegte Ziele und macht sich daran, sie zu verwirklichen. Wobei dieser Ausgang schon der besonders positive, fast »privilegierte« ist, denn viele Frauen reflektieren zu lange, zu spät, unter total verfahrenen Umständen ... oder gar nie.

Und: die Geschichte spielt sich auch umgekehrt. Selbstsabotage, erreicht mit den wichtigen Werkzeugen des mangelnden Selbstvertrauens und der Unfähigkeit, das eigene Wissen von der richtigen Handlung dann auch tatsächlich in diese Handlung umzusetzen, das kann man auch im Privatbereich. Wie Silke.

Für Silke stand schon in der Jugend fest, daß sie sich mit Arbeits- und Berufswelt nie abplagen wollte.

»Ich haßte Schule und lernen. Aus der Schule flog ich, bevor ich das Abitur machen konnte, und es war mir recht so. Ich hatte genaue Vorstellungen, wie mein Leben ausschauen sollte ... und eingetroffen ist jetzt das Gegenteil.«

Für Silke war die berufstätige Mutter kein Rollenmodell, sondern eine Abschreckung.

»Meine Mutter war geschieden und hat immer gearbeitet. Sie schien mit ihrer Situation insgesamt zwar nicht unzufrieden, aber ich lehnte das ab. Sie hatte wenig Zeit für mich, und auch sonst schien mir, daß ihr Leben viel zu anstrengend, viel zu schwer war. Ich wollte nie studieren, sondern Hausfrau und Mutter sein, viele Kinder haben, ein gepflegtes Haus ... so ein richtiges Bilderbuchleben. Bei jedem Mann, den ich näher kennenlernte, dachte ich, vielleicht ist der es, mit dem ich diese Vorstellungen verwirklichen kann.«

Und ausgerechnet Silke, die ihre Prioritäten im Privaten sieht, die keinen Beruf haben will, wird später zur Karrierefrau. Auch sie wiederholt, ungewollt, das Vorbild ihrer Mutter – erzieht ein Kind allein, arbeitet, ist nicht unzufrieden, aber überlastet.

Da keine ihrer frühen Bekanntschaften zur erhofften Traumbeziehung führen, ergreift sie notgedrungen einen Beruf und zieht in eine eigene kleine Wohnung. Sie arbeitet als Animateurin in einem Club Med, dann als Aerobic-Lehrerin in einem Fitneß-Studio, anschließend in einer Firma. »Das hat mir dann doch alles Spaß gemacht, und auch das Alleinleben hab' ich genossen. Ich bin viel ausgegangen, hatte viele Freunde.«

Aber die Suche nach dem »Mann fürs Leben« bleibt bestimmend. Mit 24 glaubt sie, ihn gefunden zu haben. Sie leben ein Jahr zusammen, aber als Silke schwanger wird, zieht er aus und geht ins Ausland. Für Silke folgt eine schwere Zeit. Da vom unauffindbaren Kindesvater keine Unterstützung kommt, muß sie arbeiten; daneben hat sie allein das Kind zu versorgen.

»Ich blieb in der Firma, ich hatte ja keine andere Wahl. In den folgenden Jahren ging ich kaum aus, hatte ich kein eigenes Leben. Um halb sieben mußte ich aufstehen, um die Kleine in die Krippe zu bringen. Dann ins Büro, abends heim, den ganzen Haushalt. In dieser Zeit hatte ich eigentlich auch von Männern genug.«

Dennoch folgten einige Beziehungen, denen aber immer »das gewisse etwas« fehlte. »Die Hoffnung, doch noch einmal eine Familie zu haben, hab' ich nicht so schnell aufgegeben. Zwei oder drei Mal hätte ich auch heiraten können, aber da wollte ich den Mann nicht wirklich. Ich wünschte mir zwar nichts so sehr als eine richtige Familie, aber nicht um jeden Preis. Es sollte schon auch die große Liebe sein.«

Schließlich, mit 40, scheint es soweit zu sein. Alles ist phantasiegemäß – man lernt sich auf einem Maskenball kennen, fühlt sich sofort berauscht, beschließt schon 10 Tage später zu heiraten. Es gibt nur ein Problem: Er ist schon verheiratet, und seine Frau will sich nicht scheiden lassen. Daneben läuft mit dem Beruf – aus dem Silke sich nach wie vor nichts macht – alles blendend. Ein ehemaliger Chef sucht Silke, bietet ihr an, eine neue Filiale eines exklusiven Reisebüros zu übernehmen. Silke stellt für reiche Leute ausgefallene Tourenprogramme zusammen, verdient gut, mag ihren Job – nimmt diese ganzen Erfolge aber anscheinend gar nicht richtig wahr, weil sie im Kopf ausschließlich an den Vorstellungen über eine traditionelle, gelungene Familie orientiert ist. Hören wir uns an, wie es in Silkes Gedanken zugeht:

»Es war so romantisch, ganz wie ich es mir immer vorgestellt hatte. Der Ball, und wenige Tage danach hat er mir
schon einen Heiratsantrag gemacht – und heute ist er noch
immer mit seiner Frau verheiratet, wenn auch bloß auf dem
Papier. Aber wir werden trotzdem zusammenziehen. Ich bin
jetzt schwanger, und das Kind ist ein absolutes Wunschkind,
von uns beiden. Eigentlich hatte ich mir ja geschworen, auf
keinen Fall jemals wieder ein uneheliches Kind zu bekommen. Aber worauf soll ich noch warten – in all den Jahren
davor hab ich es nicht geschafft, eine richtige Ehe zustande-
zubringen, wenigstens gefällt mir dieser Mann.«
»Mein Leben bisher verlief zwar nicht nach Wunsch, aber
beklagen kann ich mich eigentlich auch nicht. Es war ein
sehr ausgefülltes Leben, und es war mir nie langweilig dabei.
Und ich bin auch stolz, daß ich meine Tochter auch ohne
Vater so gut großgezogen habe, sie ist ein ausgesprochen lie-
bes Mädchen und sehr selbständig, und ich hab' zu ihr ein
ganz tolles Verhältnis.«
»Ich fühl mich wohl, aber es tut mir leid, daß ich erst mit 40
tun kann, was andere mit 20 machen: mich von einem Mann,
den ich liebe, verwöhnen lassen. Ich hätte gern die ganzen
Jahre hindurch schon jemanden gehabt, der am Abend heimkommt, dem ich ein warmes Essen koche etc. Jetzt werd ich
das alles haben. Ich geh' mit offenen Augen in diese Sache,
obwohl meine Freunde mir alle abraten. Es stimmt, er ist
recht altmodisch und auch ein ziemlicher Patriarch, er ist
schon so einer, der immer recht haben möchte. Aber er ist
sehr großzügig, und ich kann mich nach all den Jahren, die
ich allein gelebt habe, endlich einmal auspendeln und anleh-
nen.«
»Für mich ist die Familie erstrangig. Wenn beide Partner
abends fix und fertig heimkommen, dann leidet nicht nur die
Lebensqualität, sondern auch die Beziehung. Irgendwie gehört das so: der Mann geht in die Welt, verdient viel Geld,

die Frau gehört zu den Kindern, höchstens mit einem Halbtagsjob nebenbei. Jetzt, wo ich einstweilen noch berufstätig bin, bleibt doch sehr viel auf der Strecke.«

»Die Frauenbewegung ist sicher wichtig, aber ich persönlich brauche sie nicht. Ich würde mich nicht so leicht unterdrükken lassen.«

»In zwei, drei Jahren wird sich meine Situation hoffentlich gelöst haben, wird mein ewiger Traum hoffentlich Realität sein: Ehe, Liebe, Kinder.«

Aus der Verworrenheit dieser sich zum Teil widersprechenden Aussagen zieht sich dennoch dasselbe Muster, das wir aus den anderen Berichten – nur dort mit der umgekehrten Schwerpunktsetzung – schon kennen.

Silke hat mit 18 eine gewisse Vorstellung von ihrem Leben, zusammengebastelt aus Klischees, der sie traumwandelnd folgt. Mit griffsicherer Selbstdestruktivität konzentriert sie ihre ganzen Kräfte auf die Bereiche und Wünsche, die unrealistisch sind, um jene zu vernachlässigen, die vielversprechend wären. Erfolge, die sie hat, lassen sie unberührt; Chancen, die sich bieten, läßt sie ungenützt; Erkenntnisse und Einsichten, die sich aufdrängen, schiebt sie resolut aus ihrem Bewußtsein. In einem Lebensbereich stellt sie fast keine Ansprüche, im anderen viel zu hohe. Und dieses Muster zieht sich durch die Lebensgeschichten, variiert bloß mit individuellen Details. Die eine Frau quält sich geduldig jahrelang durch eine schreckliche Beziehung, um einen chancenreichen Job schon nach wenigen, weniger-als-perfekten Wochen fallenzulassen. Die andere beißt sich im Beruf durch und kommt dadurch auch allmählich vorwärts, nur um im Privatleben irgendwelchen Teenagerideen nachzuhängen und somit statt dem netten, verläßlichen Mann (mit dem sie wahrscheinlich viel eher ihre angebliche Vorstellung von intakter Familie realisieren könnte) wiederholt einen »aufregenden«, schwierigen und bindungsunfähigen Mann zu finden. Die eine hat für ihre Ausbildung keine Zeit, kann aber dann Jahre mit der Überwindung eines selbstverursachten privaten Dramas überstehen; die andere hat keine Geduld für ihren Beruf, kann aber weite Teile ihres Lebens in dem hartnäckigen Abwarten eines naiven Kleinmädchentraumes vertrödeln.

Was aus dem allen folgt? Die Einsicht vielleicht, daß man alle Mädchen mit 17 in ein Managerseminar schicken sollte.

Tag Eins: Realistische Ziele definieren.

Tag Zwei: Fehler konstruktiv umsetzen.

Tag Drei: Effiziente Zeitplanung.

Tag Vier: Image und Selbstbewußtseinstraining.

Nun, da wir so kritisch mit Lebensplanung und Selbstbild der Frauen verfahren sind, müssen wir doch noch ein paar Bemerkungen anhängen.

1. Zur psychologischen Untergrabung der Frauen und Mädchen kamen natürlich in vielen Fällen auch objektive Benachteiligungen im Elternhaus hinzu (von denen in Berufswelt und Öffentlichkeit sprechen wir hier nicht, da sie hinlänglich bekannt und ausführlich an vielen Stellen erörtert sind). Das Mädchen, das ihr Abitur nicht machen darf aus angeblichem Geldmangel, obwohl beide Brüder studieren, gibt es noch heute.

2. Etliche Frauen merkten an, daß sie ihrer diskriminierten Situation auch etwas Positives abgewinnen könnten.

»Im Grunde genommen ziehe ich die Oppositionsrolle vor. Wenigstens hast du immer etwas, woran du dich reiben kannst. Wenn es schon die Gleichberechtigung nicht gibt, dann bin ich eigentlich lieber in der Position derjenigen, die gegen das Unrecht kämpfen muß – das ist, finde ich, im Leben doch noch die bessere Rolle.«

3. Auch die Unentschlossenheit und Traumwandlerei der Frauen ist nicht hundertprozentig negativ. Es war auffallend, wie viele Frauen sich mit 35, 40 oder darüber am Hö-

hepunkt, symbolisch sogar am »Beginn« ihres Lebens fühlten – in einem Alter also, das für viele erfolgreichen Männer zur Midlife Crisis, zur Tristesse, zu ihrerseits selbstdestruktiven Handlungen animiert. Sogar das Bedauern über die verlorenen Jahre war bei auffallend vielen Frauen nicht absolut. Sie hätten zumindest »viel erlebt«, sie hätten wichtige Dinge hinter sich gebracht, sie hätten Dinge getan, die sie gerne als Teil ihrer Biographie sahen – die sie aber bei völlig »klarem Kopf« nie gemacht hätten.

IV. ... und ein Partner (der sie blockiert)

Der Ausdruck »Karrierefrau« suggeriert, daß hier ein Lebensbereich zuungunsten aller anderen im Vordergrund steht. Von denjenigen, die den Ausdruck abfällig gebrauchen, sollen damit Ängste und Assoziationen geweckt werden: die Karrierefrau, eine eiskalte Person, die Männer abschrecken muß. Wie sie aussieht, wissen wir ja von Film und Fernsehen: Alexis aus Dynasty; die Freundin des Helden von Wall Street, die ihn sofort verläßt, als es mit ihm bergab geht.

Hat sie überhaupt einen Partner? Und wer ist er? Der ebenso ambitionierte Superkarrierist, mit dem sie eine prestigebetonte Yuppie-Ehe führt, aus dem gestriegelte kleine Yuppie-Kinder hervorgehen?

Die amerikanische Soziologin Marilyn Machlowitz unterscheidet vier Typen von Partnern erfolgreicher Frauen:

1. Der leistungsorientierte Mann, der die Karriere seiner Partnerin als Konkurrenz erlebt und daher blockiert.

2. Der leistungsorientierte Mann, der die Karriere seiner Partnerin als zusätzliche Aufwertung seiner eigenen betrachtet und daher fördert.

3. Der nicht-leistungsorientierte Mann, der in einer neuen Form von Rollen- und Arbeitsverteilung die Karriere seiner Partnerin unterstützt.

4. Der nicht-leistungsorientierte Mann, der den Erfolg seiner Partnerin ablehnt bzw. sich dadurch bedroht fühlt und sie daher blockiert.

Nach ihrem Partnerideal befragt, meinen die meisten Karrierefrauen, daß sie objektiv gesehen mit dem dritten Typ – wobei niemand ganz sicher zu sein scheint, ob es ihn überhaupt gibt – am besten dran wären. Denn er würde die Unterstützungs- und Repräsentanzfunktionen, die jede Karriere braucht, am besten erfüllen. Zugleich aber geben die meisten dieser Frauen an, daß dieser Männertyp sie irgendwie beunruhigen würde, so daß sie, obwohl er objektiv am günstigsten wäre, sich mit dem ersten Typ am wohlsten fühlen würden. Hier spielen offenbar zwei Haltungen ineinander. Die Karrierefrau mit »alter Gesinnung« will einen Mann, der sozial und leistungsmäßig über ihr steht, zumindest aber nicht unter ihr. Die Karrierefrau mit »neuer Gesinnung« will einen ebenbürtigen, gleichberechtigten Partner. Das männliche Äquivalent zur Managergattin findet daher keine Abnehmerinnen – und vielleicht ist es gut so, denn es handelt sich dabei sowieso um ein Phantom, das in aller Wahrscheinlichkeit nicht wirklich existiert. Die Typologie von Machlowitz, so vereinfachend sie auf den ersten Blick wirken mag, ist nicht falsch, ist als Einstufungsmodell sogar ganz nützlich. Tatsächlich sind das die vier häufigsten Kategorien. Sie vervielfachen sich weniger durch eine breitere Palette an männlichen Einstellungen, als vielmehr durch die Form, in der eine Frau darauf reagiert. So kann eine Frau sich durch einen unterstützenden, ambitionierten Partner motivieren lassen oder bevormundet und überfordert fühlen. Durch einen negativ eingestellten kann sie sich einschüchtern lassen oder aus Protest zu besonderen Leistungen angespornt werden. Sie kann sich trennen, ihn über viele Jahre verändern wollen, nachgeben. Hier gibt es viele Muster, aber in der Grundhaltung der Männer sind die Variationen wirklich nicht vielfältiger als diese Grundmuster.

Problematisch wird es, wenn sich im Lauf einer Beziehung die Relation verändert: wenn also zum Beispiel eine bislang bloß in sekundärer, unterstützender Funktion tätige Ehefrau berufliche Ambitionen und Erfolge erzielt, die dem Mann nicht ins Konzept passen; oder wenn einer von zwei erfolgreichen Partnern eine längere Phase des Scheiterns erlebt. Und trotzdem – diese Form von Problemstellung war in unseren Interviews eher selten. Unserer Beobachtung nach traten dann Probleme auf, wenn ein Partner – und meist war es die Frau – ihre Vorstellungen zu Beginn der Beziehung und innerhalb der Beziehung nicht sachgemäß darstellte, sondern sich – aus welchen Gründen auch immer – anders präsentierte als sie war. Und die Ursache dafür ist meist die Unsicherheit der Frauen, Mitgift fast jeder weiblichen Erziehung und Botschaft fast jeden Mediums. Diese Unsicherheit ist, mehr als irgendeine Barriere, das zentrale Problem in der Lebensgestaltung von Frauen.

Sehen wir es uns anhand einiger Beispiele an:

Imke ist eine sehr erfolgreiche Fernsehmoderatorin. Von zu Hause bekam sie wenig Ermutigung, für eine Karriere im allgemeinen und für diese von den Eltern als risikoreich und modeabhängig perzipierte im besonderen. Daher hat Imke es sich angewöhnt, das Urteil der Eltern eher als Ansporn denn als Rat zu betrachten. Heute sind ihre Eltern stolz auf ihren Erfolg, beklagen aber dennoch bei jedem Zusammensein ihre »ungeklärte Privatsituation«; als kinderlose, unverheiratete Frau, die seit 7 Jahren mit einem Lebensgefährten zusammen ist, ohne daß sich die Lage »regulieren« würde, hat sie zumindest in diesem Bereich für ihre Eltern versagt.

Imke beschreibt ihren Partner als »nett, interessant, aber lernunwillig«; letzteres relativiert sie gleich, indem sie hinzufügt, daß er damit nicht alleine ist, sondern daß, in ihrer Beobachtung, dies auf alle Männer halbwegs selbständiger Frauen zutrifft.

»Zuerst haben wir 5 Jahre zusammengelebt, dann waren wir ein Jahr lang getrennt. Jetzt sind wir wieder zusammen, aber wir haben getrennte Wohnungen. Und ich sehe das auch als einzige Möglichkeit, derzeit, unsere Probleme in den Griff zu kriegen.«

Die Probleme? Der Alltag, Trivialitäten des Alltags.

»Die Probleme kommen, wenn man selber beruflich immer mehr macht und Erfolgserlebnisse hat, mit der Zeit einfach selbstbewußter wird und merkt, man ist ja wirklich gar nicht so blöd. Dann wirkt sich das auch auf eine Beziehung aus, man will dann einfach auch seine Ideen durchbringen und seine Meinung und dann ist man auch nicht mehr dazu bereit, jemanden anzuhimmeln und ganz toll zu finden in jeder Hinsicht. Sondern man sieht sich langsam als einigermaßen gleichwertigen Menschen. Und Männer müssen das offensichtlich erst lernen, daß sie jemanden als gleichwertigen Menschen sehen.«

Aber betrachten wir diese Aussage noch etwas genauer, so sehen wir, daß die Männer nicht die einzigen sind, die das lernen müssen. Vor allem den Frauen selber fällt es schwer, sich zu sehen und zu verhalten wie jemand, der »nicht so blöd« ist, der nicht tief unter dem anderen steht und ihn »ganz toll« findet, der nicht nur »einigermaßen«, sondern vielleicht sogar völlig gleichwertig ist. Hinter den Beschwerden mancher Frauen über das chauvinistische, lernunfähige Verhalten ihrer Männer klingt die Erwartung durch, der Mann möge doch therapeutisch einwirken, möge durch sein Verhalten der Frau glaubwürdig vermitteln, daß sie ohne weiteres ihm gleich, gleichberechtigt ist. Das wäre auch ein echter Freundschaftsdienst. Ihn zu erwarten, ist jedoch unrealistisch, erstens, weil das einfach nicht dem realen Verhalten der Privilegierten gegenüber den Nicht-Privilegierten entspricht; zweitens, weil es nicht in das Denksystem der Männer paßt. Im Denksystem der Männer muß sich derjenige, der jemand sein will, auch so benehmen. Vielleicht wird er dann noch ein wenig auf die Probe gestellt; dann erst wird er als Gleicher akzeptiert. Für Frauen, mit ihrem ganz anderen Wertsystem sieht die Sache völlig anders aus: Innerhalb einer freundschaftlichen, intimen Beziehung ist ein Akt der Selbstbehauptung etwas Aggressives. Es sollte nicht nötig sein, und wo es dennoch geschieht, läßt es einen schlechten Beigeschmack zurück, weckt es Gegenaggression und Ressentiments. Der ideale Ablauf einer Interaktion verläuft nach weiblicher Vorstellung ohne eine Konfrontation; wenn es zur Konfrontation kommt, ist meist schon etwas kaputt. Im idealen Ablauf merkt jeder Beteiligte durch Nuancen des Ausdrucks, wie der andere sich fühlt, wie ernst ihm etwas ist, wie weit er dafür zu gehen bereit ist. Dann paßt sich der andere an, der erste nimmt das anerkennend zur Kenntnis usw. – alles, ohne daß es zu einem Streit oder einer Drohung kommt. In soziologischen Experimenten, die das Verhalten von Mädchen und Jungen gegenüberstellen, fällt immer wieder dieser Unterschied auf. Für befreundete Mädchen ist ein schlimmer Streit, ein Machtkampf, oft das Signal für eine echte und bleibende Krise in der Freundschaft. Für Jungen sind Raufereien, erbitterte Kämpfe und Rivalitäten entweder ein bloßes Spiel oder ein Mechanismus, um die Machthierarchie und die Rangordnung der Gruppe neu zu bestimmen. Danach können alle wieder Freunde sein. Mädchen wollen mit einem anderen Mädchen, das sie nicht mögen, auch nicht spielen – egal wie gut sie dieses spezielle Spiel beherrschen mag. Jungen ist das egal – wenn einer ihnen zwar unsympathisch ist, aber die Gewinnchancen des Teams erhöht, dann darf er – für die Dauer des Spiels – mitmachen. Diese und viele andere Unterschiede wurden erarbeitet, um in ihrer Relevanz auf das berufliche Verhalten von Frauen und Männern hin überprüft zu werden. Die zugrundeliegende These – und sie ist absolut überlegenswert – war dabei, daß Jungen und Mädchen sich hier unterschiedliche Verhaltensweisen einstudieren, die später am Arbeitsplatz folgenschwer sind und Frauen benachteiligen, da sie nach den Regeln der Männer »spielen« müssen. Genauso relevant aber sind solche Unterschiede, wenn wir sie auf den Privatbereich beziehen.

Für die männliche Logik wäre einer, der sich nie wehrt, nie behauptet, immer herumschubsen läßt und dann aus Mitleid über seine »Rechte« informiert und halbwegs anständig behandelt wird, eine bedauernswerte Figur. Hingegen ist einer, der kämpft – auch wenn er kleiner ist und eigentlich keine reelle Chance hat, sich durchzusetzen – schon eher ein ernstzunehmender Partner. Auch in Freundschaften werden Kraftproben gegeben. In Beziehungen erwarten Männer, daß die Frau ihre Prinzipien bekanntgibt, für die Einhaltung ihrer Rechte kämpft. Frauen glauben, daß ein solches Verhalten Feindseligkeit und Mißtrauen signalisieren würde und die Beziehung vergiften müßte, daß der Partner ihre Rechte kennen und sie aus Liebe respektieren sollte.

Aber kehren wir zurück zu Imke, um zu erfahren, wo bei ihrer Beziehung die Probleme auftauchten.

»Mein Freund ist so alt wie ich, hat aber eine wirklich steile und glänzende Karriere gemacht. Und er strahlte damit eine ungeheure Selbstverständlichkeit aus, eine Erwartung, daß man alles nach ihm richten solle. Und das war mir dann, als ich selber Erfolg hatte, nicht mehr möglich. Ich wollte dann nicht das Anhängsel und das Mausi sein. Der aktuelle Anlaß für die Trennung war dann eine andere Frau. Und sie war so, wie ich nicht sein wollte. Jünger als er, mit großen staunenden Augen. Sicherlich war das für Dieter eine besonders konfliktfreie Beziehung, denn die hat sicher alles gemacht, was er wollte. Nur ist sie ihm damit auf die Nerven gegangen, und es war ihm nicht angenehm, denn er wollte auch lieber ein Gespräch als ewige Zustimmung, und wahrscheinlich wollte er auch die Reibung, die man nicht bekommt, wenn man bloß angehimmelt wird.«

Hier fällt es schwer, Dieters Anteil am Problem auszumachen. Wenn es ihm »selbstverständlich« war, daß er im Mittelpunkt der Dinge stand, hat Imke dann versucht, ihm diese Selbstverständlichkeit zu nehmen? Und ihn damit in die

Arme einer Gefügigeren getrieben? Oder hat sie sich bloß zutiefst über seine Anmaßung geärgert und darauf gewartet, daß er es selber begreift? Und nachdem er das »Mausi« für seine schwierigere Partnerin hat fallenlassen, warum dann der getrennte Haushalt? Weil, so Imke, Männer die alltägliche Gleichberechtigung nicht schaffen.

»Sie kapieren es nicht. Für die ist eben ›bügelst du mir mal drei Hemden?‹ ein Satz, an dem sie sich gar nicht stoßen. Das macht man, glauben die so nebenbei, man hat eh' nichts Vernünftiges zu tun, man sitzt eh' nur zu Hause und bereitet sich auf eine Sendung vor, da kann man ebensogut am Bügelbrett stehen. Also dieses mangelnde Gefühl für die Arbeit des anderen. Wobei dazu kommt, bei einer Karriere wie meiner, daß man den Erfolg nicht so abschätzen kann, weil er allmählich kommt, so stufenweise. Die Auswahl wird größer, die Sendungen werden besser, die Bezahlung wird mehr, aber das passiert so allmählich, und wahrscheinlich gibt es nicht den einen, klaren Punkt, an dem du ein Erfolg bist und auch etwas zu leisten hast und nicht mehr bügeln sollst.«

Nun hat Imke sicher recht, und es sollte weder Dieter noch sonst irgendeinem körperlich halbwegs intakten Menschen in den Sinn kommen, jemand anderen zur Versorgung der eigenen Person einzusetzen ohne guten Grund und ohne Dienstverhältnis. Aber sehen wir davon ab, fragen wir uns, warum Imkes Darstellung dann diesen Anflug von Rechtfertigung hat. Muß Imke, für alle Menschen unbestreitbar, ein Medienstar sein, ehe sie vom Bügelbrett befreit werden kann? Und wer glaubt so etwas: Dieter oder auch Imke selbst? Wenn Imke ganz zu Beginn des Zusammenlebens freundlich, aber mit großer Deutlichkeit sagen würde, daß sie sich für etwaige Knitter in seiner persönlichen Garderobe nicht zuständig fühlt und nicht mehr um solche Dienste gebeten werden möchte, hätte Dieter dann wirklich darauf bestehen können/wollen? Manchmal schadet man sich, besonders im Zusammenleben mit Männern (eine Feststellung, die hier nicht näher ausgeführt werden soll), wenn man zu subtil, zu diffizil, zu analytisch vorgeht. Manchmal ist es besser, wenn man nicht nach tieferen Bedeutungen, unterschwelligen Erwartungen und so weiter sucht, sondern einfach das tut und sagt, was man möchte und dann die Reaktionen, die Gefühle, die möglichen langfristigen Konsequenzen und so weiter ihm überläßt. Und so dürfen wir die triumphale Geschichte von Ulla erzählen, bei der es ebenfalls ums Bügeln ging.

Ullas Mann Sven zeigte soviel Häuslichkeit wie die meisten. Zwar lehnte er es nicht prinzipiell ab, den männlichen Anteil häuslicher Leistungen theoretisch bei 50 Prozent oder sagen wir 45 Prozent anzusetzen, in der Praxis aber waren es die üblichen 10, und sie bestanden aus den eher traditionell männlichen Arbeiten, die nicht täglich, sondern in größeren Abständen anfielen (wie Rasenmähen), ergänzt durch Zusatzarbeiten, die nur infolge längerer und heftiger Erinnerungen durch Ulla geleistet wurden. Ulla erlebte Svens Verhalten als passive Aggressivität, als listige Unterwanderung des Gleichheitsgedankens. Einfach, weil er als Mann eine höhere Toleranzschwelle für häusliches Chaos hatte, wurde sie damit erpreßt und gezwungen, das meiste zu tun. Und am meisten brachte sie das in Rage, wenn es sich dabei um seine Sachen handelte: seine Hemden, die wochenlang im Wäschekorb lagen, z.B. Und was war sein morgendlich gemurmeltes »Nicht ein einziges sauberes, gebügeltes Hemd«, wenn nicht ein hinterhältiger Erpressungsversuch, gerichtet an ihre weiblichen Reflexe. Dann bügelte sie in einem Schwung seine Hemden, erhielt dafür ein mildes »Das war aber lieb, das hättest du nicht tun müssen« und ärgerte sich furchtbar.

»Er sagte, daß er es nicht von mir erwarten würde, daß seine

Beschwerden über das Fehlen gebügelter Hemden nicht an mich gerichtet seien, daß ich seine nostalgischen Erinnerungen an die von seiner Mama immer schön gebügelte Wäsche ja nicht auf mich beziehen müsse, und daß ich ihn ignorieren und seine Hemden in Ruhe lassen solle. Aber ich hielt es nicht aus. Wenn er morgens, um halb 7, am Bügelbrett stand und ungeschickt an einem Hemd herumwerkelte und irgend etwas von einer wichtigen Sitzung murmelte, dann war das für mich ein kaum zu ertragender Anblick.«

Eines Tages aber, dieser lästigen Trivialstreiterei müde, beschloß Ulla, Sven beim Wort zu nehmen. Stand er holprig am Bügelbrett, ging sie in ein anderes Zimmer. Auf seine leise vor sich hingemurmelten Klagen antwortete sie nicht, oder sie stellte sich vor, daß sie sein männlicher Mitbewohner und Freund wäre und stimmte ihm zu, daß es zu Hause bei Mama wirklich schön und bequem gewesen war. Und dann wartete sie darauf, daß er sich enttarnte, daß er sich ob seiner fehlgelaufenen Taktik als zürnender Pascha zu erkennen gab. Aber es geschah überhaupt nichts. Leise vor sich hin murmelnd, aber mit (langsam) zunehmender Geschicklichkeit, werkelte er frühmorgens an seiner Garderobe. Er ließ sich weder von Ulla scheiden, um eine fesche Wäscherin zu ehelichen, noch wurde er von seiner Firma entlassen, weil er nicht mehr adrett genug war, noch wuchs Ulla ein Bart, weil sie so unweiblich war. Als kleinen Exkurs für alle Frauen, die ihre häusliche Arbeitsbelastung reduzieren wollen, können wir aus Ullas und anderer Erfahrungen einen kleinen Katalog an Arbeitsschritten zusammenstellen der dazu geeignet ist, die häusliche Arbeit ein wenig umzuverteilen:

1. Feinfühligkeiten sind hier fehl am Platz. Es ist unglaublich, wie viele Frauen sich schon durch ein leises männliches Seufzen, einen traurigen oder vorwurfsvollen Blick zur vollständigen Kapitulation bringen lassen. Auf den Hinweis,

seine letzte Freundin Gaby hätte immer so toll und so gerne XY für ihn gemacht, genügt als Erwiderung ein freundliches »Das muß aber angenehm für dich gewesen sein«. Auch Erinnerungen an mütterliche Fürsorge sind mit einem verklärten »Meine hat das auch immer für mich gemacht, das war super« hinreichend quittiert. Weitergehende Impulse werden bekämpft, indem du dich vor einen Spiegel stellst und folgenden Text aufsagst: »Ich bin Renate Y. und lebe in Rettlinghausen im Jahre 1989. Ich bin nicht Suleika, Dienerin des Großwesirs, der der Kopf abgeschlagen wird, wenn sie nicht an einer leichten Fingerregung des Oberdespoten erkennt, welchen Wunsch der hohe Herr gerade hegt.«

2. Abstrakte Prinzipien sind ebenfalls nicht von Nutzen. Es bringt wenig, in Abständen von Stunden, Tagen oder Wochen irgendwelche Gleichheitsparolen zu verlesen. Der Weg von diesen Parolen hinunter zum kleinen Staubtuch ist einfach zu weit, er muß verringert werden. »Ich tu' alles, und du tust überhaupt nichts, so geht das nicht weiter«, ist ein Satz, der selbst wenn er in seiner gebrüllten oder tränenerstickten Fassung noch dechiffrierbar ist, noch nie und nirgends dazu geführt hat, daß ein Mann zum Staubsauger griff. Sicher, es stehen hier menschliche Grundrechte auf dem Spiel. Dennoch ist es zweckführender, die Ansprache kurz zu halten. »Es ist ungerecht, daß ich zu Hause immer die ganze Arbeit machen muß. Ich bin genauso müde wie du, meine Arbeit ist genauso anspruchsvoll, bloß weil deine Mutter/letzte Frau dich so heillos verwöhnt hat, brauchst du nicht zu glauben, daß es bei mir auch so weitergehen wird« etc. etc. sind womöglich alles akkurate Beobachtungen, bieten aber viel zu viele Diskussionsmöglichkeiten. Willst du dich jetzt wirklich darüber unterhalten, ob deine Arbeit genauso anspruchsvoll und du präzise genauso müde bist, warum seine Mutter oder sonstwer es anders macht usw. usf.? Oder willst du, daß er jetzt und hier und morgen abend

wieder das Geschirr abwäscht? Dann nämlich empfiehlt sich das Sprechen in einfachen und klaren Sätzen: »Würdest du jetzt bitte das Geschirr abwaschen?«

3. Männer machen die Hausarbeit sehr oft, wenn sie sie schon machen, dann anders, sprich: schlechter, langsamer und unvollständiger, als die jeweils dazugehörende Frau es gewohnt ist. Viele Frauen vermuten darin eine bewußte Zermürbungsstrategie. Sie unterstellen den Männern, daß diese imstande seien, absichtlich und über Jahre die Weißwäsche mit nicht farbechter Buntwäsche gemischt in die Maschine zu werfen, bis die Frau dann das Ergebnis in Grau, Rosa oder Hellblau nicht mehr aushält und diese Arbeit übernimmt; daß diese durch ihr längeres Durchhaltevermögen imstande sind, sich so oft die allereinfachsten Dinge »zeigen« oder »erklären« zu lassen, bis die Frau restlos kapiert hat, daß es einfacher sein wird, alles selber zu machen. Für diese verbreitete Form männlicher Zwecktölpelei gibt es eine ganz naheliegende Gegenstrategie. Die Aufgaben müssen eben so verteilt werden, daß der Mann in seinem Können und Begreifen nicht überfordert wird. Gerade in der Hausarbeit ist das kein Problem. Wenn es dann zufällig so ist, daß die anspruchsvolleren Arbeiten zugleich die angenehmeren sind, die einfachen aber die unangenehmeren, wird sich rasch eine Steigerung der männlichen Fähigkeiten ergeben.

4. Frauen reden oft und laut darüber, wie selbstverständlich es doch ist oder sein sollte, daß in einer gleichberechtigten Partnerschaft auch die Hausarbeit partnerschaftlich geteilt wird. Die Wahrheit aber ist, daß sie sich damit wenigstens zum Teil selbst überzeugen wollen. Diese Unsicherheit vermittelt sich. Nicht der konkrete Mann ist oft das Hauptproblem, sondern die ganzen verinnerlichten Stimmen, die ständig vor den vielen Katastrophen weiblicher Unhäuslichkeit warnen: Der Haushalt wird verkom-

men, der Mann wird sich eine andere Frau suchen usw. Dann ärgert sich die Frau, daß diese blöden alten Stimmen noch in ihre herumspuken.

Wenn es wirklich selbstverständlich ist oder werden soll, dann muß man diesem Zustand vorgreifen. Man muß so tun, als ob man es für vollkommen selbstverständlich halten würde. Nicht so, als ob man den anderen (und sich selbst) überreden und überzeugen müßte. Nicht so, als ob es jetzt gleich einen furchtbaren, verbitterten Kampf geben würde, aus dem der eine oder andere als Sieger hervorgehen werde. Sondern so, als ob man ganz zuversichtlich wäre, daß ein netter und intelligenter Mensch wie dieser, mit dem man die Freude hat, zusammenzuleben, selbstverständlich bereitsteht, seinen Beitrag zu leisten.

Hier sind Nuancen, Stimmtöne etc. wieder wichtig, nämlich insoweit, als es sie nicht geben sollte. Er weiß nicht, wo das Scheuerpulver steht? Du sagst es ihm, einmal, fünfmal, zehnmal, jedesmal mit derselben neutralen Stimme, bis es selbst ihm zu blöd wird, danach zu fragen. Er weiß nicht, wie man eine bestimmte Speise zubereitet? Du weißt es am besten auch nicht, weißt dafür aber, daß die Anweisungen auf dem Dosenetikett bzw. im Kochbuch bestimmt Aufschluß geben. Und danach kümmerst du dich nicht mehr darum, genausowenig, wie er besorgt und voll der Ratschläge hinter dir herläuft, wenn du irgendeine Hausarbeit erledigst.

5. Wenn wir als Kinder miteinander stritten, hatte mein Vater immer einen frustrierenden Satz parat, mit dem er sein Desinteresse und seine Überzeugung, daß es keinen Schuldigen und keinen Unschuldigen, sondern nur zwei schlimme Streithansln gäbe, bekundete. »It takes two to tango«, war sein Leitspruch in diesen Situationen; alleine kann man keinen Tango tanzen, nicht streiten, alleine kann man auch keinen kindischen, trivialen Ehekampf um die Verteilung der

Hausarbeit führen. Eheberatern ist diese Dynamik bekannt, aber nicht nur kriselnde Ehen kennen solche Szenen. Die folgende zum Beispiel dürfte sich allabendlich wohl tausendfach in den verschiedensten Heimen abspielen.

Frau kommt nachhause, Mann kommt nach Hause. Frau geht sich umziehen, Mann dreht Fernseher auf und sieht die Nachrichten. Frau sieht das, ärgert sich, sagt aber nichts, sondern geht in die Küche und fängt an, das Essen herzurichten.

Nach einiger Zeit – sie ist fast schon fertig, kommt ihr Mann in die Küche spaziert, fragt, »Ach, du richtest das Essen, soll ich dir helfen?«

Frau fühlt sich verschaukelt, da er die ganze Zeit über schon wissen mußte, daß erstens gekocht werden muß und zweitens sie schon damit beschäftigt ist. Daher sagt sie beleidigend: »Jetzt brauch ich auch keine Hilfe mehr«, er zuckt mit den Schultern und geht wieder hinaus.

Nun fühlt sie sich schlecht und gut zugleich. Schlecht, weil es wirklich ungerecht ist, sie wirklich müde ist und der Abend ab nun nur noch bergab fahren kann. Gut, weil ein kleiner Adrenalinstoß das vertraute Drama ankündigt (sie: Opfer, er: gedankenloser Brutalinski) und weil es jetzt wenigstens nicht einen Schweigeabend, sondern Kommunikation und Zuwendung (in Form eines Streits) geben wird. Und weil er im Unrecht ist und daher vermutlich nett sein wird.

Dieser Ablauf hätte an verschiedenen Stellen gestoppt oder umgelenkt werden können. Entsprechend ihren persönlichen Neigungen hätte die Frau die Vielfalt an alternativen Möglichkeiten gehabt: sie kann sich selber ein Essen richten und sich damit vor den Fernseher setzen. Sie kann vorschlagen, daß man gemeinsam das Essen richten geht, vielleicht jetzt gleich? Sie kann von der Küche aus rufen, daß sie gerne Hilfe hätte. Usw. Selbst, als er in die Küche kam, war es noch nicht zu spät. »Ich mach's schon, und morgen bist du dran«, könnte sie zum Beispiel sagen. Wir würden uns schämen, diese banalen, mehr als selbstverständlichen Möglichkeiten hier überhaupt aufzuzählen, wenn wir nicht aus zahlreichen Gesprächen wissen würden, daß genau hier, am Schnittpunkt zwischen dem vorwurfsvollen, zornigen Schweigen der Frauen und der Bequemlichkeit von Männern, die einen Streit immer noch weniger ermüdend finden als die freiwillig geleistete Mitarbeit, unzählige Konflikte entstehen.

Sicher »sollte« der Mann nicht mit solchen Tricks arbeiten »sollte« er von sich aus das »richtige« tun. Aber wer ihm diesen Trick immer wieder durchgehen läßt, ist selber schuld.

Der Mann, der die Karriere »fördert« und zugleich selbst erfolgsbewußt und erfolgreich ist, das ist laut fast einstimmiger Aussage karrierebetonter Frauen ihr idealer Partner. Der Begriff der »Förderung« ist dabei ziemlich flexibel. Das kann ein Mann sein, der freundlich nickend die Ambitionen seiner Partnerin akzeptiert und ihr keine Steine, weder psychischer noch materieller Art, in den Weg legt. Es kann der Mann sein, der ihr mit Rat und Tat zur Seite steht – wobei es durchaus vorkommen kann, daß er sie in der Karriere zur Selbstbehauptung ermutigt, ihr das Rückgrat stärkt und ihre Kampfkraft fördert, zu Hause aber trotzdem seine Dominanz behaupten will. Es kommt auch vor, daß ein ambitiöser Mann seine eher lasche Partnerin zu ihrem »Glück« zwingen muß, sie immer davon abhalten muß, in traditionelle Frauenidyllen zurückzusinken.

Eva zum Beispiel wurde nicht zuletzt deshalb zur Supermanagerin, weil ein ziemlich autoritärer Partner ihr abwechselnd Mut machte, sie zur Trotzreaktion gegen ihn animierte und sie gewähren ließ; ein instruktives Beispiel, weil es zeigt, wie vielfältig und widersprüchlich das Zusammenspiel der Karriere in den sogenannten »dual career«-Ehen sein kann.

Eva kommt aus einem sehr wohlhabenden Elternhaus. Der Vater war die unhinterfragt dominierende Figur in der Familie, und ein prägendes Kindheitserlebnis für die Tochter war es, daß man bei der Mutter keine Unterstützung gegen den Vater erhoffen durfte – sie war zwar warm, mütterlich und auf ihre Weise eine starke Frau, aber sie orientierte sich ausschließlich an den Wünschen ihres Mannes und war nicht einmal bereit, ihn durch Verschweigen irgendeines kindlichen Vergehens zu »betrügen«. Lob, Strafen, Entscheidungen – all das unterstand dem Vater. Eva glaubt nicht, daß dieses ungebrochene häusliche Patriarchat die Töchter benachteiligte. Studieren zum Beispiel sollten alle Kinder, ohne Unterschied, wobei der Vater für sie alle die seines Erachtens geeignetsten Fächer auswählte. Für Eva war das die Kunstgeschichte, aber ihre Schwestern bekamen Medizin und Jus zugeteilt, so daß auch hier kein spürbarer Unterschied nach Geschlecht gemacht wurde, sondern bloß nach Persönlichkeit.

Eva kränkte sich nicht über die vergleichsweise milde Einschätzung ihres intellektuellen Potentials, denn sie sah sich ohnehin nicht als Karrierefrau, sondern als Gattin eines erfolgreichen Mannes. Sie wußte sogar schon recht früh, welcher spezielle Mann es sein sollte: nämlich Karl T., mit 27 bereits als Finanzgenie gepriesen und aufstrebender Ökonom bei einer großen Bank. Mit 20 wußte Eva genau, was sie wollte: Karl heiraten. Ihr Vater hatte Bedenken; nicht, weil er nicht von Karl beeindruckt gewesen wäre, sondern, weil er meinte, dieser sei, er drückte es nicht ganz so brutal aus, aber Eva verstand, was er meinte ... zu kompliziert und zu anspruchsvoll für diese zwar liebe, aber oberflächliche und frivole Tochter. Er schickte Eva ins Ausland, damit sie Karl vergessen sollte, alarmierte dadurch aber bloß Karl, der

Angst bekam, die stets umschwärmte Eva zu verlieren. Eva heiratete Karl sechs Monate später, nachdem sie sich erstmals dieses Ziel gesetzt hatte.

Kurz nach der Hochzeit wurde Karl nach Lateinamerika versetzt, wo er ein Großprojekt der Bank beaufsichtigen sollte. Und Eva, die in Salzburg in einer Galerie gearbeitet hatte, kündigte ihre Stellung und ging mit. Das Projekt erforderte, daß Karl die meiste Zeit in einer entlegenen Gegend verbrachte, und die restliche Zeit von einer südamerikanischen Großstadt in die nächste jettete. Eva saß in einem kleinen Bungalow, fand keine Freunde, sah dem reichlich vorhandenen Hauspersonal beim Abstauben und Kochen zu und langweilte sich zu Tode. Und beschloß, zum Zeitvertreib ein Kind zu bekommen. Gegen diesen Plan legte Karl ein Veto ein. »Auf keinen Fall, hat er gesagt, jetzt nicht. Denn er wußte, daß wir gleich anschließend noch einmal ins Ausland sollten, nach Paris. In drei Jahren, hat er gesagt. Und er hatte recht, bloß hab ich mich zu Tode gelangweilt, und meine Freundinnen und Kusinen waren in Salzburg und in Wien und bekamen Kinder und schrieben mir, wie glücklich sie waren.«

In Paris war es einerseits besser, weil Eva Französisch konnte und in der Großstadt auch genug Abwechslung fand, andererseits aber kam hier ein neues Problem auf.

»In Salzburg war ich ja in der Galerie, da hab ich zwar nicht großartig verdient, aber doch immerhin mein eigenes Geld gehabt. Und in dem Kaff in Südamerika gab's nichts, was ich hätte kaufen können, also ist mir dort gar nicht aufgefallen, daß ich nun kein eigenes Geld mehr hatte. Aber in Paris war es plötzlich so, daß ich völlig abhängig war, und das hat mich sehr aufgeregt. Wenn ich mir eine Bluse oder ein paar Schuhe, vielleicht auch mal eine Brille kaufen wollte, mußte ich fragen, bitte, kann ich Geld haben? Und er hat's mir dann gegeben, aber mich hat es jedesmal eine fürchterliche Überwindung gekostet.«

Eva suchte sich also einen Job, bei einem Kunsthändler. Und als Karl dann nach zwei Jahren nach Österreich zurück sollte, schlug dieser Kunsthändler vor, daß sie für ihn in Wien eine Galerie eröffnen solle. Nun hatte Karl verschiedene Möglichkeiten, wie er das sehen und wie er darauf reagieren konnte. Viele seiner Kollegen hatten Ehefrauen, die eher der Staffage dienten: sie waren dekorativ, organisierten den Privatbereich und die geselligen Zusammenkünfte, die der Karriere des Mannes dienlich waren, und blieben geographisch flexibel, was bei einer internationalen Bank von Vorteil war. Karl aber stand dem Beruf seiner Frau von Anfang an nicht nur wohlwollend sondern ausgesprochen befürwortend gegenüber.

»Man kann sogar sagen, daß er von Anfang an der große Motor in dem ganzen war. In Südamerika und anfangs in Paris, da war ich ja das Anhängsel. Er kam heim, und ich saß da und wartete auf ihn, und manchen Männern wäre das angenehm gewesen, aber ihm war es lästig. Und streckenweise war ich wohl wirklich ziemlich unerträglich, weil ich ihn dauernd angejammert und angeherrscht habe, denn ich war ja völlig abhängig und schrecklich gelangweilt. Als dann der Kunsthändler mir dieses Angebot gemacht hat, hab’ ich eher halbherzig versucht, die Sache zu organisieren, die nötigen Bewilligungen, die Räume. Das ist nicht sofort gut gelaufen. Hab’ ich mir also gesagt, gut – Schicksal, was mach’ ich jetzt, mach’ ich halt nix. Aber der Karl hat gesagt, das kommt nicht in Frage, du mußt unabhängig sein, du mußt dich jetzt selbständig machen, du mußt diese Chance ergreifen. Und ich hab’ mich halt recht blöd angestellt, weil ich gar nicht so richtig wollte, da hat er sich dann neben mich gesetzt und mit mir Briefe geschrieben, Pläne gemacht, jeden Schritt durchgesprochen. Hat mich gepuscht. Und ich hab’ gesagt, ich will jetzt Kinder. Schau, das ist doch alles viel zu schwierig, da wird eh’ nix draus, auch gut, dann kann ich ja jetzt

Kinder kriegen. Hat er gesagt, nix, keine Kinder, jetzt wird gearbeitet.« Evas Einschätzung seiner Rolle?

»Ich wollte schon, aber wenn er mich nicht gepuscht hätte, dann hätte ich es auch nicht gemacht. Sicher nicht. Wieder in einer neuen Stadt anfangen, alles so kompliziert, da hat schon der leiseste Widerstand genügt, und ich hätte alles hingeschmissen. Ich war einfach faul. Kann sein, daß ich später einen neuen Anlauf genommen hätte, nach ein paar Monaten. Wenn er aber auf die Idee Hausfrau, Kinder eingestiegen wäre, wenn er mich auch nur sanft in diese Richtung gesteuert hätte, dann hätte ich das sofort gemacht.«

Die französische Galerie kam gut an, Eva wurde eingeladen, für eine französische Hotelkette die Innengestaltung zu machen. Ein tolles Angebot für Eva, die inzwischen Gefallen an ihrer Karriere gefunden, neue Kompetenzen entwickelt und Selbstbewußtsein gewonnen hatte.

»Erstmals hatte ich ein wirklich ungebrochenes, ausschließlich positives Gefühl für meine Arbeit, für meine Situation, und dann bemerkte ich, daß ich schwanger war. Da ist für mich eine Welt zusammengebrochen, ich fühlte mich ganz elend, denn jetzt wollte ich, in diesem Augenblick, wirklich keine Kinder. Ich wußte, ein, zwei Jahre dauert es, dann bin ich richtig etabliert, dann bin ich auch noch jung genug, um an eine Familiengründung zu denken, aber jetzt, das war also wirklich der allerungünstigste Moment. Und es war wirklich nicht von mir beabsichtigt, da bin ich ganz sicher, nicht einmal unterbewußt, denn erstmals lief wirklich alles genau richtig. Ein Malheur! Aber Karl sagte, nein, das ist überhaupt kein Malheur. Du fährst hin, nach Paris, in die Zentrale, und vereinbarst alles ganz genau, und du erklärst denen, daß du diese Arbeit annimmst und du versprichst, nicht in Karenz* zu gehen. Du erklärst ihnen, daß du alles

* In Österreich: verlängerte Zeit des Mutterschutzes

gut im Griff hast und daß sie sich keine Gedanken machen müssen darüber. Ja, und ich hab das gemacht und es war kein Problem, und seither ist alles eigentlich ausgezeichnet gelaufen.«

Heute hat Eva drei Kinder, ein Kindermädchen, eine Assistentin, und wer mit ihr spricht kann sich nicht vorstellen, daß sie jemals die labile, leicht steuerbare junge Frau war, die sich ihre Karriere per Diktat fast aufzwingen ließ. Sie »lebt für diese Arbeit«, sagt sie; ist ständig auf Reisen, um neu eröffnete Hotels einzurichten und zu gestalten. Und Karl, der in erster Linie als Förderer ihrer Karriere auftrat, weil er keine Frau wollte, die todgelangweilt und halb hysterisch zu Hause darauf wartete, daß er heimkam, Karl ist es mittlerweile vielleicht sogar ein bißchen zuviel geworden:

»Wir reisen beide sehr viel, und dann versuchen wir es zu koordinieren, aber das klappt nie. Wenn er plötzlich nach New York muß, kann ich es mir nicht einfach so einteilen, daß ich auch gerade dann dorthin fahre. Dann sieht er diese anderen Ehefrauen, die können ihre Männer begleiten, und dann beschwert er sich schon ein bißchen. Ich könnte mich auch beschweren, aber es hat nicht viel Sinn. Zum Beispiel war da eine Zeit, da hab ich mein zweites Kind bekommen, und wir sind in eine andere Wohnung umgezogen, und beruflich war's grad sehr hektisch, und er hat sich ein neues Büro eingerichtet und wollte dabei meine Hilfe und das war dann ziemlich viel für mich. Wenn er dann mal sagt, ach, die arme Isabella, die Freundin oder Frau von einem Kollegen, die muß jetzt gerade die neue Wohnung einrichten, und ganz toll macht sie das, dann krieg ich einen Anfall. So eine Frechheit, sag ich dann, hör mal, das auch noch zu bewundern, die hat ja nichts anderes zu tun. Hier und da hätte er vielleicht schon lieber ein bißchen mehr Weibchen. Aber leider, das geht nicht. Wenn man den ganzen Tag viel zu tun hat und ständig Entscheidungen treffen muß und verantwortlich ist, dann kann man nicht am Abend plötzlich zuckersüß spielen. Er freut sich über meinen Erfolg ganz bestimmt. Vielleicht aber ist es ihm schon ein bißchen zuviel geworden, nur einen Hauch zuviel.«

Aber Eva lacht, wenn sie es sagt und glaubt nicht wirklich daran.

Wenn man Eva heute kennenlernt, meint man die geborene Karrierefrau vor sich zu haben. Und trotzdem wäre sie so oft und so leicht davon abzuhalten gewesen. Wäre sie als die Oberschicht-Gattin, die Wohnungen einrichtet, ihren Mann auf seinen Auslandsreisen begleitet und über die schwere Arbeit des Wohnungseinrichtens klagt, genauso zufrieden gewesen? Dagegen spricht, daß sie Untätigkeit nie lange aushielt, dabei so unausstehlich wurde, daß ihr Mann sie fast gewaltsam in die Karrierewelt hinausstieß. Der Luxus, viele Alternativen zu haben, nicht arbeiten und nicht Erfolg haben zu müssen, ist ein zweischneidiges Schwert. Eva meint, daß dieser Zustand ihr die Gelassenheit gab, berufliche Probleme und Konflikte mit der Firma immer wieder gut zu überstehen. Daß ihre innere Haltung ihr eine Souveränität gab, die sie nicht gehabt hätte, wenn sie auf den eigenen Beruf angewiesen gewesen wäre. Aber zugleich ist die »Freiwilligkeit« der Karriere ein Hindernis, weil dadurch oft der nötige Antrieb, das Durchhaltevermögen geschwächt werden. Hier ist ein Mann als Karriere-Berater sehr nützlich, denn ihm ist dieses vorschnelle Aufgeben meist fremd. Ein Mann hat meist das Bewußtsein, arbeiten und durchhalten zu müssen. Seine historische Tradition des »Familienernährers« wirkt auch dort noch nach, wo er es de facto nicht mehr ist. Wenn er gewillt ist, die Karriere der Frau zu unterstützen, dient er als gutes Korrektiv zur weiblichen Situationseinschätzung.

Martinas Mann Georg fällt nicht so eindeutig wie Karl in eine der vier verfügbaren Kategorien. Zu einem großen Teil ist das aber Martinas eigene Schuld, denn Georg pendelte zwischen dem ersten und dem zweiten Typus, und sie hätte durch eigene Forderungen und ihr eigenes Verhalten den Ausschlag geben müssen, vermittelte aber statt dessen eine Ambivalenz, die seine noch verstärkte.

Martina ist erfolgreiche Anwältin in Bremen. Ihr Elternhaus beschreibt sie als leistungsorientiert, sowohl seitens eines ehrgeizigen Vaters, der seine drei Töchter zu guten Leistungen und zur beruflichen Ambition ermutigte, als auch seitens der Mutter, die sich durch ihre Zugehörigkeit zu einer noch traditionelleren Generation behindert und benachteiligt fühlte und die eigenen blockierten Ambitionen gern in ihren Töchtern verwirklicht sehen wollte. »Mit Erfolg«, merkt Martina an, denn alle drei Töchter machten Karriere, eine als Professorin, eine als Ärztin, und Martina selbst mit einer eigenen, gutgehenden Anwaltskanzlei.

Ein qualifizierter Beruf als Priorität, das war die Botschaft der Eltern, und die Töchter übernahmen sie. Und dennoch heiratete Martina mit 19 einen Juristen. Und was machte Martina nun? Sie zog in den Vorort, in dem Georg lebte, und paßte sich dort widerstandslos seinen Erwartungen an.

»Er hat nie erwartet, daß ich mein Studium zurückstelle. Aber er hat schon erwartet, daß ich sehr viele Pflichten übernehme, und ich habe das auch bereitwilligst getan. Weil ich sehr schwungvoll und einsatzfreudig war und offenbar auch sehr belastbar. Und ich hab dann außerhalb gewohnt, bin jeden Tag in die Stadt gependelt, hab' am Abend die Kurse besucht und hab' untertags eben ein Haus geführt und den Garten gepflegt und den Mann bekocht und seine Wäsche gewaschen und dann noch sein Buchmanuskript getippt. Und dazu hab ich extra Tippen lernen müssen, denn ich konnte es nicht. Wenn ich zurückdenke, bin ich beeindruckt, was ich alles geschafft habe. Ich muß sehr viel Energie gehabt haben. Und mein Studium schaffte ich in der Mindestzeit.«

Kurz nach Abschluß des Studiums bekam Martina ein Kind, blieb mit dem Kind ein Jahr lang zu Hause, merkte, daß »ich Familie in dieser reinen Form nicht als Erfüllung erlebte«, kehrte in den Beruf zurück, arbeitete in einer Anwaltsfirma, wurde zur Partnerin, machte sich schließlich mit einer eigenen Praxis selbständig ... eine beeindruckende Geschichte, die auf außerordentliche Fähigkeiten schließen läßt. Daneben ein Kind und einen Ehemann, der seine Frau beruflich gewähren läßt, aber zu Hause eine traditionelle Hausfrau erwartet.

»Durch das Kind wurde es sehr schwierig. Ich hatte Krippen, später einen Kindergarten, daneben eine Kinderfrau, und dennoch war es sehr schwer zu organisieren. Meine Mutter nahm sich manchmal Urlaub, um mir zu helfen; sie war damals wieder berufstätig. Mein Mann hat sich daran so gut wie überhaupt nicht beteiligt. Und diese Zeit war sehr, sehr schwierig.«

Wenn man Martinas Bericht hört, ist man überwältigt von den vielen parallelen Anforderungen, denen sie sich stellte. Der Beruf, ein besonders konkurrenzstarker Beruf, in dem die Akzeptierung einer Frau noch nicht selbstverständlich ist, forderte nicht nur Einsatz, sondern ständige Auseinandersetzung mit Vorurteilen und Stereotypen. Da gab es Richter, die bekannt waren für ihre frauenfeindlichen Haltungen, und Klienten, die sich von einer Frau nicht hinreichend gut vertreten fühlten, und auf die Neigungen und Ängste all dieser Personen mußte Martina sich einstellen.

»Ich habe zum Beispiel immer versucht, mich älter zu machen. Ich war sehr, sehr unauffällig gekleidet. Ich hatte bescheidene, dezente Blusen und formlose Kostüme, die auch eine sechzigjährige Frau hätte tragen können. Dabei war ich 28. Und ich hatte eine betont strenge Frisur und habe auch meine Stimme oft sehr tief gemacht, ganz bewußt, um dem ganzen Gewicht zu geben. Und leider, das wirkt, diese Tricks haben ihre Wirkung. Jetzt bin ich bekannt, bin ich anerkannt, jetzt kann ich meine Persönlichkeit viel mehr herauslassen.«

Damals aber, in den kritischen Jahren des beruflichen Neubeginns, mußte Martina sich im Beruf betont sachlich, geschlechtsneutral, kompetent geben. Um dann, zu Hause, Georgs nicht minder stereotypen Erwartungen nachzukommen.

Heute lebt Martina ganz anders. Ihre Haare trägt sie lang und offen, ihre Kleider sind italienische Designermode, heute fühlt sie sich anerkannt genug, um weiblich sein zu können. Von Georg ist sie geschieden:

»Der eigentliche Grund für unsere Scheidung lag darin, daß mein Mann zwar dem Beruf grundsätzlich neutral gegenüberstand, ihn auch nicht verhindert hat, aber die Dreifach- und Vierfachbelastung, mit der ich lebte, in keiner Weise aufzufangen versuchte durch irgendeine Form der Mitwirkung seinerseits. Haushalt, Kind, Kontakt zu Freunden, Freizeitplanung, das war alles meine Domäne. Und natürlich mein Beruf, der so nebenbei laufen mußte, aber für mich doch sehr, sehr zentral war. Und es ist nicht gegangen. Er hat mich nicht blockiert, aktiv. Aber er hat mich nicht gefördert.«

Georgs Verhalten ist sicher nicht zu rechtfertigen. Zugleich aber ist evident, daß Martina dieses Verhalten durch ihre eigene Haltung begünstigte. Selbst heute noch meint sie, er hätte sie nicht »blockiert«, hätte ihr nur nicht »geholfen«; daraus geht hervor, daß sie nach wie vor die Verantwortung für den gesamten Privatbereich sich selber zuschreibt. Die Weichen für die geradezu absurde Überbelastung des einen Partners in dieser Beziehung wurden schon am Anfang gestellt, und Martina unternahm keinen Versuch, das in Frage zu stellen, geschweige denn zu verändern. Sie hätte es ablehnen können, Georgs Buch zu tippen, mit der sehr einsichti-

gen »Begründung« – wenn es einer Begründung bedurfte –
daß sie ihr eigenes Studium zu betreiben habe. Dafür zu entgegenkommend, hätte sie in zweiter Instanz nochmals ablehnen können mit dem Hinweis, daß sie außerdem gar nicht
tippen könne. Neben einem anspruchsvollen Studium noch
Tippen lernen, um für ihren Mann dessen Manuskript zu
schreiben, grenzt schon an Masochismus und fordert geradezu zum Mißbrauch auf.

Die Schädigung der Frauen durch die Frauenfeindlichkeit
der Gesellschaft bewirkt leider gerade bei besonders begabten und sensiblen Frauen paradoxe und selbstdestruktive
Reaktionen. »Ihr meint, daß ich euch nicht gut genug bin?
Ich kann alles, und wenn ihr mir noch dies und dies und dies
aufbürdet, kann ich es noch immer«, dieser Satz ist der Leitspruch für Martinas Leben. Sie konnte nicht nur das Studium in der Mindestzeit absolvieren, sie konnte nicht nur
den offen frauenfeindlichen Professoren Achtung abgewinnen, sie konnte nicht nur in einer etablierten Männerkanzlei
zur Partnerin avancieren, sie konnte das alles, während sie
daneben den ungerechten Belastungen einer klassischen
häuslichen Arbeitsteilung gerecht wurde und ein Kind er-
zog. Und dann, als die schwierigste Zeit hinter ihr lag, über-
kam sie der Zorn und das Ressentiment und sie trennte sich
von dem Mann, der das alles ungerührt mitangesehen hatte.
Eine solche Summe kontraproduktiver Handlungen kann
nicht Zufall sein. Sie zeugt von Ärger – Ärger gegen Ungerechtigkeiten, der sich gegen sich selber richtet und zugleich
provokativ sein soll! Ihr könnt mir all diese Hindernisse in
den Weg legen, bitte sehr, ich tu' sogar selber noch welche
drauf, aber aufhalten werdet ihr mich trotzdem nicht.

Martina hätte von Anfang an in ihrer Beziehung andere Regeln aushandeln können; sie hat es nicht einmal versucht. Sie
hätte sich schon viel früher von Georg trennen können. So
aber tat sie alles zum größtmöglichen persönlichen Nachteil:

paßte sich an seine Vorstellungen an, ohne sich dagegen auf-
zulehnen, blieb bei ihm während der ärgsten Belastungszeit,
statt sich einen geeigneteren Partner zu suchen oder wenigstens die zusätzliche Belastung eines heimischen Paschas los-
zuwerden, trennte sich dann von ihm als es anfing, leichter
zu werden. Wir wollen nicht psychoanalysieren, um zu erklären, warum sich Frauen noch zusätzliche Bürden aufhalsen.
sen. Deutungsmöglichkeiten gäbe es zahlreiche: aus Zwang,
den »unverdienten« Erfolg in der »männlichen« Berufs-
sparte durch Befriedigung voller weiblicher Ansprüche zu
kompensieren? Aus Selbsthaß, weil die Umwelt einen so
mißachtet? Lassen wir die Deutungen, und hören wir lieber,
wie Martina die Dinge sieht.

»Ob ich einen Preis gezahlt habe für meine Karriere? Na ja,
einen Preis habe ich insofern bezahlt, als ich, wenn ich die
Belastungen ausgehalten hätte oder vielleicht wenn ich die
›Belastung‹ meines Berufs aufgegeben hätte, immer noch
verheiratet wäre. Wenn man das als Wert ansieht. Und das
ist nicht so leicht zu beantworten. Denn ein Wert wäre für
mich nicht unbedingt die Fortsetzung dieser Beziehung gewesen, sondern eine *gute* Beziehung. Und das habe ich nicht
erreicht, sondern hab' dann irgendwann kapituliert. Wobei
andererseits zu einer guten Beziehung zwei Partner gehören,
die aufeinander wechselseitig eingehen. Und bei uns war es
so, daß nur ich eingegangen bin. Zuerst fast zu 90 Prozent,
dann später zu 60 Prozent und am Schluß wahrscheinlich gar
nicht mehr. Während von meinem Mann zu keiner Zeit etwas kam.

Was ich für die Zukunft daraus gelernt habe? Für künftige
Beziehungen? Also, zunächst einmal habe ich gelernt, daß
ich nie mehr heirate. Ich würde allenfalls noch ein Kind bekommen, aber nie mehr heiraten ... für einen Mann ständig
zu sorgen, das würde ich nicht mehr übernehmen, ganz sicher nicht. Nein, und mein Mann hat seine Karriere gemacht

und ist dabei von uns zu Hause immer sehr rücksichtsvoll behandelt worden, weil er viel Zeit gebraucht hat für seine Arbeit, aber unser Entgegenkommen hat ihn eigentlich nur egoistischer gemacht. Er hat das nicht als Privileg gesehen, das wir ihm gewähren, sondern er hat das als seinen Anspruch gesehen.«

Aber hat Martina es nicht genauso gesehen – und tut sie es nicht immer noch? Noch immer setzt Martina »heiraten« mit »einen Mann versorgen« gleich. Da ist es nicht überraschend, daß Georg diese Versorgung, diese Rücksichtnahme als etwas Selbstverständliches entgegennahm und immer mehr erwartete: Martina präsentierte es ihm ja als etwas selbstverständliches und wartete dann (vergeblich) darauf, daß er ganz von selber darauf kam, es zurückzuweisen ... oder wenigstens zurückzugeben.

Das Fazit der Lebensgeschichten, sowohl was die Lebensplanung als auch was die Partnerschaft betrifft, ist nicht so sehr eine Kritik an der Umwelt, an dem, was der Frau begegnet. Es ist vielmehr eine Aufforderung dazu, die eigene Sichtweise zu revidieren. Es bringt einfach nicht weiter, das Fehlverhalten des Partners zu identifizieren und ihn unabänderlich damit fortfahren zu lassen, um sich mit jedem verstreichenden Tag stärker im inneren Zorn über seine Vergehen bestärkt zu fühlen. Er kommt nicht »von selber« drauf, auch dann nicht, wenn es glasklar ist und für alle sichtbar. Es gibt dann nur zwei sinnvolle Möglichkeiten: man meldet Protest an, und er reagiert konstruktiv darauf, und man kommt zu einem beiderseits befriedigenden Arrangement. Oder er verweigert die Einsicht, bzw. man ist so verdrossen und der Karren so verfahren, daß man es gar nicht mehr mit ihm versuchen will, und man trennt sich. Alles andere ist sinnloses Psychodrama.

V. Die Karrierefrau und die Frauenfrage – Zwischen Verrat und Avantgarde

Die »Karrierefrau« ist kein neutraler Begriff. Zwar ist der Terminus andererseits auch nicht so mit Nebenbedeutungen befrachtet, wie wir es befürchtet hatten – entgegen unseren Erwartungen lehnten nur sehr wenige Frauen es ab, mit diesem Etikett versehen zu werden. Und von denen, die ihn ablehnten, meinten viele bloß, er treffe nicht auf sie zu, weil sie sich nicht als hinreichend erfolgreich empfänden und damit zwar als Berufstätige, nicht aber Karrierefrauen.

In der Literatur und der öffentlichen Diskussion hingegen ist die »Karrierefrau« nicht ohne begleitende Wertung anzutreffen. Da gibt es einerseits die feministisch-politisierende Sichtweise. Hier steht die Frage im Mittelpunkt, in welchem Verhältnis die Karrierefrau zur Frauenfrage steht. Nützt sie der Sache der Frauen, indem sie Frauen an Machtpositionen setzt? Wo sie eventuell verändernd wirken können? Oder ist Geschlecht unwichtig, und handelt es sich bei der Karrierefrau bloß um eine/n Kapitalisten/in mehr?

Die konservative Richtung sieht die Sache eher moralisierend und fragt nach den sozialen Kosten. Schadet es den Kindern/der Familie/der Gesellschaft, wenn die Frau den Mittelpunkt ihres Daseins nicht mehr in Privatbereich, Ehe und Familie sieht? Oder ist die Berufstätigkeit der Frauen gut, weil sie neue und egalitäre Rollenmodelle schafft, den Vater mehr in die Kinderbetreuung einbezieht, den patriarchalen (kinder- und familienfeindlichen) Charakter der Arbeitswelt und der Öffentlichkeit abbauen hilft?

Schließlich gibt es auch noch die praktische Literatur, die diese Fragen beiseite läßt, um jenen Frauen, die sich zu die-

ser Form von Lebensführung entschlossen haben, in ihrem
Vorankommen zu helfen. Hier werden typische Probleme
beschrieben, Strategien und Lösungsansätze angeboten,
Fallbeispiele analysiert.

Was es nicht gibt, was aber sehr interessant wäre, ist eine
Sozialgeschichte der Karrierefrau.
Denn soziologisch und wirtschaftsgeschichtlich gesehen
läuft hier eine faszinierende Nebenentwicklung des Kapitalismus ab. In Verhalten, Ideologie und wirtschaftlicher
Funktion stellt die moderne Karrierefrau eine Art Sub-
Klasse dar: eine Minderheit, die sich aus einer sozial unter-
geordneten Gruppe losgelöst hat und infolge ihrer über-
durchschnittlichen Qualifikation und Ambition, gekoppelt
mit einem ganz bestimmten kulturellen Klima, aufwärts
strebt. Eine kleine, weibliche Bourgeoisie.
Sozialgeschichtlich gesehen gibt es solche Phänomene
manchmal. Es ist möglich, sozial diskriminiert und trotzdem
wirtschaftlich erfolgreich zu sein – das gibt es bei religiösen
Minderheiten wie z. B. den Indern in Afrika oder den Juden
in manchen Dekaden der europäischen Geschichte. Die beste Analogie zur heutigen Karrierefrau stellen aber die amerikanischen Schwarzen dar. Dort kristallisierte sich in den
mittleren Dekaden unseres Jahrhunderts eine kleine Gruppe
schwarzer Ärzte, Anwälte und anderer Professionisten heraus, die unter dem Druck der Anti-Rassismus-Bewegung
erstmals überhaupt genug Luft bekommen hatten, um sich
Schulbildung zu erwerben und von einer Karriere auch nur
zu träumen. Diese sogenannte »black bourgeoisie« hatte
viele der Merkmale, die auch die heutige Generation der jungen Karrierefrauen auszeichnet.
– Sie hatten eine gute Bildung und gehörten infolge ihrer
   beruflichen Qualifikation zur Mittelschicht. Von denjenigen, die objektiv »ihresgleichen« hätten sein sollen,

wurden sie aber weitgehend abgelehnt und blockiert, abgesehen von einigen aufgeschlossenen Liberalen und Philanthropen die sie ausdrücklich förderten.

– Sie waren entschlossen, sich nicht vom herrschenden System abweisen zu lassen, sondern innerhalb dieses Systems zu bestehen: sowohl, indem sie nach den Regeln dieses Systems glänzten, mehr als gute Leistungen erbrachten, als auch, indem sie die Regeln in Frage stellten, dahinterliegende Ungerechtigkeiten, Rassismen und Irrationalitäten bloßlegten.

Angehörige dieser Gruppe mußten ihr gesamtes Leben in den Dienst dieses Ziels setzen. Denn sie fielen aus der Normalität heraus und mußten daher für all das kämpfen, was bei anderen automatisch ging.

Der ständige Prüfungscharakter ihrer Situation war ein Aspekt davon. Egal ob sie – meist infolge des Abzugs der Weißen, die nicht in gemischten Wohngegenden bleiben wollten – in eigenen Wohnvierteln lebten oder in »integrierten« Mittelschichtvierteln, ihre Häuser, Gärten und Wohnverhältnisse wurden ständig kritisch beäugt von einer Umwelt, die sicher war, daß Schwarze nur in einem Slum existieren können und alles andere bald erneut in einen Slum verwandeln. Ihre Kleidung, die Manieren und Schulleistungen ihrer Kinder, ihre eigene Lebensweise, mit allem mußten sie »beweisen«, daß ein Neger unter den richtigen Bedingungen genauso zivilisiert sein kann wie ein Weißer.

Am Arbeitsplatz mußten ihre Leistungen über jeden Zweifel erhaben sein. Sie mußten etwas Besonderes leisten, um ihre Existenz neben einem ganz durchschnittlichen Weißen zu rechtfertigen. Der Verdacht, sie seien nur infolge irgendwelcher Quotenbestimmungen oder liberalen Anwandlungen der Firma überhaupt in diese Position geraten, die sie einem viel fähigeren Weißen weggenommen hätten, lag nie sehr fern. In ihrem Verhalten, ihrer Sprache, ihren Reaktionen mußten sie sich der weißen Mehrheit anpassen. Zugleich war es ratsam, den Neid und den Haß der Kollegen nicht zu provozieren, sondern bescheiden, unauffällig, willig und kooperativ zu wirken, rassistische Witze und Andeutungen zu überhören, stark zu sein.

Die neue Generation der Karrierefrauen, vor allem in den USA, ist dieser Gruppe sehr ähnlich. So sind auch die wesentlichsten Unterschiede zwischen der amerikanischen und der westeuropäischen Karrierefrau mit der unterschiedlichen kapitalistischen Kultur der Kontinente zu erklären: die amerikanische Karrierefrau steht deutlich unter den Auspizien der protestantischen Arbeitsethik. Sie soll ihre Leistung an erste Stelle setzen; als erste im Büro sein, als letzte gehen, am Wochenende Sondereinsätze liefern. Bei Arbeitssessen soll sie ihre Bestellung sorgfältig auf deren äußere Wirkung hin überdenken – nicht zu exotisch, denn das wirkt frivol; nicht zu diätbetont, denn das wirkt zu weiblich; nicht dasselbe, was der Chef bestellt, denn das wirkt abhängig; am besten etwas unauffällig Neutrales. Was sie anzieht, ist außerordentlich wichtig, wobei mindestens ebenso wichtig ist, daß sie nicht wie eine wirkt, der Kleidung wichtig ist: denn Mode ist weiblich und frivol, und das sind Assoziationen, die eine Karrierefrau meidet. Der protestantische Puritanismus findet in der amerikanischen Karrierefrau seine braveste Tochter. Längst ist der Karrieremann schon zum Yuppie geworden, geht lässig im verknitterten Leinen-Sakko umher, krawattenlos, besorgt um seinen Teint, Unterhose mit Weihnachtsmännern frivol dekoriert, seine Kollegin aber geht monochrom, Aktentasche parat. Teuer soll ihre Kleidung sein, aber zeitlos, unauffällig. »Investment dressing«, heißt es, ein akkurates Wortspiel, denn sie soll die Ausgabe nicht scheuen, sondern sie als »Investition« betrachten. Zugleich ist der Ausdruck ernst, und kehrt ein Stereotyp um: *diese* Frau geht nicht einkaufen, weil es ihr Spaß macht; *sie* ist keine oberflächliche Luxuskreatur.

Wenn sie in Boutiquen unterwegs ist, dann nur mit ernster Gesinnung und im Dienste einer höheren Sache, nämlich der Weltwirtschaft und ihrer Stellung darin.

In Europa sieht es anders aus, aber das mag weniger an der europäischen Frau liegen als daran, daß hier ein anderer Strang des Kapitalismus vertreten ist. Hier ist Kapitalismus Privileg, und Privilegien bringen Vorteile und offenbaren sich im sichtbaren Luxus, auf daß die Oberschicht sofort erkennbar sei.

Die Karrierefrau im Zusammenhang mit dem Kapitalismus zu sehen, ist in der europäischen Diskussion eine Diskreditierung. So ist es hier nicht gemeint, und diese Interpretation sollte hinterfragt werden. Kunst, Kultur, aber auch politische Agitation brauchen ihre Mäzene, ihre Förderer, ihre Financiers. Selbst wenn sich herausstellen sollte, daß die weibliche Bourgeoisie in die Machtstrukturen absorbiert wird, ohne sie entscheidend zu verändern – und ein solches Urteil wäre mehr als verfrüht – sind sie dort eine potentielle Unterstützungsquelle für jedwede Form weiblicher kultureller Betätigung.

Leider ist die weibliche Opposition genauso puritanisch wie die weibliche Karriere, und mag sich nicht durch eine weniger als absolut reine, zweckfreie Unterstützung beschmutzen lassen.

Bestätigung für unsere Beobachtungen finden wir übrigens auch bei einer amerikanischen Studie von zwei Soziologinnen, Margaret Hennig und Anne Jardim. Die Studie beruht auf Interviews, die mit Studentinnen an der prestigereichen Harvard Business School gemacht wurden, und auf Fallstudien erfolgreicher Frauen. In ihrer Auswertung dieses Datenmaterials stoßen die Autorinnen auf dieselben Probleme, die auch bei den Europäerinnen maßgeblich waren.

Zum Beispiel der Wunsch, nicht durch allzu sichtbare Ambition oder Leistung Aggressionen zu wecken.

»Eine Studentin erklärte ganz präzise, wie sie dieser ›Gefahr‹ entging. Wenn sie in einer Stunde eine besonders gute Wortmeldung gemacht hatte, die vom Lehrer gelobt und beachtet wurde, dann sagte sie in der nächsten Stunde überhaupt nichts. Das nächste Mal stellte sie vielleicht eine Frage, danach gestattete sie sich eine Anmerkung und erst in der vierten Stunde wagte sie wieder eine intelligente Wortmeldung.« Übertrieben? Paranoid? Vielleicht; aber es handelt sich nicht um eine einzige, hysterische Amerikanerin. Die Angst davor, von der Umwelt bestraft oder gemieden zu werden, wenn man zu offensichtlich die eigene Intelligenz in den Vordergrund stellt, war bei unseren Gesprächspartnerinnen in allen Altersgruppen ausgeprägt.

Hennig und Jardims zweite Beobachtung betrifft die mangelnde Planung von Frauen. »Die meisten von ihnen vergeuden gut zehn Jahre, die sie in einem unentschiedenen Dämmerzustand verbringen, bevor sie sich endlich entscheiden, ihre Arbeit ernstzunehmen, bevor sie sich dazu bekennen, ihre Arbeit zu mögen. Während diesen kritischen Aufbaujahren werken junge Männer eifrig an ihren Karrieren. »Das Rätsel war, wie die Frauen überhaupt so weit gekommen waren, wie sie trotz Zögern und Lavieren kamen. Die Frauen hatten für ihren Erfolg eine Erklärung parat. Und zwar typischerweise »sagten sie, sie hätten eben Glück gehabt. ›Ich machte meine Arbeit, und irgendwem fiel das auf.‹ Oder auch, in vielfacher Variation: ›Ich sträubte mich zwar dagegen, aber ganz unfreiwillig trieb mich der Zufall nach oben‹«.

Hennig und Jardims Liste über typisches Karriereverhalten (beziehungsweise Fehlverhalten) von Frauen paßt sofort auch auf die europäische Situation:

1. Frauen entscheiden sich erst spät für die Karriere. Bis dahin leben sie in den Tag hinein.

2. Frauen sehen sich als passive Geschöpfe. ›Jemand hat mich gefördert.‹ ›Meine Arbeit fiel dem Chef auf.‹

3. Frauen betonen die persönlichen Aspekte der Karriere. Sie sehen darin die Chance der Selbstentfaltung oder eine

Möglichkeit, anderen zu helfen und Gutes zu tun, oder einen Teil ihrer persönlichen Entwicklung. Für Männer sind ein Job und eine Karriere miteinander verbunden, im Idealfall identisch. Für Frauen sind das zwei vollkommen verschiedene Dinge. Ein Job ist etwas Pragmatisches, eine Karriere ist ein ganz persönlicher Lebensplan, der nach äußeren Kriterien überhaupt nicht beurteilt werden kann.

4. Das wäre noch nachvollziehbar, aber Frauen erschweren es sich zusätzlich, indem sie auch ihr »Leben« und ihre »Karriere« als zwei völlig getrennte Bereiche sehen. Ihr »wirkliches Selbst« sehen Frauen als etwas, das von der Karriere unberührt bleibt. Sie können daher beruflich großen Erfolg haben, und ihr Leben als absoluten Mißerfolg einstufen.

5. Frauen haben eine andere Einstellung zum Risiko als Männer. Männer sehen eine Risikosituation als etwas Zweiseitiges, das sowohl Gefahren birgt als auch Möglichkeiten bietet – man kann etwas verlieren, aber man kann auch gewinnen. Frauen sehen ein Risiko meist als etwas ausschließlich Negatives. Männer sehen ein »Risiko« in Zusammenhang mit der Zukunft: als Situation, in der sie zukünftig etwas gewinnen oder verlieren können. Frauen sehen ein »Risiko« im Zusammenhang mit der Vergangenheit oder Gegenwart: als Situation, in der sie das bisher Erreichte wieder verlieren können. Als Verkörperung des weiblichen Zugangs zitieren die Autorinnen eine ihrer Interviewpartnerinnen.

»Mein Mann«, erzählte ihnen diese, »ermutigt mich immer, Risiken einzugehen, Zukunftspläne zu machen, ambitiös zu sein. Ziele nach dem Mond, sagt er immer zu mir. Wenn du ihn verfehlst, ist es nicht so arg; im schlimmsten Fall landest du immer noch auf einem Stern. Und ich sage dann, ja, aufgespießt auf einem seiner Zacken.«

Aus einer Studie über 25 erfolgreiche Karrierefrauen extrahieren Hennig und Jardim dann noch einige weitere Regelmäßigkeiten. Typisch sind zum Beispiel:

- ein Vater, der Weiblichkeit und Können zumindest nicht als zwei einander vollkommen ausschließende Dinge betrachtet,
- ein Chef oder anderer Vorgesetzter, der sie förderte bzw. ihr »väterliche Deckung« gab,
- eine Karriereunterbrechung, oft an einer recht kritischen Phase, um »Bedenkzeit« zu gewinnen.

Wenn es darum ging, wesentliche Entscheidungen zu treffen, so schien es drei Gruppen zu geben.

Die erste Gruppe hatte einen Plan und Zielvorstellungen, die zumindest einige Jahre in die Zukunft reichten, und integrierte neue Ereignisse in dieses Gesamtkonzept.

Die zweite und weitaus größere Gruppe sah einen Konflikt zwischen ihrer Karriere und ihren privaten Plänen. In einer unmittelbaren Krisensituation, wo sie die eine oder die andere Seite ihres Lebens bevorzugen mußte, ließ sie sich meist durch die ihr momentan am nächsten stehende Person beeinflussen (als junges Mädchen durch die Eltern, später durch einen Freund oder Partner usf.).

Ihr Lebenslauf wies dementsprechend eine Art Zickzackmuster auf, indem sie zuerst die Karriere bevorzugte, dann eine Zeitlang das Privatleben intensiv betrieb, dann wieder der Karriere zugewendet war usf.

Die dritte Gruppe ließ sich vorrangig von den Ereignissen treiben, ging jeweils den Weg des geringsten Widerstandes und vermied es, Entscheidungen und Pläne prinzipiell und im vorhinein zu machen.

Abschließend listen Hennig und Jardim noch sieben Eigenschaften auf, die für Frauen typisch und ihrem Vorankommen abträglich sind:

1. Sie warten darauf, daß ein anderer von sich aus darauf kommt, sie zu loben, zu befördern, ihre Begabungen zu erkennen.

2. Sie treten zögernd auf und warten darauf, daß ein anderer die Entscheidungen trifft und Anweisungen erteilt.

3. Sie sind sich unklar über ihre persönlichen Ziele und Pläne bzw. sie fühlen sich diesen Zielen gegenüber sehr ambivalent.

4. Unklare Situationen machen sie nervös.

5. Es fällt ihnen schwer, mit Kritik umzugehen. Sie reagieren darauf zu empfindlich, nehmen es zu persönlich und überschätzen die Bedeutung.

6. Sie meiden das Risiko.

7. Sie überanstrengen sich, was die Arbeit in Familie und Haushalt betrifft, um zu rechtfertigen, daß sie so viel Zeit ihrer Karriere widmen.

Nachdem wir nun sehr ausführlich auf einige Eigenschaften und Probleme im weiblichen Karriere-Zugang eingegangen sind, sollten wir uns ansehen, wie sich diese im konkreten Fall äußern. Tun wir das anhand einiger »kommentierter« Lebensläufe.

VI. Zen oder die Kunst, in ein einziges Frauenleben alles hineinzupressen, was eigentlich gar nicht geht

Die Unternehmerin –
Angela, 39

»Mein Vater war Arzt, meine Mutter war Hausfrau. Wir waren drei Kinder, und mein Vater wollte, daß wir alle drei einen akademischen Beruf ergreifen. Das haben wir alle drei nicht getan. Ich habe mit knapp 18 geheiratet und bald danach mein erstes Kind bekommen, ein Jahr später dann mein zweites. Dadurch war ich schon sehr früh belastet und habe keine richtige Jugend erlebt.

Ich war zwar schon mit meinem Mann verlobt, aber wir heirateten dann früher als geplant wegen meiner Schwangerschaft. Klar ist das ein Fehler. So jung kann man nicht beurteilen, ob eine Ehe gutgehen wird, ob er der Partner zu einem paßt; man weiß ja noch gar nicht, wie man selbst ist.

Meine Pläne vor der Ehe? Hatte ich keine. Ich wollte gerne etwas mit Mode machen oder Schauspielerin werden. Das war wohl ziemlich unkonkret, mehr so romantisch, außerdem hätte mein Vater solche Berufe nie akzeptiert. Er wollte, daß ich Mittelschullehrerin werde. Eine Ehe, Kinder, das fand er für mich nicht so wichtig, vorher sollte ich mich beruflich etablieren. Komischerweise haben wir beide dann, also meine Schwester und ich, jung geheiratet und keinen Beruf erlernt. Das kam wohl daher, daß mein Vater sehr streng war und wir sehr eingeengt waren im Elternhaus von ihm, daher nehme ich an, daß wir so schnell wie möglich weg wollten.

Dann war ich also verheiratet und hatte zwei Kinder. Mein Mann kam aus einer sehr wohlhabenden Familie, die hatten etliche Großhotels. Ich habe neben den Kindern eine Ausbildung begonnen, um später dann im Betrieb mitzuarbeiten. Ich besuchte die Hotelfachschule.

Während dieser Ausbildung lernte ich meinen zweiten Mann kennen, wegen dem ich mich scheiden ließ. Wir haben geheiratet, die beiden Kinder blieben bei mir, ich bekam noch ein drittes, ich führte den Haushalt und zog die Kinder auf und machte für meinen Mann die Buchhaltung.

Meine Männer haben mich nicht unterstützt dabei, daß ich außerhalb der Familie etwas machen wollte, nein. Der erste kam aus einer Familie, die sehr traditionell war, einerseits, in der aber seine Mutter immer gearbeitet hatte im Familienbetrieb, wie es im Hotelgewerbe eigentlich üblich ist. Und er wünschte sich eine Frau, die zu Hause blieb. Aber er hat sich nicht widersetzt, als ich beschloß, die Ausbildung zu machen.

Mein zweiter Mann war zwar sehr dafür, daß ich die Buchhaltung für seine Firma mache, aber als ich dann später auch eigenständige Pläne entwickelte, wollte er das gar nicht. Er hat das zu verhindern gewußt.

Und zwar wollte ich, gemeinsam mit einer Freundin, eine Boutique eröffnen. Aber das war nicht möglich. Da stieß ich auf starken Widerstand. Das kam gar nicht in Frage. Wie er das verhindern konnte? Ja, Sie können sich das gar nicht vorstellen. Das stand nicht zur Debatte, da hat es geheißen, wenn ich meine Konzentration auf eine eigene Firma, auf mein eigenes Geschäft richte, dann kommt er zu kurz, dann kommen die Kinder zu kurz, und das hält er nicht für gut, nicht für vertretbar. Das wurde lange diskutiert, und dann hat er kategorisch bestimmt, daß das nicht passiert. Er war dann nicht mehr bereit, darüber zu sprechen.

Ich habe das akzeptiert. Wenn man eine eigene Firma anfängt, dann ist man ja sowieso unsicher, ob das, was man macht, richtig ist. Noch dazu, wenn man drei Schulkinder zu Hause hat, mit denen man Aufgaben machen muß, und einen Haushalt hat und gesellschaftliche Verpflichtungen durch den Mann. Das bringt einen dann schon in einen Zwiespalt, und man fragt sich, ob man es schaffen kann oder nicht. Und wenn man dann von einer Seite ein kategorisches Nein hört, dann unterwirft man sich dem leichter als unter anderen Umständen.

Die Ehe mit meinem Mann verschlechterte sich mit der Zeit immer mehr, bedingt durch Belastungen von außen und durch unsere Uneinigkeit in wichtigen Dingen. Ich sah mich immer mehr vor der Entscheidung, entweder bei meinem Mann zu bleiben und Kompromisse zu machen noch und noch oder mich auf eigene Füße zu stellen. Das wiederum warf die Frage auf, was ich beruflich tun könnte, und ich habe mich dann bei etlichen Firmen beworben. Ich setzte mir einen Termin und beschloß, wenn ich bis zu diesem Termin keine Zusage habe, dann mache ich meine Boutique auf. Ich bekam den Gewerbeschein und suchte mir ein geeignetes Geschäft, und dann habe ich das begonnen. In der Zeit waren wir noch verheiratet, aber es ging schon dem Ende zu.

Mein Mann hat mein Geschäft nicht unterstützt, ich nahm einen Kredit auf. Ich hatte auch noch Geld von früher, von meinen Eltern, und ein Vorteil war es, daß ich in den ersten zwei Jahren noch nicht vom Geschäft leben mußte, denn das wäre nicht möglich gewesen. Ich konnte meinen anfangs noch geringen Profit reinvestieren, und das war eine große Hilfe.

Trotzdem fiel es mir schwer, Schulden zu machen. Ich war 39 Jahre alt, und wenn man da zum ersten Mal auf eigenen Beinen steht, macht man sich schon Gedanken und hat Angst. Vor allen Dingen, wenn man die Verantwortung für drei Kinder hat. Meine Scheidung wurde beschleunigt durch eine Liebschaft, ich verliebte mich so heftig und so intensiv, daß ich glaubte, ohne diesen anderen Mann nicht mehr leben zu können. Diese Beziehung lief dann leider nicht so gut, das war eine große Leidenschaft, und wie das bei großen Leidenschaften ist, endete sie schlecht. Die Erwartungen waren zu groß. Aber ich bereue es nicht, obwohl die Zeit, als diese große Leidenschaft zu Ende ging, sehr schwer für mich war und auch sehr schwer war für mein Geschäft, denn ich war da kaum in der Lage, es optimal zu führen. Aber retrospektiv gesehen war es das richtige, denn jetzt bin ich unabhängig. Es schreibt mir jetzt niemand vor, was ich machen soll, und wenn ich für jemanden etwas tue, dann freiwillig und gern. Und in meinen Ehen war das nicht so. Auch für die Kinder hat es sich komischerweise als positiv erwiesen, sie sind sehr stabil und ausgeglichen, und es geht sehr partnerschaftlich zu.

Und meine Beziehung, so schmerzhaft das Ende auch war, hat mir geschäftlich weitergeholfen. Dieser Mann nämlich hat mich sehr unterstützt. Er hat immer gefunden, daß Hausfrauen ein parasitäres Leben führen und sich aushalten lassen. Er hatte da einen provokanten Standpunkt und hat Hausfrauen gerne mit Prostituierten verglichen, weil sie sich eben auch bezahlen lassen, vor allem, wenn keine Kinder da sind oder die Kinder schon groß sind. Er hat auch die Bürgschaft für meinen Kredit übernommen, denn die Bank wollte natürlich einen Bürgen. Obwohl es kein großer Kredit war und ich es mir zum Motto gemacht habe, nie finanzielle Transaktionen zu tätigen, die meine realistischen Möglichkeiten übersteigen. Ich kalkuliere beinhart, was ich kann und was ich nicht kann und verliere mich nicht in irgendwelchen Utopien. Und daher ist mein Geschäft gut gegangen.

Es ist ironisch, daß die Diskussionen mit diesem Freund mich beeinflußten, aber es war so. Außer ihm kannte ich überwiegend Frauen, die in der gleichen Art lebten wie ich.

Also mit einem Ehemann, der viel Geld verdiente, und sie haben den Haushalt geführt und haben es sich mehr oder weniger gut gehen lassen, und die haben fast nur Argumente für dieses Leben gebracht. Entschuldigungen, warum man nicht arbeiten kann, warum man nicht berufstätig sein kann, daß der Mann leidet, daß die Kinder leiden, daß das geregelte Leben zusammenbricht. Und auch ich habe dieses Haushaltführen zu einer Kultur entwickelt während meiner Ehen, um die Langeweile zu überstehen. Als ich das dann ändern wollte, waren mir die Frauen in meinem Umkreis keine Hilfe, sondern sie waren eher ein Hindernis. Ich bin draufgekommen, daß Frauen in dieser Situation Angst haben, daß sie wenig Zivilcourage haben, daß sie von den Männern gebremst werden, indem die Männer sagen, das schaffst du nicht, das kannst du nicht, das wird dir zu viel, du wirst schon sehen.

Meiner Tochter sage ich immer wieder, Beziehungen sind wichtig, aber genauso wichtig ist es, als Frau auf eigenen Beinen zu stehen. Man tritt einem Mann ganz anders gegenüber, wenn man unabhängig ist.

Ich bin ganz zufrieden jetzt. Ich habe herausgefunden, daß man sein Leben verändern kann und nicht nur einmal, sondern hundertmal. Man glaubt immer, man ist da so festgelegt und traut sich nicht, etwas zu verändern, aber das stimmt nicht. Man kann sein Leben verändern, bis man alt ist, immer.

Auch mit mir selbst bin ich zufrieden. Ich habe sicher Zeiten durchlebt, da ging es nicht so, wie es hätte gehen können. Aber eine gewisse Linie war doch drin. Ich bin nicht mit dem Kopf durch die Wand, sondern eher auf Umwegen durch die Wand, und auch die Umwege haben mir viel gebracht. Zum Beispiel meine Kinder. Jetzt ist mein Leben so eingerichtet, wie es mir entspricht, und ich bin so, wie es meinem Wesen entspricht: nicht hart, weder im Beruf noch privat, aber doch zäh. Ich habe 20 Erwachsenenjahre gebraucht, um zu diesem Ergebnis zu kommen, und das ist sicher eine lange Zeit. Aber ich konnte nicht anders. Und dadurch sage ich ja, ich habe Fehler gemacht, zum Teil sehr gravierende. Aber ich würde sie wahrscheinlich wieder machen, denn sie entstammten einer bestimmten Situation. Und ohne Fehler hätte ich mein Leben nicht verändert; ich bin draufgekommen, daß sich aus Schwierigkeiten mehr entwickelt, als wenn es immer so glatt geht.«

Angelas Selbstdarstellung ist sehr positiv; trotzdem illuminiert sie einige typische weibliche Hürden. Die zentrale Hürde ist die Unsicherheit. Das hat zur Folge, daß die Orientierung stark an (meist männliche) Autorität gebunden bleibt. Wer als 18jährige von der Versorgung durch den Vater direkt in die Familie eines Ehemannes überwechselt, dessen Bevormundung nicht mag und zu einem zweiten Ehemann überläuft, hat wenig Erfahrung mit eigenen Entscheidungen und wenig Zuversicht in die eigenen, nie erprobten Fähigkeiten. Aber damit ist es noch nicht getan. Die typisch weibliche Situation besteht aus einer Kombination von Unmündigkeit und Verantwortung: Unmündigkeit gegenüber sich selbst und den eigenen Bedürfnissen und Wünschen, Verantwortung für eine Familie und Kinder. Die Unmündigkeit und Unsicherheit bedingen, daß sich die Frau in eine abhängige Situation begibt. Die Verantwortung bedingt, daß sie sich aus dieser dann nur schwer lösen kann.
Trotzdem gab es in Angelas Leben eine, wie sie es nennt, »Linie«. Mit einem reinen Hausfrauenleben war sie nie zufrieden, und vielleicht ging damit – verspätet und sehr punktuell – der Einfluß des Elternhauses auf, wo ihr Selbständigkeit zumindest abstrakt als weibliche Eigenschaft vermittelt wurde. In ihrer ersten Ehe machte sie eine Ausbildung, die ihr später in der Führung ihres Geschäfts half. Während ih-

rer zweiten Ehe schmiedete sie Pläne für ein solches Geschäft, überdachte die Kalkulationen und Modalitäten. Ihren Freund wählte sie nicht ausschließlich infolge einer blinden Leidenschaft; er erfüllte eine viel umfassendere Rolle in ihrer persönlichen Fortentwicklung. Auch wenn die Beziehung nicht hielt, brachte sie Angela ein gutes Stück weiter, indem dieser Mann ihr Mut machte und sie auch aktiv unterstützte bei der Verwirklichung von Plänen, zu denen ihr die Courage gefehlt hatte.

Was für Angelas Beispiel gilt, ist überhaupt oft ein Muster weiblicher Lebensgeschichten: sie lesen sich wie ein Katalog der Zaghaftigkeit, der mangelnden Entschlußkraft, aber die Endbilanz widerspricht diesem Eindruck. Denn selbst in den scheinbar »verlorenen« Jahren, als sie zu viele Kompromisse machten, bei problematischen Partnern blieben, geschahen oft notwendige und positive Dinge, die der Frau am Schluß erhalten blieben: sie bekamen Kinder, die ihnen sehr wichtig waren, machten persönliche Veränderungen durch, sammelten Erlebnisse und Eindrücke. War es also ein Kraftmangel der Frau, oder bloß die Konstruktion der Welt, die ihrem Fortgang eine patriarchalische Dimension auferlegte? Hat das Patriarchat sie für einige Jahre gefangengehalten, gebremst, oder hat sie sich in Tarnkleidern durch fremdbesetztes Terrain bewegt und unterwegs mitgenommen, was sie haben wollte?

Die Künstlerin –
Fabiana, 39

»Mein Vater ist im Krieg gestorben, und ich bin in einem Frauenhaushalt aufgewachsen, mit meiner Mutter, einer Tante und meiner Großmutter. Ich kann nicht sagen, daß ich gefördert wurde. Eher hat man mich sehr in Ruhe gelassen, meine Mutter war zuerst berufstätig und später dann sehr krank. Trotzdem habe ich in starker Erinnerung, daß sie mir in einer persönlichen Krise sehr geholfen hat. Ich war 17 und wußte einfach überhaupt nicht weiter, ich hatte tausend Ideen und hab einfach nicht ein noch aus gewußt, wie es mit mir weitergehen sollte. Studieren oder nicht, und was, oder arbeiten … und da hat sie großes Verständnis für mich entwickelt und war gar nicht ungeduldig, sondern ist jede dieser Ideen mit mir wiederholt und ganz genau durchgegangen. Das Arbeitsamt hatte damals einen psychologischen Beratungsdienst als Sonderservice, und ich ging dann dort hin, mit sehr großen Erwartungen. Ich wußte, was ich wollte, nämlich entweder in den Journalismus oder zum Theater. Und heute weiß ich, daß ich mir von dieser Beratungsstelle einfach bloß eine Ermutigung erhofft habe. Sie sollten sagen, ja, genau für das sind Sie geschaffen, und Sie müssen das unbedingt tun. Das Testergebnis war dann recht komisch, der Berater sagte, nach meinen Ergebnissen seien diese beiden Wege für mich möglich, er würde mir aber vom Theater sehr abraten, weil ich zu labil sei und zu sensibel. Journalismus wäre schon besser, aber nur, wenn ich ein Studium abschließen würde. Ich wollte aber nicht auf die Uni, und so habe ich statt dessen die Kunstgewerbliche Akademie besucht und mir dabei gedacht, mach' ich halt was Dekoratives, Handwerkliches. In Wirklichkeit wollte ich mich nur irgendwie in die Schauspielschule hineinschmuggeln, die es in derselben Stadt gab. Das ging aber dann doch nicht, und so habe ich meine Grafik- und Malereiausbildung abgeschlossen. Dann habe ich mir eine Lehrstelle gesucht in einer Töpferei, weil ich etwas Echtes und Praktisches lernen wollte. Das war eine sehr begehrte Lehrstelle, und ich habe sie bekommen; das erste Mal in meinem Leben, daß ich wirklich um etwas gekämpft habe.

Heute sehe ich es so: Ich hatte, vor allem im letzten Schuljahr, sehr große Probleme und oft Schwierigkeiten mit den Lehrern, und ich denke, das war ein Alarmzeichen, weil ich wollte, daß sich jemand mit mir wirklich befassen sollte und nicht nur mich in Ruhe lassen. Dann wollte ich wenigstens, daß der Berufsberater meinen wirklichen Wunsch erkennen und ihn gutheißen sollte. Und erst nach meiner Ausbildung gab ich es auf, auf einen schicksalhaften Wink zu warten und nahm die Sache selber in die Hand. Wenn ich das früher gemacht hätte, oder wenn ich gefördert worden wäre, hätte ich eine andere Ausbildung gemacht.

Ich habe dann geheiratet, einen Mann, den meine Mutter auch gut fand und von dem sie meinte, er würde sehr beruhigend auf mich wirken. Dann habe ich die Gesellenprüfung gemacht und ein Baby erwartet, und mein Mann war gerade im Endstadium seiner eigenen Ausbildung, so daß ich viele Energien in ihn gesteckt habe. Er wollte studieren und mußte das Abitur nachmachen, in Abendkursen. Für mich war das ein richtiges Opfer, denn ich war recht unternehmungslustig und saß aber nun jeden Abend mit ihm zu Hause und hörte ihm die Vokabeln ab und fragte ihn aus, und lernte mit ihm, damit er es schafft. Er hat es dann auch geschafft und hat studiert, Theaterwissenschaft. Das hat mir sehr gefallen, denn nun hatte ich wenigstens über ihn meinen Bezug zum Theater. Und dann wollte er unbedingt nach Hamburg, weil dort das Studium viel besser war. Diese Entscheidung kam alleine von ihm, und ich wollte dort überhaupt nicht hin, aber ich habe mich irgendwie mitreißen lassen und bin wahnsinnig gegen meinen Willen weggegangen. Ich ging auch ungern weg von meiner Mutter, denn durch das Baby hatte sich unsere Beziehung sehr verbessert, und sie war mir eine riesige Hilfe und paßte auf das Kind auf, und ich wußte, daß das anderswo ein großes Problem sein würde.

Es war dann in Hamburg sehr schwierig, das Leben dort war

sehr teuer und es stand schnell fest, daß ich anfangen mußte zu arbeiten, um uns über Wasser zu halten. Ich habe dann meine Idee, ebenfalls zu studieren, aufgegeben und habe mir eine kleine Werkstatt aufgebaut. Sein Studium ging sehr mühsam voran, und es war alles sehr trist; eine miese kleine Kellerwohnung, kein Geld, die Werkstatt, die Unsicherheit... und ich war sehr isoliert, denn mein Mann hatte auf der Uni Kontakt zu Leuten, aber ich war die ganze Zeit über zu Hause und redete gerade mal ein paar Worte mit der Haushaltshilfe, und die war Türkin und konnte kaum deutsch.

Es ist aber dann doch gut gegangen mit der Werkstatt. Es hinderte mich nur mein Gefühl, noch zu wenig zu können und ein Studium zu brauchen, und ich fand immer, meine Sachen waren einfach nichts. Nichts Besonderes. Ich hab' halt so herumgetöpfert, aber komischerweise sind die Sachen ganz gut angekommen. Ich habe viel davon verkauft. Das hatte dann den Nachteil, daß mein Mann fand, töpfern sei doch viel befriedigender als Studieren, und es sei so gemütlich in einer Werkstatt, und er möchte das nun auch machen. Ich aber wollte weder mit ihm zusammenarbeiten, noch fand ich es sehr sinnvoll, daß er sein Studium vernachlässigte, wo wir doch seinetwegen überhaupt dahergekommen waren.

Damals war es keine Konkurrenzsituation, ich war der unumstrittene Kaiser, und er begehrte nur, mir ein wenig zu helfen und von mir etwas zu lernen. Dann geschah etwas sehr Sonderbares. Wir machten eine Ausstellung, und zwar gegen meinen Willen. Mir erschien es viel zu früh. Aber er war das Organisationstalent, und er hat es geschafft, daß wir in der Akademie eine Ausstellung machen konnten. Und obwohl es meine Sachen waren, die ausgestellt wurden, stand er irgendwie im Rampenlicht, und bei den Interviews antwortete er, und daher wurde er zitiert und das Wort wurde an ihn gerichtet.

Er war das Sprachrohr, und ich war so unsicher mit meiner Arbeit, ich fand sie nicht toll, ich fand sie o.k. Aber er war da ganz unbekümmert, nach dem Motto ›das ist phantastisch, und wir werden das schon machen‹. Dadurch war sein Auftreten viel sicherer. Und ehe ich mich versehen konnte, war er auch ein Keramiker. Wir haben dann so viel gestritten, über die Arbeit, über sein Studium, über die Öffentlichkeit, daß ich beschloß, mich von ihm zu trennen. Wobei das noch recht häßlich wurde, mit einem großen Kampf um das Kind und um die Wohnung.

Ich habe dann einen Mann kennengelernt, den ich, oder besser, dessen kreativen Fähigkeiten ich sehr geschätzt habe. Er war Künstler und relativ anerkannt, und ich hatte eine schwierige Zeit hinter mir. Aus dieser Anlehnung und aus seiner Hilfe – er hat mir zum Beispiel Aufträge verschafft – entstand dann eine etwas sonderbare Beziehung. Wir sind dann zusammengezogen. Meine Werkstatt habe ich auch beibehalten, aber die Arbeit dort reichte nie, um mich zu erhalten. Das war eher so ein Zuschuß, aber die Basis waren die Aufträge, und das hat sich dann immer mehr so entwickelt, daß ich mit diesem Mann zusammengearbeitet habe. Die Keramik war mir sowieso vermiest durch die Streitereien mit meinem ersten Mann, und so wurde ich eine Art Mitarbeiterin im Atelier meines Bekannten. Und heute muß ich sagen, daß ich da einen wahnsinnigen Fehler gemacht habe, weil ich mir einbildete, es sei eigentlich angenehm mitzuarbeiten bei einem anderen. Bei einer Sache, die erfolgreich schien und die sich auch finanziell tragen konnte. Und meinen Beruf, die Keramik, habe ich zum Hobby degradiert. Nicht sehr ehrgeizig, muß ich ehrlich sagen.

Durch reinen Zufall, bis heute ist mir nicht klar, warum eigentlich, bekam ich dann einen Ruf an die Akademie, um zu unterrichten. Das ging sehr unbürokratisch, und ich brauchte nicht einmal einen Nachweis über ein abgeschlossenes Studium, sondern sie wollten mich einfach haben. Ich bekam sogar einen Raum in der Akademie, und ich mache das nun seit 12 Jahren. Es hat mich sehr beflügelt, hier zu unterrichten. Zuerst aus Sorge, irgendwelche Ansprüche nicht erfüllen zu können, habe ich sehr an mir gearbeitet, so daß es dann nicht so wird, daß ich irgendwelche Fragen nicht beantworten kann. Das einzige, was während dieser ersten Jahre sehr anstrengend war, das war das Bestehen meines zweiten Mannes auf meiner Präsenz. Ich mußte immer da sein, weil er ein ziemlicher Hypochonder war, so ein Mensch, der jeden Tag aufgebaut werden muß. Jetzt kommt mir immer mehr ins Bewußtsein, daß seine Probleme, für die er dringend meine Anwesenheit und meine Mithilfe brauchte, immer dann eintraten, wenn ich sagte, ich geh' in die Werkstatt. Bei meiner zweiten Scheidung ist mir das total auf den Kopf gefallen, denn all diese Mitarbeit galt dann plötzlich nichts mehr. Eigentlich läuft die Scheidung noch immer, ich sollte also gar nicht in der Vergangenheit davon sprechen, aber für mich war sie abgeschlossen, als ich die Distanz hatte und beschloß, wegzugehen. Er hat mich zu sehr gehemmt, hat wahnsinnig eingegriffen in meine Arbeit und mich die übrige Zeit daran gehindert, sie überhaupt zu tun.

1980 hatte ich eine vielbesprochene Ausstellung in Basel, die ganz entscheidend für mich war. Denn das waren wirklich meine Sachen, fernab von jeglichem Gedankengut sowohl des ersten wie auch des zweiten Mannes. Meine Sachen waren sehr grob, so gar nicht ›hübsch‹, und als Kontrast habe ich den ganzen Raum und alles drumherum in rosa gehalten. Dazu habe ich zwei Tage tiefster Bedenken gebraucht, und dann entschloß ich mich dazu. Mein Mann war absolut dagegen, und absurderweise war das der Moment, in dem ich erkannte, daß diese Ehe nicht mehr möglich war. Und dann war noch entscheidend, daß mein zweiter Mann sich absolut nicht mit meinem Kind aus erster Ehe vertrug.

Es war allerdings keine Liebesheirat gewesen, sondern ich wollte einmal ganz realistisch sein und alles unter einen Hut bringen und einen Mann haben, der meine Arbeit nicht als Konkurrenz sah. Aber letztlich endete es so, daß dieser Mann weder mit mir noch mit meiner Selbständigkeit noch mit der meines Kindes etwas anfangen konnte.

Nach der Trennung und dem Erfolg dieser etwas skurrilen Ausstellung hatte ich eine Menge *drive* für die Arbeit. Es war eine recht idyllische Zeit, wir wohnten zu viert, meine Tochter und ihr Freund und ich und mein neuer Freund, bis dann meine Tochter geheiratet hat und wir zu zweit waren. Dann ist etwas sehr Komisches passiert, nämlich daß – eigentlich zum dritten Mal – die Karriere des Partners überhand genommen hat. Der Mann war sehr erfolgreich im Zeitschriftengeschäft, und mich hat es wahnsinnig fasziniert, was da alles passiert. Zu Anfang habe ich da auch mitgearbeitet, aber in der Zeit hatte ich schon meinen zweiten Lehrauftrag an der Akademie und war sehr eingedeckt. Und es war sehr zeitraubend, mit ihm zu leben, denn es gab keinen Lebensrhythmus, wenn man in seinem Medium Karriere machen will, dann ist es ein 24-Stunden-Job. Trotz aller Schwierigkeiten aber ist meine Arbeit immer parallel gelaufen, und ich hatte große Ausstellungen in dieser Zeit. Was ein gewisses Problem für meinen Partner gewesen sein muß, denn er hat wohl unter meiner Bekanntheit gelitten. Ich habe Interviews gemacht, ließ mich auch in den Klatschspalten vorkommen, ich war da nicht mehr ganz ungeschickt. Seine Arbeit war doch anonymer, und das muß wohl ein Problem für ihn gewesen sein. Sein Argument bei der Trennung war, er hätte meine Stärke nicht ausgehalten.

Im Grunde aber war es vielleicht etwas ganz anderes.

Davor gab es noch eine andere Geschichte, ich erwähne sie, obwohl sie nicht sehr schmeichelhaft ist. Und zwar hatte mein Freund beschlossen, nach München zu gehen zu einem anderen Verlag. Und er wollte, daß ich mitgehe und dort ein Atelier aufmache. Für mich war das eine Wahnsinnsidee, denn hier hatte ich mich mühsam in all den Jahren etabliert, und es war mein Zuhause geworden. Meine ganze Skepsis wurde weggewischt von seinen Worten: Das geht sicher, du mußt einfach kommen, das ist eine ganz andere Etage hier, und hier wird alles ganz anders und viel besser sein usw. Tausend Versprechungen, und schließlich entschied ich mich, zu gehen und reiste vorerst nur mit ein paar Koffern und für ein halbes Jahr an. Und dann war es innerhalb von 14 Tagen so, daß er die Beziehung auf einmal von seiner Seite löste. Und das war für mich vollkommen absurd, bis heute noch habe ich das nicht begriffen. Das war das erste Mal, daß mich jemand verlassen hat und dann unter solchen unglaublichen Bedingungen. Denn für mich war dieser Umzug eine wirkliche Zäsur, und er wollte das unbedingt und bestand darauf. Ich bin also dann nach Hamburg zurück, und nachdem ich ein Jahr lang in ziemlich mieser privater Verfassung war, geht es wieder.

Wenn ich meine Probleme selber diagnostizieren soll, dann fallen mir zwei Dinge dazu ein. Erstens, daß ich leider eben keine Karrierefrau bin und daher bei aller Anerkennung und allem Erfolg in der Öffentlichkeit dennoch auf Schmalspur leben muß. Und das andere ist mein Rollenbild, von dem ich gar nicht weiß, wo ich es her habe, das mich immer wieder dazu drängt, mit einem Mann zusammenzuleben. Das mir Probleme macht, wenn ich mir vorstelle, ohne Mann zu leben. Auch jetzt denke ich mir, daß es mir eigentlich besser gehen müßte, wenn ich einen Mann hätte, wobei es aber noch nie so war, daß es mir dann wirklich besser ging. Ich habe nicht herausfinden können, woher also mein Vertrauen in männliche Partner kommt. Vielleicht ändert es sich jetzt, weil ich erstaunlicherweise so viele und sehr gute Frauenfreundschaften habe. Die auch sehr hilfreich sind für meine

Arbeit. Weil es eine ganz andere Qualität der Beziehung ist. Ich war immer sehr auf Männer ausgerichtet, war begeistert verheiratet, war wahnsinnig bemüht, es gut zu machen.

Und jetzt versuche ich zu verstehen, was mit mir eigentlich los ist. Ich bin hierhergekommen, ohne es zu wollen, und jetzt war ich drauf und dran wieder wegzugehen, ohne es zu wollen, und das gibt mir eigentlich schon zu denken. Ich möchte nicht, daß mir so etwas nochmal passiert, daß ich meine Dinge einfach so aufgebe, um jemandem zu folgen.

Finanziell wäre es auch gut, wenn sich etwas ändern würde. Gut war es nur insofern immer, als ich nie um etwas bitten mußte, sondern es reichte immer für alles, was ich brauchte. Und jetzt gefällt es mir sogar, meine Geschäfte zu ordnen und Dinge auszurechnen und Finanzpläne zu erstellen.

Im vergangenen Jahr waren es meine Freundinnen, die mich ausgehalten haben (lacht). Ich habe in den Frauen echte Gesprächspartner gefunden, und das war mir neu. Frauenfreundschaften kannte ich sonst nur auf intellektueller Basis, eher kollegial. Aber diese Fähigkeit zur Fürsorge, zur liebevollen Betreuung durch Frauen, das war mir völlig neu, und das habe ich auch daheim nicht gehabt. Meine Mutter ist eine sehr zurückhaltende Person, immer gewesen.

Jetzt habe ich eine Reihe von Plänen, ich habe auch schon überlegt, wie ich das schrittweise machen kann, und ... eigentlich habe ich eine leichte Begabung für so etwas, fürs Organisieren und gutes Durchdenken. Meistens habe ich das für meine Partner eingesetzt, und jetzt erstmals setze ich das hundertprozentig für mich ein, und das ist ein lustiges und ein gutes Gefühl. Ich hoffe nur, daß mir nicht wieder etwas dazwischen kommt, daß ich nicht wieder in eine Phase gerate, wo die Beziehung zu einem Mann mich vergessen läßt, wie gut es ist, an sich selber zu denken. Es fällt mir wahnsinnig schwer, etwas zu bereuen, daher ist es schwierig zu sagen, ob ich es bereue, immer nur mein Organisationstalent und meine Energie für andere investiert zu haben. Aber was ich bereue ist, daß ich meine Arbeit zu wenig ernsthaft und zu wenig zielstrebig verfolgt habe. Das bereue ich schon sehr.

Ich wäre gern sehr erfolgreich. Ob das noch kommt, das wird man sehen.«

Fabiana T. *ist* erfolgreich; oder, wenn wir das streng finanziell definieren, ist sie zumindest künstlerisch anerkannt. Trotzdem müßte eine Karriereberaterin, die mit dem Rotstift Fabianas Selbstdarstellung liest, viel unterstreichen. Vieles davon, nicht aber alles, hat Fabiana inzwischen selber schon als Fehler erkannt.

– Obwohl sie weiß, und schon früh wußte, was sie will, brauchte sie immer eine autoritäre Stelle, die ihren Wunsch »gestattete«. Diese autoritäre Stelle aber war nicht die allmächtige und gütige Instanz, die Fabiana sich vorstellte, sondern sie war Fabiana gegenüber gleichgültig, oder sie verfolgte eigene Interessen, oder sie war einfach menschlich und damit nicht unfehlbarer als Fabiana selber. Die Instanzen, in die Fabiana im Lauf der Zeit ihre Hoffnungen investierte, waren obrigkeitlich-männlich: ein »Experte« (der Berufsberater), ein Ehemann, ein zweiter Ehemann, ein Geliebter. Obwohl sie selber wüßte, wo ihr Weg läge, läßt sie sich von diesen Autoritäten immer wieder beeinflussen, steuern. Interessanterweise sieht Fabiana ihre Bereitschaft dazu als etwas Sachliches, nicht als Zeichen ihrer Unsicherheit und psychologischen Schwäche. Dem Berufsberater vertraut sie, weil er angeblich ihre psychologische Konstruktion getestet hat; dem Ehemann, weil er sie (laut Ansicht ihrer Mutter) »beruhigte« und weil er außerdem das Projektionsobjekt ihrer eigenen Ambitionen war (er studierte Theaterwissenschaft und gehörte somit der Berufsrichtung an, die sie für sich selber ersehnt hätte). Der dritte Ehemann war mit Autorität versehen, weil er beruflich erfolgreich war; das gab seinem Urteil Gewicht, ließ seinerseits Hilfe erwarten und weckte auch die Hoffnung, daß Berufs- und Eheleben mit ihm eine harmonische Ganzheit bilden würden. Der Geliebte erschien überzeugend kraft der Gewißheit, die er vermittelte: er hatte »Tausend Argumente« und Versprechungen und schien sich sehr sicher.

– Fabiana dagegen ist sehr unsicher, vor allem was ihre Begabungen und Fähigkeiten betrifft. Einerseits hat sie die starken Qualitätsansprüche, die kompromißlosen Vorstellungen einer echten Künstlerin. Andererseits zweifelt sie unabläßlich daran, diese Ansprüche auch erfüllen zu können. Ihre Arbeit ist ihr noch nicht gut genug für eine Ausstellung. Ihr erster Mann führt ihr dann vor, daß es mehr auf die Ausstrahlung und die Präsentation ankommt als auf die bloße Qualität. Trotzdem lernt sie nicht davon. Vom zweiten Mann läßt sie sich wieder von ihrem Weg abbringen, ordnet sich seiner Arbeit unter. Auch diese beiden Männer sind unsicher; sie aber bekommen von Fabiana das, was sie zur Kräftigung ihrer Selbstsicherheit brauchen.

Fabiana bekäme es ebenfalls, in Form professioneller Anerkennung. Ihre Ausstellungen erregen Aufsehen. Sie bekommt einen Ruf an die Akademie, eine höchst ehrenvolle Sache. All diese Bestätigungen ihrer Talente wertet sie ab. Sie definiert sie als »skurril« und »überraschend«, als Irrtümer und Mißverständnisse. Sich selber sieht sie darin als Hochstaplerin, der man bloß durch ein Wunder noch nicht draufgekommen ist, daß sie manche Fragen nicht beantworten kann, daß sie kein abgeschlossenes Studium hat, daß ihre Töpferei noch nicht ausgereift ist. Dadurch lebt sie in Angst vor dem Tag, an dem alles »auffliegen« wird und man sie enttarnt davonjagen wird.

- Diese Ängste gehen einher mit einem passiven Selbstbild. Heute, wo sie einen stabileren Punkt erreicht hat, »hofft« sie, daß ihr »nicht wieder etwas dazwischen kommt«, daß sie nicht wieder »in eine Phase gerät«, in der sie eines Mannes wegen »vergißt«, auf ihre eigenen Interessen zu schauen. Was ist diese diabolische Kraft, die Fabianas Willen ausschalten könnte, sie in neue Selbstvernachlässigungen stürzen könnte wie in eine Krankheit? Liegt es nicht an ihr, ob sie etwas derart Fundamentales »vergißt«?

- Wie viele Frauen, hat auch Fabiana einen fatalen Hang zur Demut. Klosterschülerinnen der Berufswelt, sind Frauen oft stolz auf ihre Fähigkeit, geringe Bedürfnisse zu haben, finanziell mit wenig zurechtzukommen, gar nicht auf Geld zu stehen. Um dann mühselig eine feuchte Kellerwerkstatt einzurichten, beim Ministerium um eine karge Reisesubvention anzusuchen, langwierige Wohnungs- und Schulgeldprobleme auszuhandeln – und nie auf die Idee zu kommen, daß Geld auch dazu da wäre, lautere, kreative, schöpferische und gute eigene Absichten zu verwirklichen.

Fabiana hofft auf den Erfolg, und hätte eigentlich schon alles, was sie dazu braucht. Auch das erscheint wie ein patriarchalischer Fluch, der auf den Frauen lastet: daß sie dann, wenn sie auf dem richtigen Weg sind, wenn sie fast am Ziel sind, ihre Lage nicht erkennen, sondern geblendet von Unsicherheiten, Ängsten und Nebenzielen wieder ins Abseits stolpern.

»Ich komme aus der bürgerlichen Mittelschicht, könnte man sagen. Mein Vater ist Akademiker, und zwar Architekt, meine Mutter hat ihn während des Studiums kennengelernt, ihr eigenes Studium aber abgebrochen, als das erste Kind, meine ältere Schwester, sich ankündigte. Und danach hat sie es nicht wieder aufgenommen. Zu Hause war es nie eine Frage, daß wir Kinder das Abitur machen und danach, wenn wir wollen, studieren. Und wir sollten schon eher wollen.

In der Schule hat mich Mathematik immer am meisten interessiert. Zum Teil lag das vielleicht an den Lehrern, besonders an einem speziellen Lehrer, der das immer sehr interessant gebracht hat. Aber die Anlage dafür hatte ich wahrscheinlich auch. Zu Hause wurde das sehr bestärkt, ich hörte immer, ja, du bist mathematisch begabt, sprachlich bist du es eh' nicht. Heute glaube ich gar nicht, daß das stimmt, ich glaube, daß ich eine ausgesprochene Neigung zu Sprachen habe und zu Literatur. Aber ich bereue es nicht, überhaupt nicht, daß ich dieser sanften Steuerung gefolgt bin.

Zunächst wollte ich Architektur machen, das kannte ich ein bißchen, und es erschien mir reizvoll und naheliegend. Dann aber, als ich mir das Studium genauer ansah, hat mich Bauingenieur mehr interessiert. Also habe ich kurzentschlossen meine Meinung geändert. Meinen Eltern war das recht, ja. Mein Vater hatte ja auch einen technischen Beruf, und er freute sich immer, wenn eins der Kinder Interesse an seiner Arbeit zeigte. Meiner Mutter war alles recht, solange es mich wirklich interessierte. Der erste Studienabschnitt ist eher trocken, sehr theoretisch. Es gab ohnehin nur wenige Frauen, die dieses Studium begonnen haben, und die meisten davon hörten schon in dieser Phase wieder damit auf. Mit mir haben ungefähr 120 andere Studenten angefangen, davon haben 40 oder maximal 50 den Abschluß gemacht. Und darunter waren neben mir noch 4 Frauen, die fertig studierten. Und das war sogar ein untypisches Semester, denn im Semester davor und danach hat keine einzige Frau das Studium absolviert.

Es gab einige Professoren, die in jeder Vorlesung erstmal anklingen ließen, wie ungeeignet Frauen für die Bauwirtschaft seien. Aber davon abgesehen gab es keine besonderen Nachteile oder Vorteile für uns. Manche Professoren haben sich sichtbar darum bemüht, uns nicht abzuschrecken. Und die paar extremeren, die haben dann auch Verweise bekommen. Entmutigender als das war vielleicht das Bewußtsein, daß man als Frau sehr schwer unterkommt nach dem Studium. Der gesamte Tiefbau zum Beispiel steht einem mit geschlossenen Türen gegenüber. Man darf als Studentin, als Frau, wenn man Exkursionen macht, überhaupt nicht in einen Tunnel hinein, wenn er noch nicht fertiggestellt ist. Eine Frau darf nicht, egal was sie ist, in einen unfertigen Tunnel hinein, weil die Bergarbeiter überzeugt sind, daß das Unglück bringt. Dieser Aberglaube ist felsenfest verankert. Eine Kollegin von mir wollte das nicht akzeptieren, sie ist einfach hineingegangen, und dann haben alle Arbeiter, die das gesehen haben, die Arbeit niedergelegt und sind rausgegangen. Man muß draußen bleiben, und es werden einem Dias oder Pläne gezeigt.

Der Tiefbau ist extrem, aber auf keiner Baustelle wird ein Arbeitgeber dich gerne nehmen als Bauleiter oder so. Sie nehmen an, daß die Arbeiter von einer Frau keine Befehle annehmen werden. Welche Aussichten bleiben dann noch für dich? Es gibt den Bereich der Zentrale. Diese Stellen sind für Frauen offen, der Bereich des Ingenieurbüros, aber mich persönlich interessiert das nicht so sehr. Da sitzt du und rechnest mit Hilfe eines Computers die Statik aus, nach schon fertigen Programmen, das ist nicht sehr reizvoll. Ich will nicht nur Pläne zeichnen wie am Fließband. Dann gibt es noch die größeren Bauunternehmen, die eigene Abteilungen haben für die Arbeitsvorbereitung und Kalkulation. Die Zentrale, das ist eigentlich das einzige, was du als Frau machen kannst. Oder du kannst in die Verwaltung gehen zu den Landesregierungen, also eine Beamtenlaufbahn machen. Von den paar frauenfeindlichen Professoren habe ich mich nicht abschrecken lassen. Ich bin im Prinzip erst recht in deren Vorlesungen gegangen. Das Vorlesungsprogramm ist zwar so groß, daß man sich nicht alles anhören kann, sondern teilweise aus Mitschriften der Kollegen und aus Skripten lernt, aber in diese Stunden bin ich justament gegangen und habe mir auch meine Gegenbemerkungen nicht verkniffen. Denn ich denk mir, diese Profs sind so wenig mit Frauen konfrontiert, und wenn jetzt die wenigen, die es gibt, wegen solcher blöden Bemerkungen auch nicht mehr hingehen, dann wird der Typ ja überhaupt nie mit einer Frau konfrontiert. Ja, und es war eigentlich nicht riskant für mich, denn man macht so viele Prüfungen, da ist es nicht so schlimm, wenn man bei einem einzigen Professor einen schlechten Stand hat.

Die Frauen hatten einen recht guten Zusammenhalt während des Studiums, später hat es sich ja auch semestermäßig ein wenig vermischt, so daß wir mehr wurden und auf solche trafen, die schon weiter waren. Ich muß auch dazu sagen, daß einige der männlichen Kollegen sehr auf Seite der Frauen waren, daß es im großen und ganzen sehr kollegial zuging. Vor allem nach dem ersten Jahr, als sozusagen die erste Selektion getroffen war und nurmehr die Ernsthafteren übrigblieben. Das erste Jahr ist problematischer, da kommen noch hin und wieder Bemerkungen, warum man da ist, ob man sich vielleicht einen Freund da suchen will. Aber wenn die Leute sich dann kennen und die Grenzen abgesteckt sind, ist das kein Problem mehr.

Mein jetziger Partner, mit dem ich zusammenlebe, ist zwar ein Studienkollege, aber er hat nie meinem Lernkreis angehört, und ich hab ihn auch gar nicht an der Uni kennengelernt, sondern durch einen Sportverein. Wenn ich ihn an der Uni kennengelernt hätte wäre es wahrscheinlich gar nicht passiert, daß wir uns näherkamen, denn ich habe das immer sehr getrennt, das Studium und unseren Studierkreis auf der einen Seite und meine Freizeit auf der anderen. Anfangs haben wir diese Trennung auch strikt beibehalten, aber mit der Zeit ist es etwas lockerer geworden. Wir leben jetzt zusammen, aber verheiratet sind wir nicht, das wird auch noch eine Weile dauern. Heiraten ist mir nicht so wichtig, aber Kinder hätte ich schon ganz gerne. Vielleicht in 5 Jahren.

Nach dem Studium habe ich nicht gleich begonnen zu arbeiten, sondern bin für ein Jahr auf Reisen gegangen. Mein Freund reist auch sehr gern, während der Sommerferien waren wir immer für Monate unterwegs, und das möchten wir gerne fortsetzen. Jetzt arbeitet mein Freund auf der Baustelle, leitet Projekte. Ich bin an der Uni als Assistentin, mein Vertrag läuft in drei Jahren aus und wir haben vor, dann wieder ins Ausland zu gehen. Entweder mit einer Baufirma, die in einem interessanten Land ein Projekt hat, oder wenn das nicht geht, dann aufs Geratewohl, vielleicht nach Australien. Dort werden wir eine Weile bleiben. Ich plane das so, daß ich mit 28 von der Uni weggehe, dann ein oder zwei Jahre verreise, und mit dreißig oder kurz danach hätte ich gerne Kinder, eins oder zwei. Gut an meinem Uni-Job ist, daß man Kontakte knüpfen kann zur Privatwirtschaft und meist gute Angebote bekommt, wenn man von der Uni weggeht. Wobei ich eigentlich nicht so denke, daß mein Hauptziel ist, einen guten Job zu finden und viel Geld zu verdienen, sondern mein Ziel ist einfach, daß ich zwar arbeite und Praxis kriege, aber nicht nur aufs Geldverdienen schaue, sondern auch immer auf die Freizeit. Ein Bauprojekt ist ideal, weil man da nach zwei oder drei Jahren fertig ist und wieder abspringen kann, auch wenn die Firmen das nicht gerne sehen. Aber trotzdem ist ein Abschluß gegeben, und man muß sich nicht so einschränken lassen. Aus Angst davor, keine Arbeit mehr zu bekommen, würde ich nicht bei einer Firma bleiben. Arbeit kriegt man sicher immer. Ich bin eigentlich nicht so aufs Geld fixiert.

Unser Leben im Moment sieht so aus: Mein Freund muß um sieben Uhr schon auf der Baustelle sein, wir stehen also um sechs auf, um noch gemeinsam frühstücken zu können, wir machen gemeinsam das Frühstück und unterhalten uns dabei, denn als wir noch studierten, verbrachten wir viel Zeit miteinander, und jetzt ist die Zeit viel knapper geworden. Ich muß um halb acht im Institut sein und kann um vier Uhr heimgehen, wobei dann meine Dissertation auf mich wartet. Allerdings überlege ich mir, ob mir mit dem Doktorat wirklich geholfen ist, seit ein paar Jahren gibt es statt dessen ein Aufbaustudium, und vielleicht wäre das verwertbarer.

Zu Hause haben wir eine Tafel hängen, da trägt jeder ein, was er am Abend vorhat, und der andere kann dann überlegen, ob er das auch machen will oder lieber was selber organisiert. Ich koche nicht, das ist mir zu stressig. Die Zeit ist mir ein Problem, sie ist sehr knapp, und ich habe kaum Gelegenheit, etwas zu tun, was mir Spaß macht, Bücher lesen usw. Aber das liegt vielleicht an der Umstellung von der Studienzeit auf das Arbeitsleben.

Im Moment verdienen wir ungefähr gleich viel, mein Freund und ich. Als Assistentin habe ich nicht das Gefühl, benachteiligt zu werden, höchstens gibt es einen oder zwei ältere Professoren, die nicht wissen, wie sie mit mir umgehen sollen. Einer kam zum Beispiel richtig ins Stottern, weil er nicht wußte, wie er mich ansprechen soll, er wußte, daß ich nicht verheiratet bin, also setzte er an zu einem »Fräulein«, aber auf halbem Weg kam ihm der Gedanke, daß das wohl auch nicht so ganz passend wäre ... und dann wußte er auch nicht weiter. Schlimmer ist diese absolute Blockierung bei den Baustellen. Vom Hilfsarbeiter bis hinauf zum Chef sind sich die dort einig, daß sie keine Frauen wollen. Auch wenn sie Frauen im Studienbetrieb oder in der Zentrale als gute oder sogar bessere Arbeitskräfte sehen, als die Männer, auf der Baustelle ist nichts zu machen.«

An Katja sind vor allem zwei Dinge besonders interessant. Erstens befindet sie sich in einer Ausnahmesituation, und das gleich in doppelter Hinsicht. Sie ist in einer Männersparte tätig und hat dort eine Pionierrolle. Und sie ist, deutlicher als bei Frauen üblich, mit einem Plan unterwegs. Auch wenn es sich dabei um Richtlinien handelt, die relativ vage sind: es gibt Zielvorstellungen.

Zweitens ist Katja an einem Wendepunkt angelangt. Bislang war ihre Situation noch relativ privilegiert. Sicherlich mußte sie sich entscheiden, durchhalten, Schwierigkeiten überwinden. Aber der wirklich zermürbende Effekt des täglichen Lebens, das Gewicht der üblichen Alltäglichkeiten, setzen erst jetzt ein.

Katja hat Eigenschaften, die eine positive Prognose nahelegen. Sie ist sich der Vorurteile bewußt, die Frauen behindern – und fühlt sich durch sie nicht entmutigt, sondern eher zum Widerstand aufgefordert. Auch subtilere Formen der Diskriminierung entgehen nicht ihrer Aufmerksamkeit. Ihre Berufswahl, ihr Umgang mit Problemen und ihre Zuversicht verleihen ihr viel Energie. Dennoch ist sie an einem Punkt angelangt, an dem gewisse Dinge auch beginnen werden, verstärkt gegen sie zu arbeiten. In Umrissen kann man sie schon jetzt erkennen.

Ihr Freund konnte problemlos dorthin gelangen, was für sie ein unerreichbares Ziel ist: auf eine Baustelle. Dort findet die

»wirkliche Arbeit« ihres auserwählten Berufs statt. Wird sich das – muß sich das – nicht längerfristig auf ihre beiden Laufbahnen auswirken? Wird seine Arbeit nicht dadurch mit der Zeit wichtiger, anerkannter als ihre?

Katja kann das kompensieren, indem sie sich mit Ehrgeiz in die ihr offenstehenden Bereiche stürzt. Aber es gibt schon erste, leise Anzeichen dafür, daß sie das vielleicht nicht tun wird. Sie überlegt sich, ob sie die Qualifikation des Doktorats vielleicht doch nicht erwirbt, obwohl sie schon daran arbeitet und obwohl das der eigentliche Abschluß ihrer Assistentenstelle ist. Sie betont, daß sie eigentlich nicht so Job-besessen, nicht so Geld-besessen, nicht so Aufstiegs-orientiert ist – ein legitimer, vielleicht richtiger Zugang. Die Gefahr ist nur, daß, wie in so vielen anderen Beziehungen, irgendwann eine Weggabelung erreicht wird, an der dann der Mann die eine Richtung einschlägt, während die Frau den anderen Pfad wählt. Sie bleibt dabei, wie in idealistischen Zeiten vereinbart, den anderen Werten gleiches Gewicht zu gewähren: der Familie, der Freizeit, der persönlichen Entfaltung, den sozialen und politischen Zielen usw. Er läßt das als »Jugendsünde« hinter sich und widmet sich ganz der Karriere. Sie aber kann dann weder das eine noch das andere tun – kann keine Karriere machen, weil sie dafür schon früher die falschen Entscheidungen traf, kann aber auch ihren Weg nicht mehr gehen, weil sie statt dessen damit beschäftigt ist, die von ihm vernachlässigten gemeinsamen Bereiche aufzufangen. Das Kind alleine aufzuziehen. Die Beziehung im Alleingang lebendig zu halten.

Katja sagt, daß sie sich ihre Beweglichkeit bewahren will, keine dauernde Anstellung haben möchte, die ihr die Möglichkeit des Reisens und anderer Freizeitinteressen verschließt. Die Teile ihres Gewerbes aber, die einer Frau offen stehen, setzen feste Anstellungen voraus. Katja möchte an Bauprojekten arbeiten, weil die nach zwei oder drei Jahren beendet sind und somit »natürliche Pausen« gestatten. Das aber ist ein Zweig, in dem eher ihr Freund Karriere machen kann. Bald wird die Versuchung aufkommen, ihn zu seinen ausländischen Bauprojekten zu begleiten und dort »irgend etwas« zu arbeiten, immer mit der Rechtfertigung, es liege einem ja nicht so viel an Geld und Ansehen, sondern man wolle »gemeinsam« auch andere Interessen realisieren. Dann wird die bislang egalitäre Beziehung zwischen Katja und ihrem Freund eine belastende Veränderung erleben.

Dazu kommen die Kinder, die Katja haben möchte. Heute leben Katja und ihr Freund noch in einer verlängerten Studentensituation. Man schreibt auf das Schwarze Brett, was man vorhat, und macht es dann entweder ungezwungen gemeinsam oder disponiert alleine. Kochen ist zu viel Streß, und der Haushalt ist auf ein Minimum reduzierbar. All diese Einteilungen unterliegen neuen Belastungen, wenn es Kinder gibt. Es läßt sich auch diese Verantwortung rational planen und gleich verteilen. Doch werden solche Beziehungen erfahrungsgemäß häufig untergraben – oft ganz langsam, kaum spürbar – sobald die ehemalige Gleichheit einem einseitigen Abhängigkeitsverhältnis weicht.

Bis jetzt hat Katja richtig gehandelt. Sie hat sich nicht fälschlicherweise verleugnet, nicht so getan, als wäre sie ein braves Hausmütterchen, und ihre intellektuellen Ambitionen heimlich und verborgen gehalten. Sie sieht sich teilweise noch als Kollegin ihres Partners, und das ist gut, denn damit stehen bestimmte Regeln von Anfang an fest. Nur ihre Bereitschaft, an der Priorität ihrer Arbeit zu zweifeln, ist ein mögliches Warnsignal. Nicht deshalb, weil Arbeit für Frauen die erste Priorität sein soll, weil sie sich jetzt beinhart dem Aufstieg und dem Einkommen widmen sollen, nein. Sondern deshalb, weil der Idealismus für Frauen oft bloß die Vorstufe ist zum Abgang. Idealistisch soll sie sein; ihre Ziele und Werte soll sie selber bestimmen, wie sie will. Aber sie soll sich nicht selber betrügen, und nicht betrügen lassen, indem ein vermeintlicher Idealismus sie schnurstracks zu dem macht, was sie bestimmt nicht sein will: zur Hausfrau und treuen Gattin eines ehemals idealistischen nunmehr karrierebesessenen Mannes.

Die Lehrerin
Leona, 44

»Ich bin in einer gutbürgerlichen Familie aufgewachsen, mein Vater war Arzt, meine Mutter war zu Hause. Ich wollte immer Lehrerin werden, schon als Kind. Ich weiß nicht, warum. Vielleicht waren Lehrerinnen die ersten Frauen, die mich beeindruckten, vielleicht aber hat sich der Wunsch, Lehrerin zu werden, auch nur mit dem Bedürfnis gedeckt, so schnell wie möglich einen Beruf zu haben und von den Eltern unabhängig zu werden.

Meine Erziehung war natürlich darauf ausgerichtet, sich einen anständigen Mann zu angeln; die Ehe klang für mich dabei immer wie ein Schlußpunkt, ein Punkt, an dem alle Probleme für immer gelöst waren. Wenn ich mir weh getan habe, hat meine Mutter gesagt, bis ich heirate, wird es nicht mehr weh tun, also weine nicht. Ich weiß schon, das ist bloß so ein Spruch, aber er ist doch irgendwie bezeichnend. Das war ja wirklich das Endziel: ein Mann mit gutem Beruf, am besten ein Arzt.

Dann bin ich auf die Uni gegangen, mit vielen Minderwertigkeitskomplexen und mit dem Gefühl, eigentlich gar nicht klug zu sein, obwohl meine Noten immer sehr gut waren. Und dann hatte ich keine Konzentration, weil ich mich ganz schnell verliebt habe. Ich wußte auch nicht so genau, was ich studieren wollte, denn am liebsten hätte ich etwas Kunstgewerbliches gemacht, etwas mit meinen Händen.

Meine Mutter konnte diesen Mann, den ich liebte und von dem ich wußte, daß er mein Schicksal wird, überhaupt nicht leiden, und sie hat dann gesagt, wenn ich ihn nicht mehr treffe, dann zahlt sie mir die Kunstakademie. Und das hat mich in einen großen Zwiespalt gestürzt, denn ich liebte diesen Mann mit großer Vehemenz und Überzeugung, die Ausbildung wollte ich aber auch machen, aber das Angebot meiner Mutter war eine Form von Erpressung ... ich habe diese Situation nicht bewältigt. Bevor ich meine Gedanken klären konnte, war ich auch schon schwanger. Und ich habe mich vor meinen Eltern versteckt, denn sie hätten das nie toleriert, daß ich unverheiratet ein Kind auf die Welt bringe. Ich glaube, sie hätten sicher etwas dagegen unternommen, gegen meinen Willen. Ich habe also das Kind gekriegt, und das war eine Odyssee. Ich bin von Italien nach Frankreich als Kindermädchen, zuerst, als die Schwangerschaft noch nicht sichtbar war. In Spanien habe ich das Kind auf die Welt gebracht. Dann habe ich mich beworben als Lehrerin in einem Entwicklungshilfeprojekt für Nicaragua. Ich hab' denen auch gesagt, daß ich ein uneheliches Kind habe, aber sie haben das akzeptiert, zu meinem großen Erstaunen.

Ich bin dann nach New York gefahren, dort lebte der Vater meines Kindes, und habe ihm seine Tochter gezeigt, und wir haben dann geheiratet, und ich bin nicht nach Nicaragua weitergeflogen. Das war sehr schlimm, denn sie haben mit mir gerechnet, und es war sehr häßlich von mir, und ich wußte das, und es war mir egal ... Ich war grauenvoll verliebt. Kurz danach war ich wieder schwanger. Die nächsten drei Jahren waren schlimm, ich konnte überhaupt nichts tun als Kinder füttern und baden und beaufsichtigen. Ich fand keinen Anschluß, obwohl es andere Mütter in meiner Umgebung gab und ich englisch konnte. Irgend etwas muß mit meiner Einstellung los gewesen sein. Wir waren in New York, in einem Vorort von New York, und ich fand es schlimmer als Warschau. Wenn ich heute an diese Zeit zurückdenke, dann kann ich mir überhaupt keine richtigen Details in Erinnerung rufen, sondern es ist da nur ein grauer Fleck. Ich war deprimiert die ganze Zeit, und wir waren sehr, sehr arm. Ich sah oft nicht einmal einen Anlaß, mich herzurichten, und habe mich ziemlich gehenlassen. Oft war ich am Nachmittag noch nicht gekämmt. Dann kamen die Kinder in den Kindergarten, und wir zogen in die Stadt, und ich erreichte einen ziemlich grauenvollen Punkt. Ich wußte, ich muß raus, ich muß arbeiten, und wenn ich aber die Annoncen las, dann war mir klar, daß ich überhaupt nichts konnte, keine 30 Anschläge und auch sonst überhaupt nichts. Ich schwor mir, daß ich meine Tochter niemals in eine solche Situation kommen lassen würde, ich würde sie dazu zwingen, eine Ausbildung zu haben.

Dann sah ich zufällig eine Annonce, es wurde jemand gesucht mit guten Umgangsformen und Sprachkenntnissen. Und die haben mich genommen. Es war ein großes Juweliergeschäft, und ich fing dort an und verkaufte Schmuck. Ich war dann gezwungen, mich hübsch anzuziehen. Und es war ungeheuer aufbauend, eigenes Geld zu haben. Es ist ein ganz anderes Gefühl, wenn man eigenes Geld hat.

Die mochten mich gerne in dieser Firma und haben mir bald eine Ganztagsstelle angeboten. Wenn die Kinder krank waren, konnte ich zu Hause bleiben, da waren sie immer sehr verständnisvoll. Dann langweilte es mich, immer nur Schmuck zu verkaufen, also habe ich mit ihnen gesprochen und wieder ein offenes Ohr gefunden. Sie haben mich dann in ein anderes Geschäft versetzt, in einen großen Antiquitätenladen. Dort ist dann ganz überraschend eine höhere Position freigeworden, die hab ich dann bekommen.

Dabei hätte ich nie gedacht, daß ich das Zeug habe zum Management. Wahrscheinlich habe ich die Stelle zum Teil deshalb bekommen, weil man in Amerika mit 18 schon als alte

Frau angesehen wird, fast. Und dieses Antiquitätengeschäft war sehr nobel und konservativ, da wollten sie kein junges, hübsches Mädel haben. Denn ein wertvolles Stück vertraut man einem jungen Mädchen nicht an. Und auch mein europäischer Akzent hat mir wahrscheinlich geholfen, seriös zu wirken. Damals war ich 34. Angefangen in der Firma habe ich mit 28. Es war eine sehr schöne Zusammenarbeit, auch mit den Leuten, die restaurierten, und mit den Innendekorateuren, die bei uns einkauften.

Ich hatte eine sehr kluge Chefin, die mir sehr viel Initiative überließ und mir Verantwortung gab, das war intelligent von ihr, denn damit gab sie mir den Stolz, es gut machen zu wollen. Das half mir auch über diese Zeit hinweg, die sehr schwierig war, denn ich hatte persönliche Probleme in diesen Jahren und war zu Hause sehr unglücklich.

Nein, mein Mann hat mich nicht gefördert, im Gegenteil. Er ist ein berühmter Architekt, und hat mir immer nur gesagt, daß meine Arbeit überhaupt nicht kreativ sei und daher nicht gelte. Er hat mich dazu gebracht, daß ich mich regelrecht geschämt habe für meine Arbeit. Rückblickend sehe ich, wie bizarr die Situation war. Ich kam nach Hause, war erschöpft, und ließ mir einreden, daß ich eigentlich nichts, überhaupt nichts leistete. Weil es nicht kreativ war. Es ging soweit, daß ich mich genierte zu antworten, wenn Leute zu uns gekommen sind und gesagt haben ›Na, und was machst *du* beruflich?‹ Dann hab' ich gesagt ›Ach, nichts, nur so einen dummen Job halt‹. Dabei war mein Job sehr verantwortungsvoll. Ganz berühmte Leute, Adelige, Stars gingen bei uns ein und aus. Ich war für große Geldbeträge verantwortlich, hatte einen Stab mit 17 Mitarbeitern zu leiten.

Während dieser Zeit hatte ich eine gute Freundin, die arbeitete in einer verwandten Sparte, aber was mich am meisten an ihr beeindruckte war ihre Ehe. Denn die meisten Ehen, die ich kannte, lebten eigentlich vom Kompromiß der Frau, und die Frau war die Unterdrückte, aber in dieser Ehe gab es eine echte Balance. Mit dieser Freundin und ihrem Mann habe ich viel Zeit verbracht. Ihr Mann war sozial sehr engagiert, und ich hatte das Gefühl, daß er mich dazu ermutigen wollte, mich gegen meinen Mann zu verteidigen. Sie waren manchmal bei uns eingeladen, und ich habe gemerkt, daß es ihnen richtig wehtat, daß ich mich so von meinem Mann behandeln ließ. Als ich mich entschloß, ihn zu verlassen und nach Europa zurückzukehren, haben sie gesagt ›Fein, daß du dich dazu durchgerungen hast‹. Und auf der einen Seite war es mir peinlich, daß meine Probleme mit meinem Mann für Außenstehende so offensichtlich waren, aber auf der anderen Seite spürte ich ihre Sorge um mich und war froh, ehrliche Freunde zu haben.

Ich kam dann also nach Europa zurück, ziemlich geschafft von der Trennung, denn mein Mann und ich sind nicht im Guten auseinander gegangen. Durch eine Freundin fand ich Arbeit in einer Organisation, die mit Flüchtlingen zu tun hat. Diese Organisation wird geführt von Bahais, und seit ich dort bin, haben sie mich durch ihre Art und Haltung im Alltag so beeindruckt, daß ich meine, ich müßte sie bezahlen, statt umgekehrt. Es ist die reinste Therapie. Die Flüchtlinge, die aus dem Iran kommen, erzählen von den Verfolgungen, die sie als Bahais erleiden, daß ich oft hinter der Schreibmaschine sitze und weinen muß, wenn ich das Protokoll verfasse.

Sie haben so eine philosophische Art, die mich so erleichtert und erheitert, daß ich nur denken kann, eine Schicksalsfügung hat mich zu ihnen gebracht. Immer nur über die eigenen Probleme reden, immer darüber nachdenken, wie schlecht es einem geht und wie deprimiert man ist, das bringt nicht weiter, und nun bin ich in der glücklichen Lage, Leuten wirklich helfen zu können, einen Unterschied in ihrem Leben zu machen. Ich lerne da sehr viel.

Ich habe mein Leben in Amerika genossen, trotz der Probleme. Aber ab 40 überlegt man sich, wie man weitermachen will. Meine Arbeit jetzt gibt mir eine Befriedigung, die Geld allein nicht geben kann.

Pläne für die Zukunft habe ich keine. Ich würde alles nochmal ganz genauso machen. Ich meine, es gibt keine Entscheidung, die ich bereue, ich wünschte nur, daß ich die Möglichkeit gehabt hätte, besser vorbereitet ins Leben zu gehen. Das ist kein Vorwurf an meine Eltern, denn ich denke, das gilt zu 90 Prozent, daß man zur Dummheit und Unselbständigkeit erzogen wird. Als ich geheiratet habe, war ich überrascht, daß alles so gleich geblieben ist. Ich hab' abwaschen, einkaufen, um Geld bitten müssen. Aber ich bin froh, daß ich die Kinder gekriegt habe, also tut mir auch das nicht leid.

Dennoch fühle ich mich an einem Wendepunkt, an einem Stillstand. Und ich habe mich jetzt entschlossen, mit Widerwillen, eine Therapie anzufangen. Weil ich glaube, daß ich alleine nicht weiterkomme, im Moment. Ich hätte nie gedacht, daß ich so etwas machen würde. Daß ich es mir leisten würde. Es fällt mir immer noch schwer, so viel Geld auszugeben, nur für mich.«

Leona ist eine beeindruckende Person; auch ihr Lebenslauf ist beeindruckend, vor allem wenn man ihn redigiert, ihn von ihren eigenen abwertenden Kommentaren befreit. Aus schwierigen Situationen hat sie sich wiederholt hochgerappelt; in einem fremden Land, ohne Unterstützung oder Ermutigung, mit vielen objektiven und subjektiven Belastungen behindert, hat sie Karriere gemacht. Später, in einer persönlichen Krise, fand sie einen Weg, ihre persönlichen Bedürfnisse mit ihrer Arbeit zu vereinen, einen Job zu finden, der ihre emotionalen Ansprüche in einer ganz besonderen Situation befriedigte.

Leonas Beispiel zeigt eindrucksvoll die Macht der herrschenden Werte. Macht über das Leben der Frauen hat dieses System nicht bloß durch irgendwelche äußeren Umstände, sondern durch die Kontrolle über das Denken und die Selbstwahrnehmung. Dadurch werden sogar Frauen mit einem kritischen, rebellischen Geist so gelenkt, daß ihr Widerstand zerschellt. Sogar die Bahnen für Widerstand sind vorgegeben und die Unsicherheit ist den Frauen so früh eingeimpft, daß sie selber die falschen Konsequenzen ziehen.

Leona rebelliert gegen ihr konventionelles, gutbürgerliches Elternhaus. Aber sie tut es, obwohl sie selber es bestimmt nicht so wahrnimmt, auf äußerst konventionelle Weise, nämlich indem sie das Vorbild des »braven Mädchens« durch das des »schlechten Mädchens« ersetzt. Das erschüttert vielleicht ihre eigenen Eltern, aber keineswegs das System. Das System hat vor schlimmen Mädchen, schlechten Mädchen, schwangeren Mädchen keine Angst; die hätte es bloß vor starken Mädchen, unabhängigen Mädchen. Mädchen mit einem Ziel. Leonas Rebellion schadet ihr selber und vielleicht noch ihren Eltern, stellt die Ordnung aber keine Sekunde lang in Frage, im Gegenteil. Denn rebellische Mädchen erweisen sich damit nur als negative Vorbilder, diskreditieren sich selbst. »Wenn du nicht brav bist, wirst du ein schweres Leben haben, unglücklich sein.« Leona lebt den anderen Widerspenstigen bloß eine Suppenkaspargeschichte vor. Und das bei so viel Mut und Courage! Schwanger und allein reist sie durch halb Europa, schlägt sich durch, bringt ihr Kind auf die Welt, überwindet diese erste klassische Frauenhürde. Findet einen Posten in einem Entwicklungshilfeprojekt. Dann aber sabotiert sie ein Bedürfnis – ob emotional oder sozial läßt sich nicht genau feststellen. Sie geht zu dem Mann, der sie alleingelassen hatte, und bringt ihn dazu, sie zu heiraten. Damit hat Leona – in scheinbarer Rebellion gegen den Willen ihrer Eltern gehandelt. Sie hat sogar große

Mühen und Strapazen auf sich genommen, um von den Eltern frei zu werden: hat sich gegen deren Wünsche und Moralvorstellungen aufgelehnt, ist vor ihrer vermeintlichen Macht geflüchtet, quasi in den Untergrund gegangen, hat ihre Selbständigkeit bewiesen. Aber die Rebellion ist nur scheinbar, der Aufwand verirrt. Wie hätten die Eltern sie »zwingen« können, »gegen ihren Willen« etwas gegen die von ihnen ungewünschte Schwangerschaft zu unternehmen? Nur durch psychischen und moralischen Druck. Dem aber widersetzt man sich nicht durch eine Flucht quer durch Europa, sondern indem man innerlich soweit kommt, diese Autorität nicht anzuerkennen. Trotzdem – auch die selbstauferlegten Erschwernisse hat Leona bewältigt. Als sie in New York ankam, hatte sie 99 Prozent des schwierigen Weges hinter sich gebracht. Sie hatte sich der Gewalt ihrer Eltern entzogen. Sie hatte das Kind auf die Welt gebracht. Und sie hatte eine Möglichkeit gefunden, sich und das Kind nicht nur durchzubringen, sondern sie hatte eine interessante und fordernde Arbeit gefunden. Dann aber, knapp vor dem Ziel, biegt Leona ab. Sie sieht auch diese Wende noch unter dem Zeichen der Opposition, denn sie meint, aus Leidenschaft zu handeln, einen Mann zu heiraten, den ihre Eltern nicht billigen. Tatsächlich aber hat sie bloß ein weiteres Gebot ihrer Erziehung erfüllt: die Ehe an erste Stelle gesetzt, den Vater ihres Kindes geheiratet und sogar einen Mann gefunden, der zwar nicht Arzt, aber dennoch potentiell ein erfolgreicher Berufsmann war. Selbstdestruktiv ist diese Art des Verhaltens schon allein deshalb, weil die betreffende Person aus einer Vielfalt von Möglichkeiten zielsicher jene auswählt, die ihr den größten Schaden zufügen können. So hatte Leona recht, wenn sie sich von den Meinungen und den Wertvorstellungen ihres Elternhauses befreien wollte. Aber ihre Befreiung war selektiv. Sie behielt Elemente bei, die ihr schadeten, und verwarf dafür Aspekte, die sie zumindest vorher hätte prüfen sollen: zum Beispiel die vielleicht in diesem Fall nicht falsche Einschätzung der Mutter, was diesen speziellen Mann betraf.

Wir verweilen so lange und so ausführlich bei diesem Beispiel, weil es für uns alle als Frauen sehr wichtig ist, uns über die echten und die fremdbestimmten Motivationen unseres eigenen Handelns klarer zu werden. Einige Hürden und Fallstricke sind dabei so typisch, daß wir uns ihrer bewußt sein müssen.

Die Botschaften, die uns im Sozialisationsprozeß erreichen, sind verschiedenartig und sind auch verschieden tief in unsere Wahrnehmung, in unser Selbstbild eingedrungen. Daraus erklärt sich die bei Frauen nicht seltene Tendenz, knapp vor dem Ziel aufzugeben – an einem Punkt, an dem die wichtigsten objektiven Hürden eigentlich überwunden sind, das schwerste überstanden ist. In diesem Moment schrecken Frauen oft vor der letzten Konsequenz ihres neuen Weges zurück. Leona schaffte es, schwanger durch Europa zu ziehen, in einem wildfremden Land ihr Kind zu bekommen, einen interessanten Job zu finden, sich für diesen Job einzusetzen und ihn zu bekommen, die Reise dorthin anzutreten. Dann aber war ihr der Gedanke, tatsächlich dieses Leben zu führen, zu viel. Eine unabhängige Lehrerin, in einem Entwicklungshilfeprojekt in Nicaragua, mit ihrem kleinen Kind – im letzten Augenblick hatte sie Angst davor, wählte sie die scheinbar wärmere, heimeligere Alternative. Das Leben, das sie wählte, war nicht leichter. Mit einem schwierigen, arroganten, abweisenden Mann war sie mindestens genauso allein wie sie es in Nicaragua gewesen wäre.

Leona machte ihre – vielleicht falsche – Entscheidung, sammelte dann im Lauf etlicher Jahre wieder genug Kraft, um ihre Situation zu verändern. Wieder fand sie, unter schwierigen Umständen, nicht bloß irgendeinen Job, sondern einen interessanten und anspruchsvollen. Auf der einen Ebene, ihres beruflichen Auftretens, scheint alles in bester Ordnung. Sie beeindruckt ihre Arbeitgeber als eine kompetente, zuverlässige, umgängliche Person. Leider ist das Bild, das Leona sich von sich selbst macht, nicht so freundlich wie jenes, das die Umwelt von ihr hat. Für ihren Erfolg findet sie Negativgründe – man habe sie befördert, meint sie, weil sie schon »alt«, seriös und geschlechtsmäßig neutral gewirkt habe, und dann vielleicht noch, weil sie Englisch nur mit Akzent sprach. Dieses Heruntermachen der eigenen Person ist ein typisch weibliches Berufsverhalten; Männer beschreiben ihren Erfolg viel eher als Resultat der eigenen Leistungen, des eigenen Einsatzes, sehen sich auch körperlich und erscheinungsmäßig eher besser denn schlechter als es der objektiven Wahrheit entspricht. Und vermitteln diese Selbstsicherheit wieder ihrer Umwelt. Leona aber hat ein dermaßen angeschlagenes Selbstbewußtsein, daß sie den Angriffen ihres Mannes freies Feld bietet. Über sein eigenes Selbstbewußtsein könnten wir ebenfalls interessante Überlegungen anstellen – denn warum muß ein Mann, der im Beruf anerkannt und erfolgreich ist, die Arbeit seiner Frau dermaßen niedermachen? –, aber sie gehören nicht hierher.

Auch hier ist Leona letztlich wieder stark genug, um sich aus dieser unzumutbaren Situation zu befreien. Auch hier ist ihre Rebellion schlecht angelegt, schadet sie sich selber mehr als irgendeinem Gegner. Wieder ergreift sie die Flucht, statt zu konfrontieren. Wie sie auf eine Ausbildung und ein Studium verzichtete, verzichtet sie hier auf ihre Position und ihren Job und auf ihr Zuhause.

Selbst jetzt aber gelingt es ihr, wieder das Beste daraus zu machen. Zwar beschreibt sie ihre beruflichen Aktivitäten immer als Resultate des absoluten Zufalls, aber der Zufall ist stets auffallend gut auf ihre Situation zugeschnitten. Jetzt findet Leona einen Posten, der ihre emotionalen und sozialen Bedürfnisse anspricht. Sie beschreibt ihn sogar selbst als

»Therapie«, und es stimmt, die Arbeit ist auf sie wie persönlich zugeschnitten. In den Problemen von Flüchtlingen kann sie sich selber reflektiert sehen; in einem religiös geprägten Milieu findet sie die Stimmung, um ihre eigenen Sinn- und Zweckfragen zu überdenken.

Das zentrale Problem, nämlich ihr mangelndes Selbstwertgefühl, steht noch an. Soviel Geld, »nur« für sich selbst, das ironische Wortspiel, das diese Formulierung ergibt, bringt das Grundproblem vorzüglich auf den Nenner. Nicht nur für Leona.

Die Juristin
Wanna, 32

»Meine Eltern kommen aus bäuerlichem Milieu. Meine Mutter war die einzige unter einer großen Geschwisterschar, die aufs Gymnasium ging. Danach ging sie sogar auf die Uni. Mein Vater war der jüngste Sohn, dadurch hatte er auf dem Hof nichts zu erben, und er entschloß sich dazu, unter unwahrscheinlichen Entbehrungen zu studieren. Dann wurde er Beamter. Meine Mutter hat ihn kurz vor ihrem Studienabschluß geheiratet. Das ist wichtig, glaube ich, denn für meine Mutter war das immer ein ganz zentraler Punkt, und sie hat das immer uns Kindern gegenüber betont, daß sie ihr Studium wegen ihrer Heirat nicht fertigmachen konnte. Sogar ihre Diplomarbeit hatte sie schon geschrieben, und sie hat schon an einer Schule unterrichtet, nur die Abschlußprüfungen fehlten ihr, und die hat sie nicht mehr gemacht, sondern sie zog statt dessen mit meinem Vater in seinen Heimatort. Als ich ganz klein war, erkrankte dann mein Vater sehr schwer. Und es hieß, er würde sterben. Und meine Mutter hat sich riesige Sorgen gemacht, wie sie uns dann durchbringen würde, ohne Vater und ohne abgeschlossene Ausbildung. Nach der Ehe hatte sie mehrmals versucht, ihr Studium zu beenden, aber immer kam etwas dazwischen: eine Schwangerschaft oder der Bau eines Eigenheims.

Nach einem Jahr im Krankenhaus wurde mein Vater auf fast wundersame Weise wieder gesund. Danach hatte ich eine richtig normale Kleinstadt-Kindheit. Volksschule, Gymnasium, in ganz schwachen Ansätzen war sogar die Frauenbewegung bei uns vertreten.

Nach dem Abitur habe ich studiert. Anfangs hatte ich keine sehr ausgeprägten Interessen oder Pläne, sondern ich wollte in erster Linie weg aus der Kleinstadt und frei und unbeobachtet sein. Mein Vater hat gesagt, er bezahlt jedem Kind zehn Semester Studium, und was wir da tun, ist unsere Sache. Bei meiner Mutter war es um eine Spur komplizierter. Als ich promovierte, hat sie sich wahnsinnig aufgeführt, und es war eine Mischung aus Freude und Neid, letzteres, weil sie selber nicht fertig studieren konnte. Und mit mir, ihrer ältesten Tochter, hat sie sich wahrscheinlich am stärksten identifiziert.

Ich bin sicher in keiner Weise behindert worden. Es gab wohl dieses kleinstädtisch-kleinbürgerliche Denken, daß aus den Kindern »etwas« werden soll, aber die Berufswahl stand uns völlig frei.

Ich habe mich dann für Jus entschieden. Vielleicht weil es hieß, damit kannst du alles machen. Heute bin ich froh, daß ich nicht Lehrerin geworden bin oder ein Sprachstudium gemacht habe, das waren für Mädchen die naheliegendsten Fächer. Im Jus-Studium habe ich mich nicht wohlgefühlt. Erstens war es sehr konservativ. Dann war ich, aus der Kleinstadt, Außenseiterin und wurde auch sehr so behandelt. Oftmals wollte ich aufhören, aber ich sah keine Alternative.

Durch eine Freundin, die in einer Frauengruppe an der Uni war, kam ich dann zu diesem Thema. Es wurde einmal eine

Frauenwoche organisiert, und ich war eingeladen, einen juristischen Schwerpunkt vorzubereiten. Scheidungsrecht und das alles. Ich hatte davon noch keine Ahnung, aber es hat mich sehr interessiert.

Eine Kollegin und ich haben es vorbereitet, und wir haben es mit unheimlich starkem Elan gemacht, weil es ganz neu für uns war und die erste Chance, uns gegen so manche ärgerliche Sache in den Lehrbüchern zu wehren.

Es wurde ein Erfolg, und wir beschlossen, für die Juristen eine Frauengruppe zu machen. Wir waren dann 25 Frauen, und diese Gruppe hat mir unheimlich Auftrieb gegeben. Und innerhalb der Gruppe bildeten sich mehrere Kleingruppen von Frauen, die planten, gemeinsam Frauenkanzleien aufzumachen. Drei Gruppen mindestens sind geblieben, die das danach wirklich gemacht haben. Ich finde das super. Am besten wäre es, wenn man eine ganz große Anwältinnen-Kanzlei eröffnen könnte, dann kann man sich die Computer teilen und eine ganz tolle Infrastruktur haben. Und man wäre flexibel. Man kann dann auch mal aussetzen und etwas anderes machen, oder man kann Kinder haben, und die anderen Frauen fangen die Arbeit inzwischen auf.

Wenn ich in einem Rechtskurs für die Prüfung sitze, dann habe ich oft das Gefühl, als würde ich in zwei Welten leben. Einerseits ist da die Frauengruppe, und andererseits sitze ich dann da mit total verkrampften Typen, die so ein rigides Bild davon haben, wie man als Anwalt sein muß, daß man keine Unsicherheiten und keine Schwächen haben darf. Manchmal habe ich Angst vor dem Anpassungsdruck und frage mich, ob ich dem wirklich widerstehen kann.

Für ein Privatleben habe ich im Moment keine Zeit. Ich habe meine Kurse, dann arbeite ich als Konzipientin, dann machen wir Drogenberatung und Mietrechtsberatung. Meist komme ich spätabends nach Hause, und es ist sehr anstrengend. Den Haushalt muß ich natürlich auch machen, aber ich lege darauf keinen großen Wert und mache das eher oberflächlich. Ich koche auch nicht. Bei den männlichen Konzipienten ist das schon anders. Die werden bekocht, und denen werden die Hemden gebügelt, das hätte ich auch gerne, daß das Essen auf dem Tisch steht, wenn ich heimkomme, und alles ist warm und wohlig. Ich dagegen habe gerade genug Zeit um zu sehen, welche Rechnungen in der Post gekommen sind, die ich einzahlen muß.

Was ich gemerkt habe ist, daß es Männer gibt, denen es Schwierigkeiten macht, daß ich einfach meinen Weg gehe. Ich bin schon soweit, daß gewisse Kompromisse für mich nicht in Frage kommen. Ich würde z. B. nie eine Prüfung nicht machen, wegen eines Mannes. Ich kann mir nicht vorstellen, das alles wegzuschmeißen, was ich bis jetzt gemacht habe, dazu war es wirklich zu anstrengend. Dieser Beruf ist für mich dazu da, daß ich Sachen mache, hinter denen ich wirklich stehen kann. Aber als Beruf hat er auch eine soziale Prestigekomponente. Und bei Männern, die keine Juristen sind, merke ich mitunter, daß ihnen das ein Problem ist.

Mein jetziger Freund ist noch Student und hat verschiedene Jobs, er weiß noch nicht so genau, was er machen will. Im letzten Jahr habe ich gemerkt, zum Teil durch Bemerkungen dritter Personen, daß ihm das teilweise ein Problem ist. Er fühlt sich ein bißchen in Frage gestellt dadurch, daß ich schon genau weiß was ich mache und er nicht.

Angst vor dem Erfolg habe ich keine, das glaube ich nicht. Eigentlich denke ich dauernd, daß ich mir noch immer zu viele Grenzen setze, daß ich noch immer viel zuwenig will. Erfolg hat für mich nicht die Bedeutung, auf Kosten anderer Karriere zu machen. Aber ich glaube auch nicht, daß man sich selber bremsen soll. Man will doch eh' immer zu wenig.

Ich habe auch keine Angst davor zu scheitern. Ich will ja

gar nicht der erfolgreiche Anwalt X werden. Darum geht es mir gar nicht. Ich habe andere, nämlich politische Ansprüche an die Arbeit.«

Das prägendste Moment in Wannas Sozialisation entsprang einem Zufall. Dem Zufall, daß die Mutter nicht nur ihr eigenes Studium aufgegeben hatte und diesen Entschluß lautstark bereute, sondern daß diese Lektion auch noch durch die ernsthafte Erkrankung des Vaters vertieft wurde. »Auch eine glücklich verheiratete Frau sollte eine Ausbildung haben, die es ihr ermöglicht, sich selber zu erhalten, denn man kann nie wissen, ob sie es nicht eines Tages brauchen wird« – dieser Leitspruch, mit dem selbst konservative Eltern meist für eine abgeschlossene Ausbildung der Tochter plädieren, wurde in Wannas Familie eindringlich und überzeugend vom Schicksal vorgeführt.

Wanna aber sah ihre Ausbildung nicht nur als Krisenabsicherung. Dazu war das Scheitern ihrer Mutter, so knapp vor dem Ziel und so unnötig und so heftig bereut, auch wieder zu einprägsam. Wegen eines Mannes alles stehen- und liegenzulassen, das ergab keinen Sinn. Wannas Mutter sah das zu spät, aber ihrer Tochter konnte sie die Einsicht noch rechtzeitig mit auf den Weg geben.

Wannas Beispiel zeigt aber auch, daß der Zufall der individuellen Persönlichkeit eine große Rolle spielt. In jedem Lebenslauf bieten sich Hürden und Möglichkeiten, und es kommt darauf an, wie man damit umgeht. Von zu Hause erhielt Wanna Ermutigung, aber die war dennoch eher vage und unverbindlich. Genauso recht wäre es den Eltern gewesen, wenn Wanna eben doch Lehrerin geworden wäre. Die Außenseiterrolle, in der sich Wanna dann ungewollt fand, hätte sie auch abschrecken können. Als Freidenkerin unter Konservativen, als Frau unter überwiegend männlichen Jus-

Studenten, als Provinzlerin unter Großstädtern war sie in Versuchung, sich ein freundlicheres Klima zu suchen. Ihr Widerstandsgeist bewahrte sie davor. So weit, so gut. Immer noch gut, nun aber schon mit einem leicht ambivalenten Anstrich, ihre Zukunftsvorstellungen. Ihr kritischer Blick für die Selbstgefälligkeit des Juristenstandes und ihr Wunsch, die Arbeit mit moralischem und politischem Inhalt zu füllen, sind positiv. Die Ambivalenz kommt daher, daß der weibliche Altruismus mitunter bloß eine weibliche Unsicherheit kaschiert oder aber zum Vorwand dient für die Zurücksetzung der Frauen. Mit geradezu eintöniger Regelmäßigkeit sieht es in »dual-career«-Ehen so aus, daß der Mann – ob Arzt, Architekt, Anwalt oder ähnliches – Karriere macht, während seine Frau, anfangs mit ähnlich vielversprechender Ausgangslage, in irgendeinem »sozialen Eck« landet. Ihre Intention mag gut sein und ihr Ziel richtig, nämlich die Ausbildung für ein ethisches Ziel einzusetzen und nicht bloß zum persönlichen finanziellen Nutzen, aber im Endeffekt ist es so, daß sie sich in irgendeiner karitativen Klinik oder in irgendeinem finanziell wackligen Projekt abplagt, mit geringem sozialen Ansehen und ständig in Ungewißheit, ob die Arbeit überhaupt über die nächsten Monate hinaus fortgesetzt werden kann.

Soziales Engagement ist etwas sehr Schönes, sowohl vom politischen und moralischen als auch vom persönlichen Aspekt. Aber die Sache ist komplizierter. Da gibt es zum Beispiel die Gefahr, daß Frauen sich damit erpressen, behindern lassen: »Ich bin zwar nur eine Frau und habe daher keinen Anspruch auf so einen erhabenen und angesehenen Beruf, aber ich tue es ja gar nicht für mich selber, sondern für einen guten Zweck.«

Und dann gibt es das Problem, daß Machtabstinenz ein zweischneidiges Schwert ist. Man behält zwar die eigene Reinheit und Lauterkeit, macht sich aber abhängig von jenen, die zielstrebig nach oben gingen und nun in der Position sind, Geld und Unterstützung zu verteilen. Und behält man wirklich die eigene Reinheit und Lauterkeit? Wie viele Kompromisse sind nötig, um zur Unterstützung durch die Oberen zu kommen? Wieviel Zeit geht verloren durch die Aushandlung solcher Kompromisse? Wie sehr leidet die Qualität dessen, was man erreichen möchte, durch die Notwendigkeit, immer diese fremde Gnade erzielen zu müssen, immer mit zu knappen Mitteln zu arbeiten? Wäre es nicht besser, man wäre aus einer Position der Stärke in der Lage, die eigenen Ziele zu verfolgen oder man hätte Gleichgesinnte als Ansprechpartner?

Opposition zu leisten ist gut, aber man muß sicher sein, daß man auch wirklich Opposition leistet und nicht bloß in eine klug gestellte Falle rattert. Ist es für das System nicht verdächtig angenehm, wenn die intelligentesten, qualifiziertesten Frauen, diejenigen, die die größte Gefährdung für die bestehende Ordnung darstellen würden, alle freiwillig ins Abseits der karitativen Arbeit gehen, Nonnen der Arbeitswelt werden, statt den Männern ihre Positionen streitig zu machen?

Die Abteilungsleiterin
Minna, 62

»Ich stamme aus Nordböhmen, ganz vom Land, dort hatten meine Eltern ein Gut. Ich hatte noch eine Schwester, aber keine von uns beiden wollte den Hof übernehmen. Meine Eltern mußten sich damit abfinden, daß sie keinen Sohn und keinen Erben hatten, und sie hatten uns genauso gern, als wären wir Buben.

Ich bin in Freiheit aufgewachsen, die Eltern hatten wenig Zeit, sich speziell uns zu widmen. Ich hatte einen weiten

Schulweg, nicht in die Volksschule, aber dann ins Gymnasium. Das war in der nächsten Bezirksstadt, und es war eine Buben-schule, nahm aber in Ausnahmefällen auch Mädchen auf, für die es zu weit ins Mädchengymnasium gewesen wäre. In unse-rer Klasse war das Verhältnis Buben zu Mädchen etwa 90 zu 10 Prozent. Ich bin der Meinung, das hat uns Mädchen nicht geschadet. Wir hatten von Anfang an eine völlig natürliche Beziehung zueinander. Zuerst spielten wir gemeinsam Fuß-ball, und später dann gingen wir zusammen Tanzen.

1945 wurden wir ausgewiesen und mußten weg, wobei unser gesamter Besitz zurückblieb.

Wir kamen dann unter üblen Umständen in Wien an, und ich versuchte so rasch wie möglich, meine Matura (Abitur) zu machen. Wir wohnten bei entfernten Verwandten. Ich kam an eine verständnisvolle, aber strenge Schuldirektorin, da war der strengere Lehrplan der Bubenschule ein Vorteil für mich, denn ich konnte gut mitkommen.

1946 habe ich die Matura gemacht. Und ich hatte den Wunsch zu studieren. Meine Familie war zerrissen, wir konnten nicht gemeinsam wohnen, sondern mußten uns mit einem Behelf nach dem anderen durchbringen, und ich war in der Zeit alleine. Ich mußte also nebenbei Geld verdienen, und daher kamen Medizin oder Chemie nicht in Frage, und ich entschied mich für Jus. Ich habe lange und erfolglos Arbeit gesucht, dann hatte ich Glück: als ich inskribieren ging (mich einschrieb), erfuhr ich, daß das Institut eine Sekretärin suchte. Das war ein Segen für mich. Ich mußte die Vorlesungen nicht besuchen, hatte all die teuren Kurse umsonst, bekam die Skripten, und mein Chef, der sehr streng war, hat mich bei seinem Mittags-tisch untergebracht, so daß ich umsonst mein Essen hatte.

So habe ich halt gelebt, wenn man jung ist, hält man viel aus. Es kommt einem auch gar nicht zu Bewußtsein, daß es so schlimm ist.

Als ich dann das Studium fertig hatte, wollte ich zunächst

Anwältin werden. Ich habe mein Gerichtsjahr begonnen, was damals unbezahlt war. Daher mußte ich meine Arbeit weiter behalten und hatte dann eigentlich einen 14-Stunden-Tag. Um 8 habe ich bei Gericht begonnen, und um 14 Uhr habe ich ohne Mittagspause in der Rechtsschule weitergemacht. Das war einfach zuviel, und ich hatte bald echte Erschöpfungserscheinungen, verlor an Gewicht und sah schlecht aus. Ich sah dann, daß dies nicht gehen würde. Ein Professor hat mir einen Arbeitsplatz in der Interunfall vermittelt. Dort mußte ich dann nur noch von 8 bis 16 Uhr arbeiten, bekam 800 Schilling brutto und kam mir vor wie der Herrgott in Frankreich. Es gab auch eine Betriebsküche, und ich habe dann geglaubt, besser als mir könne es einem Menschen gar nicht mehr gehen. Nach einer kurzen Zeit in der Schadensabteilung wurde ich Chefsekretärin, infolge meiner juristischen Kenntnisse und der mangelnden Kenntnisse dieses Chefs wurde ich dort Mädchen für alles. Was immer er zu tun hatte, ich mußte es vorbereiten. Ob das eine Reise war oder eine Bilanzbesprechung, ich habe alles gemacht. Das hat mich nicht gestört. Dann hat mein Chef gesagt, ich würde ja überhaupt nichts von Buchhaltung verstehen und von Steuern, und dann habe ich einen Buchhaltungskurs im Abendunterricht gemacht.

Karrierevorstellungen hatte ich keine, und ich bezweifle auch, daß man sagt, ich will das werden, ich glaube vielmehr, daß sich vieles im Leben einfach ergibt.

Nach 9 Jahren ist dann der Generaldirektor ausgeschieden. Man machte mir ein neues Angebot, aber ich fand, wenn schon eine Veränderung, dann auch eine gründliche. Also bin ich zu meiner jetzigen Firma, der Wiener Städtischen, gekommen. Der dortige Generaldirektor kannte meinen Namen schon, weil ich bei etlichen Verbandsgremien tätig war, gerade in Bereichen, die er brauchen konnte. In der Zeit kamen die ersten steuerlichen Betriebsprüfungen, und da brauchte man jemanden, der die Materie kannte. Und das tat ich. Ich habe also hier mit 32 Jahren als normale Angestellte begonnen.

Und eigentlich hat sich eins aus dem anderen ergeben, das Ressort wurde immer größer, und ich kann eigentlich nicht sagen, daß ich ein bestimmtes Ziel verfolgt hätte.

Es kam einfach immer wieder eine neue Aufgabe hinzu, und es hat sich so entwickelt.

Allerdings hat die private Seite da vielleicht eine Rolle gespielt. Ich war noch sehr jung gewesen, als ich meinen Eltern eröffnete, ich habe mich verlobt. Und meine Mutter fand das unüberlegt, aber das sagte sie nicht, sondern sie sagte, ›Schau, du hast jetzt einen sehr lieben Menschen gefunden, von dem du aber nicht weißt, ob du ihn jemals wiedersehen wirst‹. Und ich habe ihn nimmermehr gesehen. Er war leider Gottes viele Jahre vermißt, und dann kam er nicht mehr zurück aus dem Krieg. Ich hatte sehr engen Kontakt mit seiner Familie, junge Bindungen sind sehr intensiv, und habe eigentlich immer gewartet, daß er wieder zurückkommt. Bis ich dann, nach vielen Jahren, zur Kenntnis nehmen mußte, daß er nicht mehr kommt, und vielleicht war das mit ausschlaggebend, daß ich mich so in die Arbeit gestürzt habe. Und dann, als feststand, daß er nicht mehr kommt, war ich dann schon so in die Arbeit eingebunden, daß es in dieser Weise weitergegangen ist. Ich habe nicht mehr geheiratet, und ich muß sagen, daß es mir auch schwer vorstellbar gewesen wäre, einen Partner zu finden, der dieses Leben, das ich führte, so ohne weiteres akzeptiert hätte. Ich war jeden Tag bis spät im Betrieb, wenn nicht im Betrieb, dann war ich bei Kursen, Vorträgen und Veranstaltungen. Es kam dazu, daß ich sehr bald ein maßgebliches Ressort, das gesamte Rechnungswesen, übernommen habe. Und das hat wieder bedingt, Datenverarbeitung zu lernen. Ich war auf vielen Kursen und Seminaren und kein Mann hätte das mitgemacht. Und mit einem Kind wäre es schon gar nicht gegangen, dabei wollte ich früher immer sechs Kinder. Aber es kam anders, und ich sollte vielleicht dazusagen, ich war zwar nie verheiratet, aber ich war deswegen auch nicht allein. Aber in einer Beziehung auf der Basis von Freiwilligkeit läßt sich das leichter machen als in einer Beziehung, in der dann geregelte Haushaltsführung erwartet wird. Aber das war nicht der Grund, warum ich nicht geheiratet habe, sondern es hat sich so ergeben.

Was die Situation von Frauen im allgemeinen betrifft, so habe ich schon meine Beobachtungen dazu gemacht, besonders weil ja im Lauf der Jahre immer mehr Juristinnen ausgebildet wurden und ich daher zunehmend auch Mitarbeiterinnen bekommen habe. Und da ich selber es nicht immer leicht gehabt habe, habe ich auch gerne Kolleginnen gefördert, wenn ich wußte, daß sie gut sind. Generalisierungen mag ich nicht, aber einige Dinge sind mir aufgefallen. Zum Beispiel kommt es schon vor, daß Frauen die Verantwortung mitunter gar nicht übernehmen wollen. Ich hatte Kolleginnen, denen ich sagte, ich schlage Sie jetzt vor zur Prokura, und die sagten ›nein‹, sie glaubten nicht, daß sie das überhaupt können. Bei diesen Selbstzweifeln spielt sicherlich die Erziehung eine Rolle, und bevor eine Frau sich durchsetzt, hat sie Hürden zu überwinden. Und da muß man es sich nicht noch zusätzlich schwermachen. Nehmen wir zum Beispiel an, es ist eine Sitzung. Normalerweise sind dort in der Mehrzahl Herren, und ich nehme jetzt eine junge Kollegin mit, um Protokoll zu führen, weil das zur Einführung wirklich gut ist. Man lernt dabei sehr viel und erlebt die Unmittelbarkeit und wie es dort so zugeht, und wenn man dann später einmal dort etwas präsentieren soll, dann ist es nicht so fremd und man weiß, was einen dort erwartet. Na ja, und da ist es schon passiert, daß ich zur jungen Kollegin gesagt habe, ›aber so angezogen können Sie dort nicht hingehen. Das wäre schlecht. Sie sollen gut gekleidet sein, aber es ist doch ein Unterschied, ob Sie jetzt zu einer Sitzung oder in eine Diskothek gehen. Ich finde es ja lustig und nett, was Sie anhaben, aber Sie schaden sich, wenn sie so in die Sitzung gehen. Sie sollen attraktiv ausschauen, Sie sollen auch angeschaut werden. Das spielt manchmal auch eine Rolle, und ich negiere das nicht, sondern ich habe es gern, wenn meine Damen rundherum gut ausschauen, aber es wirkt, so gerne die Herren dann so etwas sehen, vielleicht auf der Straße oder auf einer gesellschaftlichen Veranstaltung, bei der Arbeit einfach unpassend. Bei der Arbeit ist die Sachlichkeit besser.‹ Das wird auch abgelehnt, und es mag auch richtig erscheinen, aber es spielt manchmal einfach eine Rolle. Ich habe sogar schon, wenn wir große Sitzungen hatten, gesagt, ›also bitte, das geht nicht, entweder Sie gehen sich jetzt noch umziehen, oder ich kann Sie nicht mitnehmen. Sie schaden sich ja damit.‹

Natürlich, das ist ein Randproblem, aber ich will damit sagen: Als Frau soll man nicht zusätzlich noch Erschwernisse heraufbeschwören. Auffallen tut man sowieso, und Stereotypen ist man sowieso ausgesetzt, damit muß man ohnehin schon leben und damit fertig werden.

Und auf der anderen Seite gibt es wohl auch Bereiche, in denen es Frauen leichter haben. Es gibt Situationen, in der eine Frau einem Kollegen oder einer Kollegin leichter sagen kann, wo Probleme liegen. Denn wenn man den anderen verletzt, dann muß er das Gesicht wahren und Widerspruch zeigen, und dann wird die ganze Sache noch schwieriger. Und solche Gespräche kann eine Frau leichter führen und um so leichter, je älter sie wird, weil sie dann zwar Autorität hat, aber nicht so sehr den Kampfgeist weckt vielleicht wie ein männlicher Vorgesetzter.

Wenn ich mit der Arbeit aufhöre, wird es sicher eine Umstellung. Aber ich habe in meinem Leben schon etliche Umstellungen mitgemacht, darunter einige, die mir weh getan haben. Und diese wird nicht weh tun, glaube ich. Ich freue mich darauf, endlich Zeit zu haben für meine Wohnung, meine Freunde, das Theater, und überhaupt bin ich begeisterte Wienerin und finde hier mehr als genug, um meine Zeit zu füllen.«

Frau Dr. H. wählten wir, weil sie einer anderen Generation angehört und eine zusätzliche Dimension bringt. Wohl hatten wir dabei unausgesprochen die Erwartung, daß sich zwischen ihr und unseren jüngeren »Beispielen«, ein Fortschritt abzeichnen würde, aber nur in sehr begrenzter Weise erfüllte sich diese Mutmaßung. So wurde Frau H. dann weniger als Angehörige einer bestimmten Generation interessant, sondern als Frau, die in ihrer Arbeit die Priorität sah. Natürlich ließen sich am Beispiel ihrer Geschichte viele Diskriminierungen illustrieren: etwa die Tatsache, daß eine Juristin mit Doktorat als Chefsekretärin dem Herrn Generaldirektor Privattutorin und Souffleuse sein darf, ihn hingebungsvoll vorbereiten und einschulen darf für Auftritte, in denen dann er brilliert.
Andererseits aber beeindruckt Minna H. noch viel mehr durch die Tatsache, daß sie in einer noch weitaus frauendiskriminierenden Ära durch ihre sichtbare Begabung und ihren offenkundigen Ernst so viel an männlicher Förderung und Unterstützung erhielt. Der Berufsalltag von Minna ist gekennzeichnet von den typischen Anforderungen des Managerlebens. Nach der Arbeit noch Vorträge, Veranstaltungen, Akten, die absolviert werden müssen. Wäre Minna ein Mann, würde sie abends ein warmes Essen vorfinden, eine freundliche Ehefrau, die stolz auf ihren vielbeschäftigten Erfolgreichen ist und wahrscheinlich auch ein paar Kinder (die sich Minna so gewünscht hatte), die bereits mit Gute-Nacht-

Geschichten und Teddybären ins Bett gesteckt wurden. Aber Minna hat sich früh mit der Einsicht arrangiert, daß ein Partner, der bereit ist, das Ausmaß ihres beruflichen Angagements zu akzeptieren, nicht so leicht zu finden sein wird. Statt als Beispiel für die Errungenschaften der letzten Jahrzehnte zu stehen, indem sie wie ein Mahnmal an die wesentlich größeren Schwierigkeiten der älteren Frauengeneration erinnert, zeigt Minna H. eigentlich das Gegenteil an. Einen Partner zum Beispiel, der Können, Leistung und Ehrgeiz seiner Frau anerkennt und unterstützt, findet man heute nicht leichter als vor dem Zweiten Weltkrieg.

Die Managerin
Monika, 34

»Ich wurde von meinen Eltern insofern gefördert, als ich mit einer sehr leistungsorientierten Einstellung erzogen wurde. Nach dem Abitur machte ich die Textilfachschule. Danach absolvierte ich ein halbes Jahr lang ein Praktikum in einer Bekleidungsfirma. Die Ausbildung war sehr direkt und zweckgerichtet, denn meine Eltern hatten eine Kleiderfirma, und dort sollte ich als Directrice arbeiten, was ich auch tat.
In dieser Firma ging es mir sehr schlecht, was einzig mit der Persönlichkeit meines Vaters zu tun hatte. Vielleicht, weil ich die Probleme schon ahnte, wäre ich gerne in Reutlingen geblieben, und ich hätte in dieser Firma auch ohne weiteres bleiben können, aber mein Vater bestand darauf, daß ich heimkomme und in seine Firma einsteige. Warum er das wollte, weiß ich nicht, denn sobald ich da war, machte er mir das Leben zur Hölle. Er hat mich nur heruntergemacht und unterdrückt; jedes Wochenende verbrachte ich heulend in einer Ecke, aus Angst vor dem nächsten Montag.
Um mir einen Ausweg zu schaffen, wollte ich etwas lernen,

studieren an der Uni. Auch das hat mir mein Vater verboten. Ich habe es dann einfach heimlich gemacht. Ich habe mich an der Uni informiert und herausgefunden, welches Studienfach die geringste Anwesenheitspflicht hatte, in welchem man am besten mit Skripten arbeiten konnte. Das war dann die Psychologie, und das habe ich studiert. Ich habe tagsüber gearbeitet, und abends bin ich heimlich in Lehrveranstaltungen gegangen und habe gelernt und Seminararbeiten geschrieben. Das war sehr mühsam und schwierig. Rückblickend ist es auch sehr lustig, denn wie viele Leute machen schon so ein heimliches Studium? Plötzlich wurde ich von meinem Vater fristlos entlassen. Er wollte eine Frau aus der Firma heiraten, die so alt war wie ich und dieselbe Ausbildung hatte und die Directrice werden wollte. Ich weiß nicht, inwieweit sie ihn bei dieser Entlassung unter Druck gesetzt hat, wahrscheinlich wollten sie es beide so. Für mich war das ein großer Schock, der größte meines Lebens eigentlich. Ich konnte es gar nicht glauben, ich habe gelacht und geheult gleichzeitig, denn es hatte sicherlich seine absurde, seine komische Seite. Das war nach einer langen Phase der Ablösung von meinem Vater das endgültige Ende.

Ich habe dann an der Uni gearbeitet, halbtags, als Assistentin. In der Zeit bekam ich ein Stipendium angeboten, um für ein oder zwei Semester in den USA zu studieren. Ich fuhr sogar hinüber, bin aber wieder zurückgekommen und habe das Stipendium zurückgegeben, weil ich einen Freund hatte und mich dann doch nicht dazu entschließen konnte, allein in den USA zu sein. Wenn ich heute daran denke, daß ich sogar schon in den USA drüben war und dann dieses Stipendium ablehnte, nur für diesen Freund, dann war das natürlich ein Riesenfehler.

Erstaunlich, was mir hier für Gedanken kommen.

Mein nächster Job war bei der UNIDO (United Nations Development Organization). Ich bin dort recht rasch Chefsekretärin geworden, habe dann übergewechselt in eine andere Abteilung und war verantwortlich für die Vorbereitung von Konferenzen und kulturellen Veranstaltungen. Nebenbei habe ich meine Dissertation geschrieben und war auch noch jung verheiratet.

Und das war nicht einfach, denn diese UNIDO war ein echter Ganztagsjob. Während ich meine Prüfungen vorbereitete, war mein Mann beim Tennis, und am Wochenende, wenn ich meine Dissertation schrieb, war er Motorradfahren. Aber ich hatte nicht das Gefühl, etwas zu versäumen. Eigentlich war meine Beschäftigung sogar ganz gut für die Ehe, glaube ich, denn so waren wir beide gezwungen, unsere Unabhängigkeit zu bewahren.

Mit der Zeit wurde mir die Arbeit in der UNIDO immer unangenehmer. Meine Vorgesetzten waren fast durchweg Araber. Eine blonde, einigermaßen gutaussehende junge Frau, die das Doktorat hat und gut arbeitet, das konnten die nicht gut verkraften. Ich habe dort gut, sehr gut verdient, und das hat meine Wut einige Zeit kompensiert, aber irgendwann wurde es mir doch zu arg. Ich habe also angefangen, mich ein wenig umzusehen. Unter anderem wurde mir ein Gespräch vermittelt mit dem Chef einer großen Firma, die Konferenzen organisiert. An einem Job dort hatte ich gar kein so großes Interesse, denn ich hatte das jahrelang gemacht und wäre an einem Wechsel ganz interessiert gewesen. Ich ging mehr aus persönlichem Interesse hin, und wir haben uns lang unterhalten. Natürlich war das sehr gut, psychologisch, daß ich den Job eigentlich gar nicht haben wollte. Dadurch war ich ganz unbefangen. Er hat mich danach ziemlich bald noch einmal eingeladen, diesmal zu einem Abendessen im Vier Jahreszeiten, und dort hat er mir dann das Angebot gemacht, ein eigenes Konferenzorganisationsbüro aufzumachen, und ich habe zugesagt. Er ist Mitbeteiligter, es läuft sehr gut, wir hatten von Anfang an ein ganz tolles, kameradschaftliches Verhältnis zueinander. Und ich habe gemerkt, daß ich diese Arbeit sehr gern mache, die Abwechslung und sogar die Aufregung bei diversen Pannen gerne mag.

Während ich dieses Organisationsbüro aufbaute, wurde meine Ehe geschieden. Ich glaube nicht, daß das mit meiner Laufbahn in Zusammenhang stand, sondern das waren private Probleme, und ich möchte hier nicht darüber sprechen.

Ich bin jetzt wieder verheiratet, seit drei Jahren, und bin sehr glücklich in dieser Beziehung. Wir haben keinerlei Konflikte zwischen Arbeit und Ehe, mein Mann akzeptiert mich da ganz. Ich bin ein vorwärtsstrebender, ein aktiver Mensch, ich brauche eine ständige geistige Betätigung. Mein Mann ist damit einverstanden, der möchte auch nicht nach Hause kommen und sich mit mir über die Kartoffelpreise unterhalten müssen. Sehr gerne hätte ich in der nächsten Zeit Kinder, das plane ich auch schon. Ich will aber auf jeden Fall weiterarbeiten, natürlich nicht sofort, aber so bald wie möglich. Dann werde ich ein Kindermädchen einstellen. Vielleicht richte ich mir das Büro auch so ein, daß ich das Baby teilweise dabeihaben kann.

Aber das entscheide ich erst dann, wenn es soweit ist. Vielleicht höre ich dann auch ganz auf, je nachdem, ob mich das Muttersein so erfüllt und in Anspruch nimmt. Das wird sich zeigen.

Was ich an meiner Arbeit am liebsten mag, ist die Vielseitigkeit. Ich betreue einen kleinen Kreis von großen Firmen, für die organisiere ich regelmäßig Tagungen. Die verschiedenen Themenschwerpunkte, die unterschiedlichen Teilnehmer aus aller Welt, das macht die Arbeit immer wieder spannend. Meine Kunden betrachte ich so ein bißchen als psychologische Fälle. Ich habe eine sehr intensive Beziehung zu ihnen, schon immer, ich kann gar nicht anders, als einen starken persönlichen Kontakt zu meinen Kunden zu haben. Das ging soweit, daß ich nach meinem ersten Kunden das Gefühl hatte, ihn mit dem zweiten zu betrügen. Die Firmen schätzen es, von einem kleinen Büro mit kleinem Kundenstab betreut zu werden, sie mögen die persönliche Aufmerksamkeit, die individuelle Planung, die sie dadurch erhalten.

Was ich an meiner Arbeit nicht so sehr mag, ist es, Broschüren aufzusetzen. Die meisten anderen Büros stellen dafür speziell jemanden ein, geben das in Auftrag, aber ich mache es selber. Es fällt mir aber schwer und dauert ziemlich lange. Ich bin dann schlecht gelaunt, zerstreut, gehe herum und gieße alle Blumen und räume das Büro auf, und dann wissen schon alle, daß ich wieder eine Broschüre schreibe.

Das Geld hat für mich keine Bedeutung. Ich habe als Assistentin 600 DM bekommen, und das würde mir heute auch noch reichen, wenn es nötig wäre. Glücklicherweise wachsen meine Bedürfnisse nur parallel zum Geld, das ich bekomme. Nur eines: es ist schon sehr angenehm, sich keine Gedanken über Geld machen zu müssen.

Jeden Tag kommt eine Haushälterin zu mir in die Wohnung, und sie wird auch von mir finanziert. Denn ich betrachte meine Arbeit als Privatvergnügen, und außerdem sind arbeitende Frauen sehr teuer, sie verursachen Mehrkosten. Wir gehen infolge meiner Arbeitsbelastung schließlich oft essen, ich brauche eine vernünftige Garderobe, und außerdem würde ich die Arbeit, die jetzt die Haushälterin macht, tun, wenn ich nicht berufstätig wäre. Deshalb finde ich es fair, daß ich sie bezahle. Zum Glück bleibt mir danach noch etwas übrig.

Was meinen Karriereweg betrifft, so würde ich sagen, daß ich ihn nicht als bewußte Entwicklung angegangen bin. Ich hatte eher immer offene Augen, und so bin ich zu dem gekommen, was ich jetzt mache. Auch mein Studium habe ich nicht in Hinblick auf einen Job begonnen, sondern ich wollte zu allererst etwas lernen. Manchmal überlege ich, ob ich nicht therapeutisch arbeiten sollte, um meine Ausbildung auch zu verwerten, aber ich glaube, daß ich für diese Arbeit zu emotional bin. Wahrscheinlich würde ich es gar nicht schaffen, ich wäre zu involviert in meine Fälle.

Was ich mir für meine Zukunft am deutlichsten vorstelle und auch plane, das ist ein Kind.«

Monika ist so energisch, so positiv und dynamisch, daß die auffälligsten Muster ihres Lebenszugangs zunächst gar nicht deutlich werden. Bei einer genaueren Betrachtung aber sind es vor allem zwei Dinge, die Monikas Einstellung auszeichnen. Da ist erstens die auffallend starke Verknüpfung von Privatheit und Arbeitsleben. Monika trennt diese Bereiche weniger als andere Frauen. Manchmal ist das ein Vorteil für sie, nämlich dann, wenn es ihr ein integriertes Vorgehen erlaubt. Manchmal aber ist es ein Nachteil, und zwar vor allem dort, wo es sich als scheinbar zufälliger Zwang von außen äußert.

Monika bereitet sich auf die Mitarbeit in der väterlichen Firma vor. Währenddessen muß sie schon wissen, daß sie und ihr Vater starke Konflikte haben werden, denn es ist nicht anzunehmen, daß seine erdrückende Art erst mit ihrem Eintritt in die Firma einsetzte. Dennoch ist ihr diese Entscheidung nicht vorzuhalten, wäre sie für sich allein genommen noch gar nicht erwähnenswert. Sie wird es deshalb, weil sie ein dauerhaftes Muster in Monikas Leben einleitet.

Monika wird von ihrem Vater entlassen – ein sehr harter, unpersönlicher Formalschritt – weil dieser (so zumindest stellt es sich Monika dar) ihre Firmenrivalin heiraten will. Monika identifiziert sich so stark mit ihren Kunden, daß sie das Gefühl hat »Fremdzugehen«, wenn sie ihren Kundenstock erweitert. Sicherlich ist das eine halb scherzhafte Bemerkung. Dennoch gewinnt sie an Bedeutung, wenn wir diese Einstellung der zweiten charakteristischen Haltung Monikas gegenüberstellen: einem schwachen Selbstwertgefühl (wie im übrigen durchgängig bei fast allen Frauen). Monika, die nach allen objektiven Maßstäben absoluten beruflichen Erfolg hat, beschreibt ihre Karriere als »Privatvergnügen«. Auch wenn das wiederum halb scherzhaft gemeint sein sollte, ist die Wortwahl dennoch aufschlußreich. Monika trennt nicht, oder kaum, zwischen Privatheit und Arbeit. Die Vermischung ergibt aber kein abgewogenes Ganzes, sondern die Arbeit gleitet damit ab in den Privatbereich und wird dadurch abgewertet. Monika, die nicht einen einzigen Tag lang Hausfrau war, sondern von der Ausbildung direkt in den Beruf ging, nimmt trotzdem wie selbstverständlich an, daß sie »eigentlich« Hausfrau sein »sollte« und daß sie, für das Privileg es nicht zu sein, dankbar zu sein hat und bezahlen muß – psychologisch sowieso, aber auch finanziell. Ihr Mann »ist damit einverstanden«, daß sie eine geistige Betätigung braucht. Unausgesprochen nimmt sie an, daß ihm dennoch Unannehmlichkeiten entstehen; die Hausfrau, auf die er offenbar Anspruch hätte, würde billiger sein, bescheidener bekleidet, keine so großen Restaurant-Spesen verursachen.

Diese Demut ist rätselhaft. Immerhin haben wir es mit einer Frau zu tun, die einen wildfremden, erfolgreichen Geschäftsmann im Lauf eines einzigen Gesprächs und ohne es eigentlich zu wollen, überzeugen konnte, daß sie die Kompetenz, Intelligenz und das Können besaß, um eine eigene Firma zu leiten, in die er investierte. Nach außen hin muß sie wirken wie eine überaus tüchtige Managerin. Nur sie selbst sieht sich als Untertanin, der es großmütig gestattet wird, zwecks Zerstreuung in der Welt draußen sein zu dürfen.

Während ich dieses Manuskript fertigstelle, läuft ein privates, trauriges Ereignis ab. Meine Großmutter kommt ins Krankenhaus, und die Ärzte sagen uns, daß sie im Sterben liegt. Clementine heißt sie, und sie ist 97 Jahre alt; ein Stück europäischer Weltgeschichte. So ist mein Tag durch sie gestückelt, ich schreibe 10 Seiten, dann fahre ich ins Krankenhaus, dann komme ich heim zur Schreibmaschine. Die Arbeit lenkt mich ab, und doch muß ich beim Schreiben dieser Lebensgeschichten stets an Clementine denken und an ihre Lebensgeschichte. Clementine war die Tochter einer Haushälterin. Sie war unehelich; ihr Vater war, so sagte man, einer der gnädigen Herren, für die ihre Mutter gearbeitet hatte, weswegen dessen gnädige Frau ihre Mutter auch hinausschmiß, als die Schwangerschaft sich abzeichnete. Deswegen, so vermutete man, konnte die Mutter auch keine rechte Zuneigung zu diesem Kind fassen, behandelte sie es so stiefmütterlich. Das sind Mutmaßungen, denn über solche Dinge sprach man nicht; auch Erörterungen des Gefühlslebens oder der Handlungsmotive waren noch nicht in Mode. Clementine hatte einen jüngeren und weitaus bevorzugten Bruder. Clementine wurde am Tag ihres 14. Geburtstages von der Mutter aus der Schulklasse geholt und auf die Straße gesetzt: das gesetzliche Alter für den Schulbesuch war erreicht, ab nun sollte Clementine sich selber versorgen und, wenn etwas übrigblieb, ihren Bruder Martin mitunterstützen, der einmal etwas werden sollte, um seine Mutter in ihrem Alter zu versorgen. Clementines Lehrerin tat alles, um die Mutter davon abzubringen, aber es war vergeblich. Daß Clementine die Klassenbeste war, daß sie ein begabtes Kind war, daß sie die Schule liebte, das alles war egal. Ein Mädchen brauchte nicht zu lernen.

Es war nicht leicht, für Clementine eine Arbeit zu finden; sie war so schmächtig, daß sie für die meisten Arbeiten nicht in Frage kam. Sie wurde Laufmädchen für eine Stickerei, dann Gouvernante für ein kleines Mädchen in Ungarn, dann kam sie im Gastgewerbe unter. Sie lebte so, wie wir es in sozial-kritischen historischen Filmen sehen können: schlief mit den übrigen Dienstboten im ungeheizten Keller oder auf dem Dachboden. In Abständen kam ihre Mutter zu ihr und holte Clementines Gehalt ab, das diese widerspruchslos ablieferte. Damit wurde dem Bruder die Schule, dazu Musikunterricht und später die Ausbildung zum Zahnarzt finanziert; er sollte ein Erfolg werden, um der Mutter ein würdiges Alter zu sichern. Er lernte schlecht, brachte seine Lehrer zur Verzweiflung, jammerte und wollte nicht. Die Idee, statt dessen seine begabte Schwester zu fördern, in ihr eine Stütze ihres Alters zu sehen, kam der Mutter bestimmt nicht, nicht einen einzigen Augenblick.

Später ging Clementine nach Italien, als Saisonarbeiterin im Gastgewerbe. Dort lernte sie den feschen Edmund kennen, der ihr Mann wurde. Gemeinsam machten sie diverse Kaffeehäuser und Gasthäuser auf, die den diversen Wirren der europäischen Wirtschaft unterschiedlich standhielten – manchmal gutgingen und manchmal mit Konkurs endeten. Den Löwenanteil der Arbeit leistete Clementine, während Edmund – der kein schlechter Mensch war, aber doch ein Geschöpf seines Zeitalters – mit den Stammtischrunden am Wirtshaustisch saß und diese Tätigkeit als notwendige »public relations« darstellte. Es gab Zeiten des Wohlstands, erhalten in Form von Fotos: Clementine im pelzbesetzten Kostüm, und Zeiten der Armut, in denen sie die Groschen, um für ein krankes Kind den Arzt herbeizutelefonieren, von einem vorübergehenden Fremden erbetteln mußte. Es gab den Ersten Weltkrieg, familiendokumentarisch auf einem Foto festgehalten: der eingerückte Edmund – das Gesicht ist kaum erkennbar, markiert von einem Kreuz, das Clementines weihwassergetränkte Finger in hundertfachen Gebeten auf das Foto ätzten. Es gab den zweiten Weltkrieg. Danach gab es, für Clementine wie für Westeuropa, ein Wirtschaftswunder. Im Haushalt ihrer Tochter erlebte sie, nun eine rüstige Rentnerin, ihre schönsten und stabilsten Jahre. Ich erlebte sie dort als Großmutter, die spannende Geschichten über eine ganz andere Kindheit in einer ganz anderen Welt erzählte, aufregende und traurige und rührende Geschichten, und die Heldenfigur meiner Kindheit war nicht Heidi oder sonst eine Romanfigur, sondern die kleine Clemi. In den aufstrebenden 50er und frühen 60er Jahren erhielten meine Schulkolleginnen in der Münchner Volksschule Mark-Stücke für jeden Einser, den sie im Zeugnis hatten, und 50 Pfennig für jede Zwei, aber weder mir noch sonst einem Mitglied meiner Familie kam es in den Sinn, schulische Leistungen zu belohnen. Man lernt für sich selbst, für das eigene Leben. Und dann lernt man noch für die Frauengenerationen, die vor einem kamen und die nicht lernen durften, obwohl sie es so gerne getan hätten.

VII. Neue Frauen braucht die Chefetage

Frau Zdiarsky leitet das Management Institut Intercom, an dem Seminare und Veranstaltungen für Karrierefrauen durchgeführt werden. Ihre Erfahrungen bestätigten sehr genau die Muster, die wir im Lauf unserer Untersuchung auch immer wieder festgestellt hatten. Durch ihre Arbeit hat Frau Zdiarsky Kontakt mit Hunderten von Frauen in anspruchsvollen beruflichen Positionen. In einem Gespräch mit unserer Mitarbeiterin Ellen Hilf beschrieb sie ihre Erkenntnisse von den typischen Problemen dieser Frauen und ihre Vorstellungen davon, wie diesen Problemen entgegenzuwirken wäre.

. . . Wer sind die Frauen, die Ihre Seminare besuchen?
Z: Man könnte unsere Seminarteilnehmerinnen in zwei Gruppen einteilen. Erstens kommen Frauen, die am Beginn ihrer beruflichen Laufbahn stehen und die Absicht haben, beruflich über das hinauszukommen, was Frauen normalerweise erreichen können. Das heißt, sie erhoffen sich Ideen und Strategien, um ihre Karriere von vornherein richtig anzugehen.
Die zweite Gruppe besteht aus Frauen, die schon berufstätig sind. Es sind Frauen in anspruchsvollen Positionen, nicht unbedingt im Topmanagement, aber doch in leitenden Funktionen oder in qualifizierten Berufen. Und sie befinden sich an einem Punkt, an dem sie merken, daß es Probleme gibt, und daß diese Probleme nicht in erster Linie mit ihrer Qualifikation zu tun haben, sondern eher mit ihrem Frau-Sein. Manche können es genauer präzisieren und wissen, daß sie zum Beispiel Schwierigkeiten mit ihrer Ausdrucksfähig-

keit oder mit ihrem Verhalten als Frau haben, aber andere erhoffen sich im Seminar erst eine Aufklärung darüber, was sie falsch machen.

... Sind bestimmte Berufsbereiche besonders stark vertreten?

Z: Es ist sehr unterschiedlich. Es geht von akademischen Berufen, von freien Berufen über den Pflegeberuf, den medizinischen Bereich, die Wirtschaft, den Lehrberuf, die Gewerbetreibenden, es ist sehr stark gestreut. Stark vertreten sind vielleicht die Berufe, in denen es um verbale Ausdrucksfähigkeit geht. Denn da haben viele Frauen das Gefühl, daß sie sich besonders schwer tun.

... Und das verbindende Element ist der Wunsch, im Beruf besser voranzukommen?

Z: Ja, es handelt sich um Frauen, die weiterkommen wollen und merken, daß sie behindert werden bzw., daß sie sich selbst behindern. Sie haben das Gefühl, daß sie etwas verändern müssen, weil sie an einem Ende sind und im Moment nicht weiterkommen.

... Und wo liegen die typischen Schwierigkeiten?

Z: Die erste Schwierigkeit, die genannt wird, ist die, sich nicht durchsetzen zu können, die eigenen Wünsche nicht artikulieren zu können in bezug auf den Beruf, von anderen Mitarbeitern und Mitarbeiterinnen blockiert zu werden. Wobei ich das jetzt so generell ausdrücke, es aber in der Praxis doch eher die männlichen Kollegen oder Vorgesetzten sind, die sich als die eigentlich restriktiven erweisen. Und das zweite große Problem hängt zusammen mit dem Gefühl, aus Verhaltensmustern nicht ausbrechen zu können, obwohl man selber bemerkt, daß sie nicht oder nicht mehr zweckmäßig sind, sondern schaden.

... Inwieweit ist mangelndes Selbstvertrauen ein Teil dieses Problemverhaltens?

Z: Das ist ein sehr großer Teil davon. Man merkt es sogar

im Seminar sofort. Frauen fällt es unheimlich schwer zu akzeptieren, daß etwas gut ist an ihnen und man es ihnen auch mitteilt. Sie kommen her und sagen, wir kommen in dieses Seminar, um unsere Fehler zu sehen, sagen Sie mir also bitte, was ich schlecht mache. Ich sage dann, »nein, darüber reden wir etwas später, schauen wir zuerst einmal an, was Sie gut machen«. Dann sagt die Frau ›Nein, das ist schon in Ordnung, aber was muß ich denn verbessern und ändern?‹ Das Bewußtsein davon, ›was mache ich gut‹, das ist bei Frauen unheimlich stark ausgeprägt. Diese – ich will nicht sagen Sucht, der Ausdruck ist wohl zu stark –, aber der Drang, Fehler in sich zu suchen und an denen herumzuarbeiten und zu bohren, um nicht zu sagen, darin zu baden, der ist unheimlich stark.

. . . Inwieweit hat das eine reale Basis? Vielleicht werden Frauen am Arbeitsplatz kritischer betrachtet und auch mehr kritisiert? Oder kommt es mehr von innen?

Z: Ich denke, es ist wohl kreisförmig. Daß, mein Gott, jeder Fehler hat, Frauen aber einen starken Perfektionismus haben. Vor allem Frauen, die sich beruflich engagieren, denn bei ihnen kumuliert das noch. Sie wollen den Beruf 200prozentig, den Haushalt 300prozentig und den Mann 400prozentig betreuen. Und das geht nicht. Klarerweise gibt es da und dort Dinge, die diesem Anspruch nicht gerecht werden. Und dann glaubt diese Frau aber sofort, daß sie ein Versager ist. Unweigerlich geht im Beruf manchmal etwas schief, und logischerweise gibt die Umwelt das zurück und sagt: Bitte, das war jetzt aber schlecht. Und die Frau sieht das nicht mit dem richtigen Stellenwert, sondern erlebt das als eine Bestätigung ihres angeknacksten Selbstbildes. Nicht: ich habe, wie jeder, einen Fehler gemacht. Sondern: ich bin schlecht, man wird mich hier nie wieder gut finden, jetzt werden alle erkennen, daß ich nichts weiß und nichts kann usw. Und natürlich wird das dann in gewissen Bereichen gezielt gegen die Frauen eingesetzt. Vor allem dort, wo Frauen beruflich aufwärtsstreben, wo es also Konkurrenz mit Männern gibt, kommt von diesen Männern dann auch gezielter Widerstand. Die Männer merken, hier gibt's bei der Frau eine Unsicherheit, eine schwache Stelle. Natürlich machen sie es auch untereinander so, das richtet sich nicht ausschließlich gegen die Frauen. Aber bei Frauen machen sie es um so mehr, weil es da so gut funktioniert.

. . . Ist den Frauen das bewußt?

Z: Meistens sprechen wir diesen Punkt gegen Ende des Seminars an. Ich versuche, die Frauen selber draufkommen zu lassen. Denn wenn ich zu ihnen sage, »hören Sie, Sie haben dieses Problem, Sie sind so unsicher«, dann bringt das nicht unbedingt weiter. Das muß jemand selber spüren, und da muß jemand selber draufkommen, dann besteht die Chance, es das nächste Mal nicht wieder genauso zu machen.

Früher war es halt einfacher für die Männer. Es gab Konkurrenten, die waren besser oder schlechter als man selbst, und dann gab es die Frauen, die standen außerhalb des ganzen, und um die mußte man sich keine Sorgen machen. Ganz plakativ ausgedrückt: der schlechteste Mann konnte immer noch beruflich erhaben sein über jemand anderen, nämlich über die Frauen, die doch eher die Hilfsdienste leisteten am Arbeitsplatz. Wenn das nicht mehr geht, dann bringt das die ganz schön durcheinander. Daraus entsteht dann eine ganz spezielle Aggressivität, die Frauen auch sehr trifft. »Unweiblich« zu sein, das ist ein Vorwurf, der sehr ernstgenommen wird. Im Sinn von »ich will ja nicht hart werden«, »ich kann nicht böse sein«. Frauen haben eine Tendenz zu wünschen, daß jeder sie mag und jeder sie nett findet.

. . . Für die Durchsetzung, für die Konfliktaustragung, ist das ein enormes Handicap.

Z: Ja. Genau das kommt im Seminar immer wieder ganz deutlich heraus. Es fällt Frauen unendlich schwer, Konflikte zu ertragen und auszutragen. Durch schlechte Stimmung sind sie sehr erpreßbar.

Und noch ein zweites Handicap kommt hinzu. Es fällt Frauen schwer, mit dieser speziellen männlichen Art des Konflikts umzugehen, nämlich in der Art, daß pseudosachlich agiert wird und die tatsächlichen Konflikthintergründe geleugnet werden. Frauen werden entweder emotional, oder sie schlucken alles hinunter. Emotional sind Männer auch, aber es geht nicht in ihre Sprache über, nicht in ihren Ausdruck. Wir haben da sehr schöne Videobänder über Körpersprache, von zwei Diskussionen, darin sieht man es ganz deutlich. Man sieht jeweils eine Frau, die ist sehr beweglich und auch in ihrer verbalen Ausdrucksfähigkeit so, daß es emotional klingt. Wenn man sich dazu den Inhalt anhört, dann ist er sehr sachlich. Und dann sieht man einen Mann, im dezenten Grau, der sehr ruhig spricht, sehr betont, wenig Gesten dazu, und er wirkt sehr sachlich. Wenn man sich dessen Worte anhört, dann sind die gänzlich unqualifiziert, unsachlich. Wir spielen das immer ohne Ton. Und dabei bekommt das Publikum das Gefühl, daß der Mann sehr sachlich ist und die Frau sehr emotional. Dann spielen wir es in einem zweiten Durchgang noch einmal, mit Ton, und immer noch wirkt der Mann sachlich und die Frau emotional. Erst beim dritten Mal, wenn man sich ganz gezielt die Inhalte anhört, kommt man schön langsam darauf, daß das, was er sagt, in Wirklichkeit unheimlich emotionsgeladen ist, während die Frau sachadäquat und kompetent spricht. Das sind wichtige Unterschiede in Sprache und Verhalten, die Männern unter den gegebenen Bedingungen einen großen Vorteil geben. Männer beherrschen das Aussehen der Sachlichkeit, auch wenn die Inhalte weder fundiert noch auf der Sachebene sind, auch wenn ihre scheinbare Sachlichkeit sehr viel, vor allem negative, Emotionen transportiert. Frauen dagegen wirken durch die Art, wie sie sprechen, schon viel emotionaler. Und das macht man ihnen auch zum Vorwurf. Denn in unserer Gesellschaft gilt jemand, der emotional ist, als unqualifiziert. Und das wird unheimlich ausgespielt. Das merkt die Frau dann, und ärgert sich, weil es so ungerecht ist, und dann wirkt sie noch emotionaler ... Es ist schwierig, das zu ändern. Wenn sie einer Frau sagen, »bitte, wenn jemand Sie angreift, wenn jemand Sie schlecht behandelt, dann lächeln Sie nicht so entschuldigend, sondern sagen Sie sachlich zurück, ›so geht das nicht‹ oder ›ich wünsche das anders‹«, dann ist die komplett verunsichert und glaubt, das nicht zu können. Da kriegen Frauen regelrecht die Panik mitunter, wenn sie das so machen sollen. Das ist etwas, was sie offenbar sehr bedrohlich finden.

Und das wiederum wird dann verstärkt durch die Männer, die dann gern sagen, »Ja, die Mannweiber« und all diese unter der Gürtellinie liegenden Bemerkungen.

... Wie bewußt ist den Frauen eigentlich diese männliche Taktik?

Z: Das ist verschieden, und wir nähern uns dieser Frage im Seminar auch ganz langsam. Dadurch ist es leichter ansprechbar. Man kann nicht aufstehen und sagen »Haben Sie ein Problem mit Männern?« Vor allem Frauen ab einem gewissen Alter und ab einer gewissen Karrierestufe tun sich damit schwer.

... Welche Stufen sind das?

Z: Vom Alter her würde ich sagen, so ab 40, 45. Wobei man nicht verallgemeinern kann, aber es hat doch etwas mit der Generation zu tun. Für Jüngere ist es vertrauter, die Problematik aus dieser Perspektive zu betrachten. Und was die Karrierestufe betrifft, beobachte ich – und das ist jetzt mein persönlicher Eindruck, den ich nicht dokumentieren kann –, daß es dort schwierig wird für die Frauen, wo Macht im Spiel ist. Dort, wo ausdrücklich mit einer Position auch Macht zusammenhängt. Da haben Frauen vermehrt Schwierigkeiten mit den anderen, aber vermehrt Schwierigkeiten mit sich selbst auch. Macht zu haben, gehört einfach nicht in unser Bild der Frau.

... Wirkt sich das dann auch auf die Interaktion zwischen weiblichen Vorgesetzten und Mitarbeitern, männlich und weiblich, aus?

Z: Meiner Erfahrung nach ist das noch das weit geringere Problem. Vor allem Mitarbeiter, die tatsächlich eine weibliche Vorgesetzte haben, scheinen das nicht als Problem zu sehen, sondern höchstens die, die keine haben und das nur vom Hörensagen bzw. von der eigenen Fantasie kennen. Die, die weder aus der Weite noch persönlich eine weibliche Vorgesetzte kennen, die haben besonders schreckliche Vorstellungen, wohingegen mir selten von tatsächlichen Problemen zwischen weiblichen Vorgesetzten und männlichen Mitarbeitern berichtet wird.

... Wo liegt dann die Machtproblematik?

Z: Nicht bei den Mitarbeitern. Sondern bei denen, die auf gleicher Ebene mit der Frau stehen bzw. vielleicht bei denen, die etwas über ihr stehen. Also dort, wo Männer sich gefährdet fühlen durch ihren möglichen weiteren Aufstieg.

Die Männer, die Kolleginnen gegenüber am feindseligsten sind, führen oft Beispiele an von Frauen, mit denen sie problemlos zusammengearbeitet haben oder von Sekretärinnen, die sie ganz besonders reizend und angenehm finden. Aber das ist nicht der Punkt. Diese Frauen sind ihnen kein Problem, weil sie in ihnen keine Rivalinnen sehen.

... Wir haben jetzt zwei Problembereiche angesprochen: die Angst vor Konflikten und die Angst, nicht gut genug zu sein. Was gibt es noch?

Z: Stark ist auch die Angst davor, in der Öffentlichkeit im weitesten Sinne aufzutreten, im Rampenlicht zu stehen. Das kann auch das kleine Rampenlicht einer Teamsitzung sein. Das ist sehr ausgeprägt, daß Frauen z. B., wenn sie in einem

Team arbeiten mit einem Mann zusammen, dazu tendieren zu sagen, »Also bitte, stell du das vor«. Und das nimmt ihnen natürlich die Öffentlichkeit, die Anerkennung. Das ist sicher ein bedeutendes Handicap der Frauen, daß es ihnen schwerfällt, aufzustehen und zu sagen, »Ich bin gut, ich hab das und das gemacht«. Es fällt ihnen schwer, einen Teil ihrer Zeit damit zu verbringen, anderen zu zeigen und zu sagen, daß sie gut gearbeitet haben. Das ist eine Hemmung, die der Karriere wirklich schadet. Männer tun das viel eher, daß sie maßgeblichen Personen sagen, was sie geleistet haben. Und irgendwie ist es einzusehen, daß diese Vorgesetzten, die über Karrieren entscheiden, dann den Mann bevorzugen. Denn sie haben ja ständig über ihn gehört, aber von der Frau wissen sie wenig. Da muß dann gar nicht noch zusätzlich Frauenfeindlichkeit im Spiel sein, sondern man nimmt nach rein sachlichen Gesichtspunkten eher die Person, von der man weiß, daß sie etwas leistet. Sich selbst darzustellen, fällt Frauen sehr schwer.

. . . Und wie gehen Sie im Seminar damit um?

Z: Im Prinzip ist das schon etwas, wo Frauen gut trainieren können, weil es eigentlich eine reine Übungssache ist. Eine Fertigkeit. Und die Überwindung der Scheu, daß das nichts Peinliches und nichts Aufdringliches ist und daß andere Leute eigentlich dankbar sind, weil sie ja wissen wollen und wissen müssen, was jede einzelne macht. Das ist einsichtig, und das dazugehörende Auftreten und Verbalisieren, das kann man lernen.

Frauen haben diese Einstellung, daß sie meinen, die anderen müßten von sich aus sehen und von sich aus wissen, ob sie gut ist oder nicht, daß sie etwas leistet und gute Ideen hat. Und genauso ist es mit Karriereschritten. Frauen warten sehr gerne darauf, daß jemand zu ihnen kommt und sagt, »Also, möchtest du nicht diesen Posten übernehmen?«.

. . . Eine Art Schicksalsglaube.

Z: Ja. Und das hat sehr viel mit Erziehung zu tun, daß Frauen nicht für Initiative, für Aktivität erzogen werden. Frauen sollen warten, bis der Mann kommt und sie zum Tanzen auffordert, zu einem Rendezvous einlädt usw. Indessen pflegen sie ihre persönlichen und charakterlichen Eigenschaften in der Erwartung, daß die dann für ihre Umwelt sofort evident sind. Das wird zwar mit der Zeit etwas weniger, aber es ist immer noch da: die Wartehaltung der Frau.

... Und haben Sie den Eindruck, daß Frauen wirklich durch diese Stereotypen, die ihre Erziehung reaktivieren, einzuschüchtern sind?

Z: In gewisser Hinsicht schon, wobei das sehr indirekt läuft. Daß ein Mann z. B. sagt, »Die Frau Maier, na ja, die ist ja sehr resolut, dafür kriegt sie aber sicher keinen Mann« und die Ängste der Frauen, die sehr tiefsitzen, werden doch in irgendeiner Form durch solche Bemerkungen angesprochen. »Die Frau Maier ist erfolgreich, die Frau Maier ist durchsetzungsfähig, aber niemand mag die Frau Maier.« Daran versuchen wir ebenfalls, im Seminar zu arbeiten. Denn es kommt ja nicht allein darauf an, was irgend jemand für eine Bemerkung macht, sondern darauf, daß ich das zulasse und akzeptiere. In dem Moment, wo ich das persönlich nehme, wo ich es ernst nehme, kann es mir schaden. Die Tatsache, daß jemand eine Bemerkung macht, die möglicherweise nicht einmal so gemeint ist bzw. die ihre ganz evidenten, eigennützigen Hintergründe hat, macht im Prinzip noch keine Verunsicherung aus. Die ist erst gegeben, wenn die Frau sich selber nicht sehr sicher ist und daher diese Bemerkung auf sich selbst bezieht.

... Wir haben jetzt über Selbstblockierungen gesprochen. Wo sehen sie im täglichen Umgang auch objektive Blockierungen?

Z: Bei den Äußerlichkeiten würde ich sagen ist es von seiten der Frauen her oft zu hören, daß sie das Gefühl haben, nicht zu Wort zu kommen. Nicht gehört zu werden. Zum Teil liegt es an ihrer Art, die Dinge anzugehen, nicht auf ihre Wortmeldungen zu bestehen, zu meinen, wenn einer sie nicht anhören will, bitte sehr, dann soll er es eben bleiben lassen. Aber zum Teil sind Männer einfach ein bißchen bevorzugt, von der Stimme, von der Größe. Wenn sich jemand breit hinsetzt und laut spricht, muß man sich als Frau anstrengen, um dasselbe Gewicht zu vermitteln.

Ein Zweites ist auch, daß sie manchmal vorschnell Situationen einschätzen, nach Kriterien, die nicht unbedingt stimmen. Oft entscheiden sie ganz von sich aus, daß sie ohnehin keine Chance haben, in irgendeine Position zu gelangen, weil der Chef dort wahrscheinlich lieber einen Mann hätte oder weil sich ein anderer Bewerber besser verkauft hat. Sie lassen sich durch Behinderungen, sogar durch bloß vermeintliche Behinderungen aufhalten.

Ein Drittes ist noch, daß Frauen, wie schon angedeutet, auf ihren Aufstieg warten und nicht sagen, »So, ich möchte das jetzt«. Sie haben auch nicht unbedingt Ziele, wie Männer sie haben. Einen Mann mit 25 oder 30 kann ich fragen, »Was stellen sie sich vor, was werden Sie in 10 Jahren erreicht haben oder was würden Sie gerne erreichen?« Eine Frau wird dann oft überhaupt nicht genau wissen, was sie nun will. Diese klassische Karriereplanung, die für Männer viel selbstverständlicher ist, ist bei Frauen viel, viel weniger stark vertreten. Und in dem Moment, wo kein Ziel da ist, ist es auch schwer, die Richtung beizubehalten. Ich komme dann viel leichter vom Weg ab, wenn ich nicht weiß, wohin ich möchte. In diese Unsicherheit hinein kommen dann noch verstärkend die Umweltbedingungen, die Rahmenbedingungen, die Frauen nicht unbedingt nach oben puschen.

... Wie reagieren die Frauen, wenn Sie sie auf diese Blockierungen, Selbstblockierungen aufmerksam machen?

Z: Es gibt manche, die sagen, o. k., das stimmt, sie sehen es auch und wissen es, aber es fällt ihnen schwer, aus dem Muster auszubrechen. Und dann gibt es die anderen, die überhaupt nicht einmal daran denken wollen, es anders zu machen. Die verkrampfen sich schon bei dem bloßen Gedanken daran, anders aufzutreten. »Das kann man ja nicht machen«, »was würden dann die anderen dazu sagen« usw. Es ist für sie etwas sehr Bedrohliches, hingehen zu sollen und sich anzubieten, aktiv zu sein. Sie finden dann sehr viele Ausreden, warum es in ihrem ganz speziellen Fall nicht gut wäre, so aufzutreten. Und ich glaube, größtenteils sind das wirklich Ausreden, weil der Gedanke so schwer ist, hinzugehen und zu sagen »Ich bin in dem und dem Bereich gut, ich habe jetzt 5 Jahre hier gearbeitet, diese Stellung ist frei, ich möchte mich dafür bewerben und außerdem möchte ich noch 5000 Schilling mehr verdienen.« Geld, das ist nämlich das nächste. Darüber reden Frauen auch sehr schwer.

. . . Wie äußert sich das konkret?

Z: Das äußert sich z. B. ganz deutlich in unseren Bewerbungstrainings, wo die Frage, was man denn verdienen möchte, unweigerlich kommt. Und dieses Bewußtsein, für eine Arbeit bezahlt zu werden und dann auch noch sagen zu müssen, was es wert sein soll, das zu artikulieren, ist für Frauen sehr schwer. Sehr schwer. So schwer, daß Frauen – auch wenn sie wissen, daß diese Frage kommen *muß* – unvorbereitet hingehen und dann irgend etwas herausmurmeln. Weil sie hoffen, daß ihnen ein tolles Angebot gemacht wird, ohne daß sie selber einen Betrag nennen müssen, und sie damit aus dieser für sie sehr peinlichen Situation befreit werden, wie durch ein Wunder.

. . . Ansprüche stellen, Forderungen haben, ist schon schwierig. Und Geld ist noch eine zusätzliche Komplikation.

Z: Ja, und vom Gefühl her: eine »bezahlte Frau«, das ist etwas unheimlich Negatives.

... Weil es lauterer, ehrbarer ist, aus irgendwelchen anderen Motiven heraus zu handeln. Und weil man denkt, seine Forderungen würden vielleicht anmaßend klingen und den Gesprächspartner ärgern. Und dann vielleicht wirklich noch, auf irgendeiner Ebene, die Assoziation mit »Käuflichkeit« und Prostitution.

Z: Das ist natürlich eine Spekulation, aber ich kann mir absolut vorstellen, daß es auch in diese Richtung geht.

... Frauen sind es gewohnt, ihre Arbeit aus anderen Motivationen zu leisten als für Geld.

Z: Ja, und »freiwillig«. Und auch im Beruf tendieren Frauen dazu, nichts zu verlangen, nichts zu fordern, sondern umgekehrt auch von den anderen zu erwarten, daß sie ihrerseits freiwillig die Leistung der Frau honorieren. Und ihrerseits freiwillig, von sich aus, weil sie die Notwendigkeit erkennen, gewisse Arbeitsschritte zu tun. Und das geht im Beruf einfach nicht. Da muß ich auch artikulieren, ich brauche etwas, etwas soll für mich getippt oder fotokopiert werden, das ist erforderlich und notfalls auch ganz direkt »Bitte, Sie müssen das für mich tun«.

Und das schlimme ist ja, daß Frauen natürlich nicht imstande sind, grenzenlos alles hinunterzuschlucken. Sondern das kommt dann auf irgendeiner anderen Ebene wieder heraus. Auf einer manchmal emotionalen. Das ist es, was Frauen vielfach vorgeworfen wird, daß sie nicht direkt sind, daß sie intrigieren, daß sie bissig und boshaft sind. Das sind alles Verhaltensweisen, die als typisch weiblich zugeordnet werden. Teilweise sind das natürlich Erpressungen, um zu erreichen, daß Frauen nett, lieb, still und bescheiden bleiben sollen. Aber auf der anderen Seite sind diese Klischees nicht ganz ungerechtfertigt. Es ist die Art von schwachen Menschen, sich zu wehren, nicht den offenen Kampf zu suchen, sondern sich auf andere Art durchzusetzen. Das müssen Frauen sich abgewöhnen.

... Wir haben gemerkt, daß auch die persönliche Erfolgsdefinition von Frauen sehr unterschiedlich, zum Teil auch problematisch oder gespalten ist. Machen Sie auch diese Erfahrung? Wie definieren die Frauen, die zu Ihnen in die Seminare kommen, »Erfolg«? Wollen sie beruflich eine bestimmte Position erreichen, wollen sie einen bestimmten Lebensstandard, haben sie bestimmte inhaltliche Ziele oder sehen sie manchmal auch Erfolg als etwas Negatives, Beängstigendes?

Z: Nehmen wir die Dimension der beruflichen Erfolge oder des Geldes. Hier dominiert gerade die mangelnde Zielsetzung, von der wir vorhin gesprochen haben. Es gibt sehr wenige Frauen, die konkret sagen können, ich möchte in 10 Jahren Direktorin dieses Unternehmens sein. Auch wenn es vielleicht zu hoch gegriffen ist, immerhin, es wäre ein Ziel. Und wenn sie dann statt dessen bloß Vizedirektorin oder in der obersten Abteilungsleiterebene landet, ist es ja auch nicht schlecht. Das fällt mir immer wieder auf, daß es ganz, ganz wenige Frauen gibt, die ihre Ambitionen artikulieren können. Ich glaube außerdem, daß sie nicht einmal für sich selber, im Gedanken, dazu in der Lage sind. Und außerdem glaube ich, daß es kaum eine Frau gibt, die das Gefühl hat, erfolgreich zu sein. Und ich denke, daß diese zwei Sachen zusammenhängen. Denn wenn ich kein Ziel habe, kann ich natürlich auch nicht sagen, ob ich es erreicht habe. Dann kann ich auch nie ein Erfolgsgefühl haben. Oder sie setzen sich die Ziele so verrückt hoch, daß der Mißerfolg schon vorprogrammiert ist. Ich kenne das, aus meinen Seminaren und aus Gesprächen mit Frauen in Betrieben. Es gibt Frauen, die über ihre Mißerfolge stundenlang sprechen könnten, und wenn man sie dann fragt, »O. k., aber was hat denn nun funktioniert und wo haben Sie das Gefühl, daß Sie erfolgreich sind?«, dann bricht das große Schweigen aus. Und zwar nicht, weil diese Frauen nicht erfolgreich wären und keine Erfolge gehabt hätten, sondern weil das, was sie erreicht haben, für sie selbstverständlich ist. Der Gedanke, »ich habe etwas erreicht«, »ich bin erfolgreich«, vor dem schrecken Frauen zurück.

. . . Und bei Männern beobachten Sie das nicht?

Z: Eigentlich ganz im Gegenteil, bei Männern gibt es eher das gegenteilige Phänomen.

. . . Das ist auch unser Eindruck. Daß Männer die Fähigkeit haben, auch weniger glanzvolle Leistungen ganz wunderbar darzustellen.

Z: Ja. Und es ist ja vielleicht nicht unser Ziel, Frauen ebenfalls zu Dampfbläsern zu machen. Aber manchmal, hin und wieder, tut etwas Warmluft doch ganz gut.

. . . Im Gegenteil, Frauen distanzieren sich oft noch von dem Erfolg, den sie nicht mehr bagatellisieren oder übergehen können. Sehr viele unserer Interviewpartnerinnen sagten zum Beispiel, »Na gut, ich muß vielleicht zugeben, daß ich eine Karriere gemacht habe, aber eine typische Karrierefrau bin ich nicht. Ich weiß gar nicht, warum Sie mich interviewen wollen.« Weil sie das Bild einer Frau haben, die sehr ehrgeizig, sehr zielbewußt von Anfang an durchgearbeitet hat und dann irgendwann Generaldirektorin war.

Z: Genau. Ich bin auch noch keiner Frau begegnet, die bereit wäre zu sagen, »Ich bin zielstrebig, ich bin ehrgeizig, und deswegen habe ich Karriere gemacht« oder »deswegen bin ich beruflich vorangekommen«. Statt dessen trifft man unentwegt Frauen, die versuchen, den beruflichen Erfolg auf Zufälle, auf Mentoren, auf irgendwelche väterlichen Freunde – die sicher wichtig sind, und die es natürlich auch gibt, auch bei Männern, klar –, aber die nicht sagen, »Ja, ich war gut, ich hab mir das erarbeitet, das wollte ich haben, und ich habe es erreicht«.

. . . Das ist bei unseren Befragungen immer wieder herausgekommen. Wenn man sich den Lebenslauf ansieht, dann kann man feststellen, daß diese Frauen viel gearbeitet haben, viel wissen, an der richtigen Stelle auch ein Risiko eingegangen sind. Aber nach ihren eigenen Beschreibungen hat man immer das Gefühl, eine Kette von glücklichen Zufällen sei aus dem Himmel auf sie heruntergeflattert.

Z: Ja. Und das ist ein Hindernis für die Frauen, die erst am Beginn ihrer Karriere stehen bzw. für die, die noch keine »glücklichen« Zufälle erlebt haben.

. . . Die werden dadurch auch eher darin bestärkt, halt abzuwarten und auf das berufliche Glück zu warten.

Z: Ja, und das ärgert mich bei Frauen, die wirklich erfolgreich sind, sehr. Daß sie immer behaupten, das sei vom Himmel gefallen, das sei ganz locker und leicht und schicksalshaft gegangen. Das finde ich fast schon perfide. Denn die Frauen, die erst am Anfang ihres Weges stehen und Probleme haben, die denken sich dann, »Siehst du, ich bin wohl wirklich nicht gut, denn die da macht das alles mit dem kleinen Finger, und ich tu mich so schwer«.

. . . Wie erleben denn Frauen diesen Komplex »Preis der Karriere«, welche Abstriche sind sie bereit zu machen und welche nicht?

Z: Es gibt bei uns nach wie vor sehr wenige Frauen, also ich meine damit jetzt bei uns in Europa, die auf Partnerschaft und Kinder verzichten würden im Interesse der Karriere. Wobei sicher nicht alle unbedingt das starke Bedürfnis nach einem solchen »intakten Privatleben« haben, sondern eher weil sie gar nicht daran denken wollen, das in Frage zu stellen. Kinder sind der Beweis, daß eine Frau trotz Karriere doch noch Frau ist, allen Umwelt-Vorurteilen zum Trotz doch nicht bloß erfolgreich, sondern auch »glücklich« ist. Es würde auch kaum eine sagen, daß die Kinder nicht ihr allererstes und oberstes Lebensziel sind, auch wenn es nicht so wäre. Und in gewisser Hinsicht, aber in einer verdrehten, sind Kinder wirklich ein Erfolgsbeweis. Denn wer neben einer Karriere auch Kinder haben will, muß gut verdienen, und auch der Partner muß erfolgreich sein und gut verdienen, sonst kann man sich die erforderliche Infrastruktur gar nicht leisten.

... Haben Sie den Eindruck, daß sich hier zumindest wirklich eine Infrastruktur herausbildet?

Z: Genaugenommen nicht. Oft gehen andere Dinge vor, die neue Stereoanlage und das neue Auto für den Papi und solche Dinge, da wird das zusätzliche Gehalt der Frau nicht zur Entlastung in Haushalt und Kinderbetreuung verwendet, sondern für meine Begriffe in überflüssige Luxusartikel investiert. Erst, wenn das alles befriedigt ist und erst ab einem wirklich ziemlich hohen Verdienstniveau gibt's eine Haushaltshilfe und jemanden für die Kinderbetreuung. Weil die Frau sehr oft das Gefühl behält, sie sei für das alles verantwortlich und der Beruf sei eigentlich nur ein Hobby.

... Das Selbstbild läßt kein Delegieren zu und schon gar keine finanziellen Aufwände zur Entlastung der Frau.

Z: Das ist noch immer ganz stark da. Und die Frauen zerspragenln sich, rasen um 7 in den Kindergarten, um 8 in die Schule, dann los in die Sitzung, zerfransen sich für die Großmutter, damit die wenigstens die Kinder abholt von der Schule. Sie haben das Gefühl, alles managen und nicht nur das, sondern das meiste davon auch noch selber machen zu müssen.

... Wie verhalten sich da die Partner?

Z: Das wird bei den meisten, habe ich den Eindruck, noch nicht einmal zum Konfliktpunkt, weil die Frau die Verantwortung einfach akzeptiert. Das ist eine Ausmachungssache am Anfang einer Partnerschaft. Denn auch ein Mann, der relativ offen ist, der vielleicht kooperativ wäre, wird sich nicht von selber aufdrängen, wenn die Frau ihn nicht von sich aus einbindet.

Nein-Sagen ist etwas, was Frauen sehr schwer fällt. Nein-

Sagen, und irgendwelche Aufträge ablehnen; und Dinge machen, die eigentlich gar nicht mit der Position übereinstimmen, und Aufträge übernehmen, die man nicht übernehmen müßte, dazu sind Frauen leicht zu kriegen. Wenn jemand sagt, »Na, Sie werden das doch für mich tun«, da gibt es kaum eine Frau die sagt, »Nein, tut mir leid«. Und im Privatleben ist das nicht anders als im Beruf. Vor allem dann, wenn man der Frau einreden kann, daß sie nicht nett ist, daß sie arrogant ist, daß es unfreundlich von ihr wäre, den Auftrag abzulehnen.

. . . Eigentlich wäre es wichtig, in den Seminaren diese Zusammenhänge aufzugreifen.

Z: Ja, das wäre sehr wichtig. Das ist etwas, was ich schon seit langem machen möchte, nämlich Seminare in Richtung »Organisation des Privatlebens«. Wie schaffe ich das, mein Privatleben partnerschaftlich zu organisieren?

. . . Sie arbeiten auch mit Männern. Was fällt Ihnen da über den Zusammenhang Partnerschaft/Beruf auf, was vielleicht grundsätzlich anders ist als bei Frauen?

Z: Vielleicht, daß Männer in beiden Bereichen einen auffallend einheitlichen Zugang haben. Alleine, was die Planung anbelangt. Sie werden kaum eine Frau finden, die sagt, »so, jetzt mache ich 5 Jahre lang konzentriert das, und wenn ich dann mein Ziel erreicht habe, dann denke ich an eine Familie«. Hingegen einen jungen Mann, der sagt, »also im Moment kann ich keine Beziehung haben, im Moment hab ich keine Zeit für eine Dauerfreundin, das geht sich beruflich jetzt nicht aus«, das hört man oft. Wohingegen bei Frauen erstens die Prioritäten anders liegen und sie zweitens das Gefühl haben, daß es falsch wäre, zu planen, weil man immer offen bleiben muß für den wunderbaren Zufall.

Frau Zdiarsky, die durch ihre Seminare mit unzähligen Frauen an verschiedenen Punkten einer beruflichen Laufbahn zu tun hat, bestätigte mit ihren Beobachtungen viele der Dinge, die uns in den Gesprächen mit Karrierefrauen aufgefallen waren. Sie bestätigte aber auch viele der typischen Probleme, die in den USA als hauptsächliche Karriereblockierungen identifiziert sind und in den letzten Jahren einer gezielten »Bearbeitung« unterliegen. Es ist schwer, über diese Thematik zu reden, ohne dazu auch spontane Reaktionen zu haben. Hier steht eigentlich Frau Zdiarsky fast symbolisch für die europäische Situation, denn in Europa hat man die Probleme identifiziert, aber man hat (noch?) nicht die Schlußfolgerungen gezogen, die Maßnahmen ergriffen, die in Amerika schon zum Berufsalltag einer Frau gehören. Es ist wichtig, sich über die Abläufe, Regeln und auch Tricks und Hinterhältigkeiten der Arbeitswelt bewußt zu sein. Es ist auch wichtig, kontraproduktives Verhalten in sich selber zu erkennen und einzustellen. Die amerikanische Strategie aber zielt viel mehr in die Richtung, männliches Karriereverhalten zu studieren, um es dann zu übernehmen, während die europäische noch in die Richtung geht, es zu studieren, um es zu durchschauen. Die Frage bleibt dann, was auf die Einsicht folgen soll. Und da wollen wir weder in das Klischee verfallen, die »Vermännlichung« der »harten« amerikanischen Karrierefrau festzustellen, noch andererseits dem Wunschdenken, wir könnten uns, nachdem wir die Männertricks durchschaut haben, diesen angewidert entziehen. Männer »planen« – aber das heißt nicht, daß ihre Pläne deswegen konstruktiv und realistisch sind, im Gegenteil. Ihre Vorliebe für scheinbar vernünftige, scheinbar logische, scheinbar sachliche Pläne hat unzählige Individuen, Familien, Nationen und Völker ins Unglück gestürzt. Wie erstrebenswert ist das Leben des Mannes, der zuerst 5 Jahre Arbeitsbesessenheit, danach eine Familie nach irgendeinem scheinbar logischen Schema, danach einen schrittweisen sozialen Aufstieg »geplant« hat? Wie sieht dieses Leben und der Mensch, der es führen will, letztendlich aus?

Im Zugang der Frauen, so verträumt er auch mitunter wirkt, steckt auch ein Element an Wahrheit: Zufälle *sind* wichtig, es hängt in der Tat davon ab, daß man die richtigen Personen kennenlernt (sowohl im Privatleben als im Beruf), es ist in vieler Hinsicht befriedigender, offen zu bleiben und Abwechslung zu suchen, als stur einem Plan nachzujagen.

Leider stimmt es aber auch, daß die von Frau Zdiarsky – und in der amerikanischen Karriereliteratur ganz umfangreich und viel detaillierter – beschriebenen Tricks und Taktiken »funktionieren«. Daß es wirklich eine bestimmte, erfolgversprechende Art gibt, sich den Vorgesetzten zu präsentieren, nein zu sagen, sich gegen Konkurrenten durchzusetzen usw. Es gibt wirklich Formulierungen, Körperhaltungen, Sätze, die wirkungsvoll sind, und andere, die Schwäche und Unsicherheit vermitteln. Angesichts dessen läßt sich die Frage nach der Wünschbarkeit einer weiblichen Aneignung solcher Taktiken etwas leichter beantworten. Wir können sie dann als Fertigkeiten betrachten; vielleicht nicht als Tugenden, nicht als erstrebenswerte menschliche Eigenschaften, aber als Handgriffe, die wir in bestimmten Situationen beherrschen müssen. Eine Art Karate für den Arbeitsplatz; denn wir lernen Karate nicht, weil wir plötzlich Lust an Kampf und Gewalt gefunden hätten, sondern weil wir uns der Bedrohungssituation bewußt sind, in der wir uns befinden. Wir lernen es für den Fall, daß wir angegriffen oder überfallen werden, und in dem Bewußtsein, daß ein solcher Vorfall leider nicht ganz unwahrscheinlich ist. Und so sollten wir die verschiedenen offensiven und defensiven Fertigkeiten des beruflichen Überlebens beherrschen für die Situationen, in denen wir unfair behandelt, ausgetrickst, benachteiligt werden sollen.

Als Ergänzung zu Frau Z. waren wir neugierig, wie ein männlicher Berufsberater die Frauen einschätzte. Also suchten wir Herrn G. auf, ...

Das Gespräch erwies sich als interessant, und zwar in verschiedener Hinsicht. Herrn G's geschultes Auge sieht die Frauen bestimmt so, wie sie auch von vielen ihrer männlichen Konkurrenten in Firmen und Berufen gesehen werden. Das macht sogar seine teilweise deutlich aggressiven, verunsicherten Anmerkungen aufschlußreich. Dann ist Herr G. ein Vertreter des ungebrochenen, altmodischen Kapitalismus. Daß er Frauen als Störfaktor, als qualitativ anders erlebt, ist deshalb interessant. Und schließlich decken sich einige seiner Beobachtungen mit unseren eigenen und mit denen anderer Autorinnen und mit denen von Frau Z., was nahelegt, daß er in manchen Punkten auch eine zutreffende Kritik äußert.

Wir wollen daher einen seiner Ratschläge beherzigen und Kritik nicht sofort pikiert und verletzt zurückweisen, sondern überlegen, woher sie kommt. Von einem Gegner, der uns schaden will? (Vermutlich, zum Teil, denn Herr G. ist überzeugter Anhänger des kapitalistischen Patriarchats). Oder ist die Kritik berechtigt, und wir korrigieren besser ganz schnell einen unserer Fehler, ehe er uns Nachteile bringt? (Auch das mag wahr sein, denn Herr G. ist Profi und kann sich einige sachkundige Beobachtungen bestimmt nicht verkneifen).

... Sie machen gruppendynamische Trainings, an denen auch Frauen teilnehmen ...

G: Ja. Allerdings überwiegen in diesen Gruppen die Männer. Das entspricht den Realitäten. Vorweg muß ich erklären, daß wir hauptsächlich im Auftrag von Firmen unsere Trainings durchführen. Die Firma schickt eine Anzahl von Mitarbeitern, meist gehobenen Niveaus, zwecks Effizienzsteigerung, Erarbeitung von Durchsetzungsstrategien u. ä.

Vereinzelt sind auch Frauen dabei, aber sie sind in der Minderheit, wie eben auch in der Realität Frauen eine Minderheit der Führungsetage stellen.

. . . Bleiben wir gleich bei dieser Situation. Wie verhalten sich Frauen in der Gruppe, umgeben von Männern, die es gewohnt sind, hierarchisch zu denken? Stimmt es, daß Männer einen Vorteil haben, daß ihnen Selbstbehauptung, aggressives Verhalten und so weiter leichter fallen, daß sie von klein auf schon dazu konditioniert werden?

G: Frauen sind sehr abwartend und vorsichtig, das ist der Hauptunterschied, der sofort auffällt. Die meisten gehen vorerst einmal kein Risiko ein. Bevor sie vorpreschen und jemanden attackieren, schauen sie sich die Situation ganz genau an und überlegen und zögern.

. . . Das klingt aber nicht falsch; das hat doch auch seine positive Seite.

G: Eigentlich nicht. Dabei sehe ich fast ausschließlich Frauen, die es ohnehin schon mit Einsatz von Ellbogen – anders kommt man nicht nach oben – recht weit gebracht haben. Und selbst innerhalb dieser Gruppe muß ich schließen, so bedauerlich ich das persönlich finde; je männlicher eine Frau in ihren Verhaltensweisen ist, desto weiter wird sie es bringen. Dann wirkt sie aber als Frau schrecklich unsympathisch. Wenn sie sich aber in der Gruppe auf eine Weibchenrolle festlegen läßt, dann ist es um ihre Erfolgsaussichten schon geschehen.

. . . Vielleicht erklären Sie uns, was Sie mit männlichen Verhaltensweisen meinen. Das klingt recht klischeehaft.

G: Leider setzt sich die Wirklichkeit aus Klischees und Banalitäten zusammen und nicht aus philosophischen Einsichten. Eine Frau, die es auf sich nimmt, hart aufzutreten, ohne verbindliches Lächeln, um einfach knallhart ihre, sagen wir mal als Beispiel unpopulären, aber in ihren Augen notwendigen Einsparungsmaßnahmen zu vertreten, so wie es ein

Mann auf derselben hierarchischen Stufe tun würde, ist sicher ein Ausnahmefall. Warum? Sie hat gelernt, daß sie weiter kommt im Leben, wenn sie versucht, Sympathie und Verständnis zu erzeugen. Sie versucht also eher, sehr charmant aufzutreten, um so für ihre unpopulären Sanierungsmaßnahmen um Sympathie zu werben. Und wie kommt das auf der Gegenseite an? Ihre Verhandlungspartner denken, Mensch, die Tante ist unsicher, die kriegen wir schon noch herum, die läßt mit sich reden. Und fangen an, die zu löchern. Das passiert Männern nicht so schnell, die können besser pokern. Alles oder nichts, das ist ganz bestimmt eine männliche Devise. Auch wenn Sie mir nun wieder vorwerfen, daß ich ein Klischee aus der Kiste ziehe: ein Mann, der nach oben will, der vielleicht über die Hälfte des Weges zurückgelegt hat, der sagt sich, o.k., ich bin jetzt 40, jetzt aber nichts wie ran an Macht und Kohle. Sich irgendwo im Mittelfeld mit einem guten Einkommen und beschränkten Kompetenzen anfreunden, das ist nicht seine Sache.

. . . Sie meinen, Frauen geben leichter auf, sind mit weniger zufrieden?

G: Da ist schon was dran. Eine Frau von 40 ist in einer ganz anderen Situation als ein Mann. Entweder sie hat schon größere Kinder, das bedeutet oft große Probleme. Drogen und so. Dann heißt's, natürlich, klar, bei der ehrgeizigen Mutter, kein Wunder, die hat sich nicht gekümmert um die youngsters. Oder sie hat kleine Kinder und sitzt erst recht da mit Versorgungsproblemen und Schuldgefühlen.

. . . Nicht alle Karrierefrauen haben Familien. Sind dann die Ausgangsbedingungen vergleichbarer mit den Männern?

G: Ja, sie haben vielleicht keine Ehe und keine Kinder, aber die meisten haben doch eine Beziehung.

. . . Mit einem Partner, der vielleicht genauso beschäftigt ist und die Belastungen kennt.

G: Da irren Sie sich, Karriere-Paare sind ganz selten. In dieser Gruppe findet sich der höchste Anteil von Scheidungsfällen. Zwei Top-Karrieren, das hält keine Beziehung aus.

. . . Keine Beziehung oder kein männliches Ego?

G: Es funktioniert einfach nicht, ich berichte ja nur von empirisch Erfaßbaren, ohne zu beurteilen, wer sich beziehungsfeindlicher verhalten hat. Seien wir doch realistisch: Ein Manager arbeitet hart, er ist tatsächlich gestreßt, er kommt spät heim, oder er hat noch ein Geschäftsessen. Wenn er heimkommt, würde er sich gerne entspannen, total abschalten, sich – überspitzt gesagt – nurmehr pflegen lassen. Essen, duschen, Nachrichten. Bei einem Geschäftsessen wäre es manchmal ganz angebracht, wenn z. B. ein ausländischer Gast bewirtet werden soll, die Ehefrau dabeizuhaben. Damit hat das Treffen einen freundlicheren und privateren Charakter. Nun gut. Wenn er aber eine Karrierefrau hat, ist schon mal fraglich, ob sie daheim ist, wenn er aus der Firma kommt. Essen wird er vielleicht vorfinden, wenn es nicht gerade Probleme mit dem Personal gibt. Sonst kann er sich von der gestreßten Ehefrau die Kündigungsgründe der Haushälterin schildern lassen, während sie beide zur nächsten Currywurst-Bude eilen.

. . . Sie scheinen mit dem betreffenden Herren zu sympathisieren.

G: Nein, gar nicht, das sind nun mal die facts. Daran ist leider nicht zu rütteln. Eine Frau in dieser Situation muß sehr geschickt und tüchtig sein, sie muß in der Lage sein, das Privatleben als perfekten Dienstleistungssektor zu definieren, d. h. sie muß optimales Management betreiben, eine tüchtige, gutbezahlte Wirtschafterin einstellen, wahrscheinlich auch einen Hauslehrer für die Kinder. Anders geht es nicht.

. . . Und der Mann, hat der auch einen Anteil?

G: Wenn er sieht, daß alles läuft und er nicht behindert ist, dann wird er seine Partnerin eher unterstützen. Er ist in einer anderen Situation. Er kann schlecht in der Firma sagen, er hätte die Kursentwicklung am letzten Abend nicht mehr analysieren können, weil der Filius Mist in der Schule gebaut hat und er unbedingt beim Elternabend auftauchen mußte, um sein Kind nicht in die Kategorie der Wohlstandsverwahrlosten einreihen zu lassen.

... Also Sie stehen auf dem Standpunkt, daß eine Karriere mit dem Privatleben fast nicht zu vereinbaren ist.

G: Das ist sicher so. Bei den Karrierefrauen der Gruppe der 35- bis 40jährigen zeichnet sich aber ein neuer Trend ab. Viele sind geschieden, sie haben die repräsentative Villa, den Erfolgsmann, das alles schon absolviert und haben daraus gelernt. Kein Haushalt mehr, Belastungen minimieren, ein Liebesverhältnis ja, aber ohne Verbindlichkeiten. Viele haben jüngere Männer, zum Beispiel Künstler, meist nicht auf der Karriereschiene, sondern eher schöngeistig.

Eine Frau, die versucht, eine klassische Familie neben der Karriere zu handhaben, muß scheitern. In beiden Bereichen. In Wirklichkeit ist sie nirgends präsent. Selbst wenn sie, nehmen wir an, alles total im Griff hat, Personal, alles, dann bedeutet es dennoch, daß sie ständig damit beschäftigt ist, die ganze Maschinerie in Gang zu halten. Ein Mann, der nach dem Frühstück die Haustür ins Schloß fallen läßt, der ist bis abends weg, körperlich und geistig. Eine Frau hingegen wird aus der Firma zwischendurch mal anrufen, wie es denn zu Hause läuft. Und schon ist sie drin in den kleinen Widrigkeiten und Problemen. Und die Konzentration ist im Eimer. Wenn sie da härter werden könnte, wäre sicher schon viel gewonnen.

... Also gut, das Privatleben ist eine entscheidende Barriere. Wie sieht es in der Firma selbst aus? Wie schwierig ist es für eine Frau, sich durchzusetzen?

G: Die objektiven Schwierigkeiten sind die Einstellungen der Mitarbeiter. In der Regel nicht der Chefs, die sind meist experimentierfreudig und innovativ. Sie riskieren schon mal, eine Frau einzustellen, wenn sie die bessere Wahl ist.

Aber auf derselben Qualifikationsstufe ist es schon problematischer. Frauen sind aus dem Informationsnetz schon allein deshalb ausgeschlossen, weil sie nicht mit dabei sind in der Skatrunde der Herren. Und Skat steht hier nur stellvertretend für alle weiteren männlichen Aktivitäten. Eine Frau kann nicht mit einem Kollegen Tennis spielen gehen, sonst gibt's gleich diverse Munkeleien und Kombinationen. Dadurch sind Frauen einfach isolierter und der Kontakt mit ihnen ist förmlicher.

Das ist das Objektive. Dann gibt es noch subjektive Probleme, die bei den Frauen selber liegen. Zum Beispiel gehen Frauen schlecht mit Kritik um. Sie erleben Kritik als persönlichen Angriff, der Verzweiflung und Depression auslöst. Männer hingegen reagieren anders. Zuerst fragen sie sich, ob's bloß ein taktischer Hieb ist. Wenn ja, wie pariere ich ihn? Oder ob was dran ist? Dann wird auch schnell reagiert, um keine Nachteile erleben zu müssen.

Immer wieder heißt es, es sei so toll, daß Frauen andere Werte einbringen würden, höhere Einfühlung etc. Ich erlebe aber, daß das nur ein Hindernis ist für Verhandlungen. Wenn ich den andren verstehe, werde ich nicht mehr so gut in der Lage sein, ihn zugunsten meiner Verkaufsstrategie auszupowern. Er hat mich dann schon an Land gezogen.

. . . Es kommt auf das Weltbild an. Wenn beide Teile was haben von einem Geschäft, dann muß man den anderen vielleicht nicht gleich auspowern.

G: Es geht aber um schärfsten Konkurrenzkampf, für alle ist nicht genug Platz da.

. . . Was sind, Ihrer Meinung nach, weitere typische Fehler von Frauen?

G: Oft habe ich beobachtet, daß Frauen zu schnell ihre Taktik ändern. Wenn's nicht funktioniert, sinnen sie auf Abhilfe und Kurskorrektur. Damit wirken sie und ihre Handlungen nicht überzeugend. Besser ist es, bei einer einmal gewählten Strategie zu bleiben, konsequent das Anliegen zu vertreten und es mit noch mehr Vehemenz zu betreiben.

Und Frauen tendieren dazu, ihre Vorgangsweise zu besprechen, mit verschiedenen Personen in der Firma. Das ist auch weniger günstig. Oft ist es wichtig, unheimlich direkt und überraschend eine Sache zu puschen. Wenn's schon mal die Runde gemacht hat, ist das tollste Konzept Schnee vom Vorjahr.

Viele sehen sich auch – genau wie ihr Umfeld das tut – auch als Ausnahmeerscheinung. Ich würde den Frauen raten, viel selbstverständlicher aufzutreten. Wenn sie sich als Ausnahme definieren, bedeutet das, daß sie ihre Existenz immer wieder begründen müssen.

... Frauen im Management sind, wie Sie am Anfang des Gesprächs ja auch feststellten, eine Minderheit. Warum verhalten sie sich dann eigentlich nicht mehr wie eine Minderheit? Zum Verhaltensrepertoire von Minderheiten gehört schließlich auch Entschlossenheit, sogar Aggressivität und das Bewußtsein, daß Anpassung auch Unterordnung bedeutet.

G: Genau das ist eine Einsicht, eigentlich die zentrale Einsicht, die ich in den Gruppentrainings zu vermitteln suche. Das leuchtet einem Mann relativ schnell ein. Er hat auch Verständnis dafür. Aber Frauen sind es gewöhnt, sich zu arrangieren. Das haben sie in ihren Herkunftsfamilien erlebt, das sehen sie bei ihren Freundinnen. Und, fairheitshalber muß man das dazusagen, das erwartet auch die Gesellschaft von ihnen. Noch eins: wenn sie es auch noch so vehement abstreiten mögen, irgendwo ist in fast allen Frauen die Idee fest verankert, daß es jemanden in ihrem Leben geben sollte, wird, muß, der eigentlich für sie sorgt. Dieses Sicherheitsnetz hat eben seinen Preis.

. . . Sie haben eingangs von zwei Arten von Gruppenseminaren gesprochen, die hier gemacht werden. Dann haben wir aber nur von der ersten Sorte gesprochen.

G: Die andere, das sind eher therapeutisch orientierte Kommunikationstrainings, die im Gegensatz zum ersten Typ fast nur von Frauen besucht werden. Dort dreht es sich dann um Beziehungen, Doppelbelastung, interpersonelle Probleme in der Firma. Diese Gruppen haben nur einen Sinn, wenn der Leidensdruck der Teilnehmerin so ausgeprägt ist, daß sie sagt, jetzt geh' ich aufs ganze, ich bin zu jeder Änderung bereit. Aber meist bestätigen sich die Frauen dort nur gegenseitig in ihren Ambivalenzen. Der Trainer provoziert, konfrontiert, aber das bringt nur ganz wenigen was. Meist sitzen die Damen anschließend bei einem Drink zusammen und erzählen sich gegenseitig, warum in ihrem Leben alles nicht funktioniert.

Herr G. ist in seiner Selbstgefälligkeit ein klassischer Vertreter des Patriarchats. Das macht es schwerer, enthebt uns aber nicht der Notwendigkeit, seine Aussagen zu sortieren in diejenigen, die begründet oder teilweise begründet sind; diejenigen, hinter denen sich vielleicht eine aggressive Absicht verbirgt; und diejenigen, die möglicherweise seinen eigenen persönlichen Problemen entstammen.

Das Erschreckendste an seinen Aussagen ist wohl, wie leicht es einem ziemlich unsensibel wirkenden Mann zu fallen scheint, mit lässigem Blick die Schwachstellen der Frauen und ihre inneren Zweifel zu erkennen. Da das mit keinerlei Nachsicht verbunden ist, sondern bloß mit dem leidenschaftslosen Impuls, die »Tante« dann auch prompt zu »löchern«, wäre es wirklich ratsam, wenn wir uns wenigstens eine weniger durchsichtige Fassade zulegen würden.

Die muß nicht, wie Herr G. uns nahelegen möchte, männlich sein. Denn in seinen Aussagen über die »Andersartigkeit« der Frauen läßt sich eine gewisse Unsicherheit erkennen. Bei dieser Kritik bekommt man den Eindruck, daß der andere Problemlösungszugang der Frauen ihm vor allem deshalb nicht paßt, weil er ihn perplex macht. Der von Herrn G. hier vertretene Kapitalismus ist der der alten Garde; die neue Schule des Kapitalismus bemüht sich selber schon um Teamgeist, Einfühlung, kreative Lösung von Konflikten usw., um die Stimmungen und Launen der Mitarbeiter, um intuitive Entscheidungen, um Dinge also, die allesamt in dem Bereich liegen, in dem Frauen sich von Natur aus wohler fühlen.

Unbestritten richtig liegt Herr G. mit einigen anderen Aussagen. Es stimmt, daß Frauen sich durch Kritik pauschal angegriffen, verletzt, in Frage gestellt fühlen und schlecht damit umgehen. Richtig ist auch seine Beobachtung, daß Männer ihr Leben viel eher segmentieren können – daß sie, wenn sie morgens das Haus verlassen, diesen Bereich auch im Kopf mit einer geschlossenen Tür versehen und erst wieder nach Dienstschluß dort »eintreten«. Ob das aber erstrebenswert ist, ist wieder eine andere Frage. Ist es der Sinn der Vaterschaft, den Sohn seinem Hauslehrer und seiner Mutter zu überlassen, während er selber die Börsenkurse studiert? Wollen wir bis in alle Ewigkeit »Elternabende« zu »Mutterabenden« deklarieren, oder ist es vielleicht ganz gut, wenn der gut funktionierende Privatbereich, über den der Herr Mann keinen Gedanken verlieren muß, ein paar Jahre lang nicht mehr so gut funktioniert. Was zwar für alle Beteiligten stressig und schrecklich sein wird, sozialgeschichtlich aber der einzige Weg ist, an der Aufgabenverteilung in der Familie etwas zu ändern? Denn Herrn G's Empfehlungen an die Frauen, resoluter zu sein, nicht milde lächelnd Kompromißbereitschaft und Schwäche zu signalisieren, die läßt sich schließlich auch auf die Partnerschaft übertragen. Wird der

Manager nicht auch eine freundlich lächelnde, kooperative Ehefrau letztlich als »Tante«, die man »schon rumkriegt«, einstufen? Braucht er nicht ein wenig häusliches Chaos, um zu bemerken, daß er auch seine eigenen männlichen Hände und Gedanken hier investieren wird müssen?

VIII. Amerika, du hast es besser

Die Frage nach dem »ob« und dem »wozu« einer Karriere stellt sich in der amerikanischen Diskussion kaum noch und hatte auch in den Anfangszeiten dieser neuen Welle nicht den Stellenwert, den sie heute in Europa hat. Die Linien waren in den USA viel klarer: Da gab es auf der einen Seite die Konservativen, die im Namen von Familie und Stabilität die Frau zu Hause bei den Kindern lassen wollten, die zwar bereit waren, ihre Augen zu schließen vor der Tatsache, daß die Mehrheit aller Frauen in der Lohnarbeit tätig ist und sein muß, um die Familie überhaupt erhalten zu können, solange es sich um niedrigere, unqualifizierte und schlecht bezahlte »Frauenarbeit« in Büros und Fabriken handelte, die aber den Untergang der Familie und der Gesellschaft prognostizierten, sobald es um Frauen in gehobenen Berufen ging.

Und auf der anderen Seite gab es die Progressiven, die vorwärts und aufwärtsstrebenden Frauen, die sich ihren Platz in der Welt erobern wollten – auch in der Berufswelt.

Der Feminismus in Amerika hatte von Anfang an ein wesentlich unkomplizierteres Verhältnis zu Karriere und Erfolg. Die Frage war nicht »ob«, sondern »wie«. Dutzende von Frauenzeitschriften, in unterschiedlichen Graden des expliziten feministischen Selbstverständnisses, wenden sich heute an die berufstätige Frau, die vorankommen will. Statt Prinzipienerörterungen bieten diese Zeitschriften Detailhilfen, wobei die typische Problemwahl interessant ist und sich einige Ebenen unterscheiden lassen. Eine Ebene ist die formelle, auf der es um konkrete Diskriminierungen und um Maßnahmen dagegen, meist kollektiver Art, geht. Typische Beispiele sind Rechtsklagen gegen sexuelle Belästigung am

Arbeitsplatz, kollektive Lohnfragen und Fragen der Beweisführung in Fällen, wo Frauen sich als Frauen bei Beförderungen übergangen fühlen.

Die zweite Ebene befaßt sich mit sozialpsychologischen Aspekten der Arbeitsplatzsituation und mit Verhaltensfehlern, die Frauen hier machen sowie mit Taktiken und Strategien, die sie statt dessen versuchen sollten.

Diese Zeitschriften finden einen interessierten und großen Leserinnenkreis – so groß, daß schon eine Reihe von Nuancierungen stattfinden konnte. Es gibt nicht nur die Zeitschrift *Working Woman*, sondern daneben auch das Magazin *Working Mother*, beide auf Hochglanz und medienmäßig im gängigen Klischee etabliert. Dann gibt es *Self*, für die gesundheitsbewußte Berufstätige; *New Woman* für die mittleren Ränge der Berufsskala; und dazu kommt, daß selbst die traditionellen Frauenzeitschriften der Karriere einen immer bedeutenderen Platz im Inhaltsverzeichnis einräumen. In manchen Zeitschriften wie *Redbook* oder gar *Good Housekeeping* steht die Teilzeitarbeit dabei im Mittelpunkt, entsprechend dem Lebensstil der typischen Leserin. In *Cosmopolitan* wird die Zielgruppe der jüngeren unverheirateten Berufstätigen angesprochen, die ihre eher beginnende, oft nicht sehr vielversprechende Karriere hier in einem aufregenderen, erotisierten Licht neu serviert bekommen. Abgesehen von *Cosmopolitan* aber, wo eher das Karrieremärchen erzählt wird (sinnliche junge aufstrebende Sekretärin, die Urlaub in der Karibik macht, schwierige, aber aufregende Männer kennenlernt und sich heroisch durch die Büropolitik schlägt), sind die meisten einschlägigen Berichte sehr pragmatisch, sehr realistisch und sehr darauf konzentriert, konkrete Anweisungen und Ratschläge zu geben.

Und trotzdem macht sich, wenn man diese Lektüre in der Masse vor sich liegen hat, ein zentraler Widerspruch bemerkbar.

Die Pragmatik, das ist die eine auffallende Note dieser Literatur.

Daneben aber gibt es etwas, das zunächst schwer einzuordnen ist, weil man nicht weiß, ob es ironisch gemeint ist oder ob es eine unterbewußte, tiefe Unsicherheit ausdrückt. Die Zeitschrift *Mademoiselle* zum Beispiel hat seit neuestem eine Rubrik, in der Frauen sich mit Berufsproblemen jeder Art an die Zeitschrift wenden können und dann Rat erhalten. In der August-Nummer 1988 z. B. werden zwei Briefe von Leserinnen erörtert. Die erste Frau schreibt, daß ihr Chef gerade entlassen worden ist, und zwar unter sehr unangenehmen Umständen. Nun kommt ein neuer, der unter anderem die Mißstände unter der Regentschaft des Vorgängers »aufräumen« soll. Wie soll sie sich ihm gegenüber verhalten, um ihren Job zu sichern? Die ausführliche Antwort erörtert, ob und wie sie sich kritisch über ihren ehemaligen Chef äußern soll, wie sie ihre eigenen guten Leistungen der letzten Jahre präsentieren kann, daß sie sich in den ersten Tagen überhaupt am besten abwartend und unauffällig verhalten soll u. ä.

Die zweite Frau schreibt, daß sie kürzlich eine Beförderung bekommen hat. Ihr Hauptrivale für den neuen Posten kann ihr nicht verzeihen, daß er ihretwegen übergangen wurde und macht ihr seither das Leben schwer. Wie soll sie sich in dieser Situation verhalten?

Auch hier ist die Antwort sehr detailliert und praktisch, mit Beispielen von Reaktionen, die sie in verschiedenen Situationen zeigen könnte.

Nur eines paßt nicht ganz ins Konzept dieser Kolumne: ihr Titel. Sie heißt, eine Anspielung auf den erfolgreichen australischen Spielfilm: »Your Brilliant Career«. Damit wird eine – sarkastische? ironische? relativierende? – Komponente eingeführt, deren Zweck nicht sofort evident ist: denn natürlich hat das Gros der Leserinnen keine »brillante Karriere«, sondern einen ganz gewöhnlichen Job. Das Herunterspielen der eigenen Leistung ist, das wissen wir aus zahlreichen Studien, typisches Frauenverhalten. Hingegen ist die Gabe, selbst noch die unbedeutendsten Handlungen zu etwas Wichtigem zu erheben, eine typisch männliche Fähigkeit. Der Titel dieser Kolumne, der mit seiner Ironie die Sachlichkeit wieder zurücknimmt, scheint eindeutig dem weiblichen Zugang zur eigenen Leistung zu entsprechen – man spielt sie herunter, wertet sie ab, um nur ja keinen Neid und keine Aggressionen zu wecken, präsentiert sich als bescheiden, fordert nicht zuviel Anerkennung, da man sowieso nicht die Hoffnung hat, sie zu bekommen ...

Oder ist das eine Überinterpretation, und will die Zeitschrift das Thema bloß lesbarer und unterhaltsamer gestalten? Das wäre plausibel, wenn daneben nicht der ungebührende Ernst stünde, mit dem zum Beispiel »die neuen Farben für den Herbst« und andere, wirklich triviale Dinge in Frauenzeitschriften behandelt werden. *Vogue* ist hier bestimmt die beste Illustration: Dort wird eine neue Knopfform als »neue Philosophie« beschrieben, ein anderes Rouge als »Lebensgefühl«. Ernst und Unernst scheinen in der Kultur der Frauen immer noch paradox verschoben zu sein. Und es ist bestimmt kein Zufall, wenn sich das ausgerechnet in der neuen pragmatischen Karriereliteratur fortsetzt.

Diese Verlagerungen von Ernst und Unernst sind ohne Zweifel ein Indikator dafür, daß man sich der Wertigkeiten unsicher ist, daß eine Auseinandersetzung im Gang ist. Und darin spiegelt sich der immer noch schwächere, daher angreifbare Stand der Frauen. Erfolg, ja – aber am besten, ohne zu »provozieren«. *Wer* nicht provoziert werden soll, das mag von Frau zu Frau variieren: ein verunsicherter Partner vielleicht oder ein erwünschter Partner, der nicht durch eine »beinharte Karrierefrau« schon von vornherein abgeschreckt werden darf. Die Kollegen vielleicht, deren Neid und Aggressivität man befürchtet. Der Vorgesetzte, dessen männliche Ängste nicht geweckt werden dürfen durch allzu selbstbewußtes Auftreten, weil er sonst verschreckt wird und den weiteren Aufstieg der Frau verhindert.

Die Umwelt im allgemeinen vielleicht, die ein freundliches Bild von der »Karrierefrau« gewinnen soll, um in ihren Vorurteilen nicht bestärkt zu werden. Die echten und die fiktiven Gegner allzu großen weiblichen Erfolges spuken im Kopf so mancher Frau herum und beeinträchtigen dort die natürliche Reaktion, die spontane Antwort, das normale Verhalten. Und dieses Problem wird noch dadurch verstärkt, daß Frauen sich in der Berufswelt insgesamt, vor allem aber in den höheren Etagen, noch nicht ganz zu Hause fühlen – und daher noch keine wirkliche »Normalität« empfinden.

Eine Ambivalenz der Literatur besteht in der Schwierigkeit, dieses Problem zu lösen. Denn wenn Frauen sich unsicher fühlen, nicht genau wissen, wie sie sich verhalten sollen, dann wollen sie Ratschläge hören. Andrerseits aber verstärken gerade diese Ratschläge wieder ihr Gefühl, daß ihr »normales« Verhalten falsch und fragwürdig wäre.

Ein gutes Beispiel liefert die Zeitschrift *Working Mother* in der Juni-Nummer 1988. Wenn Männer am Arbeitsplatz in eine sehr schwierige, stressige Situation kommen, heißt es darin, dann reagieren sie typischerweise nervös, aufgebracht und aufgeregt. Frauen auch. Nur drücken sich diese Empfindungen bei Männern und Frauen anders aus. Ein Mann wird heftiger, ungeduldiger, lauter, aggressiver. Eine Frau, auch eine zornige Frau, neigt dagegen leichter zu Tränen. Tränen aber, egal ob sie von Kummer, Müdigkeit oder Wut motiviert sind, sind am Arbeitsplatz ein völliges und vollkommenes Tabu. In einem traditionellen Frauenberuf könnten sie vielleicht noch durchgehen; im Management sind sie schlicht undenkbar. Eine Sekretärin, eine Krankenschwester, eine

Kindergärtnerin darf sich, von männlichen Vorgesetzten wohlwollend belächelt, noch dermaßen »gehenlassen«. Über Gerechtigkeit oder Ungerechtigkeit dieses Standpunktes will die Zeitschrift gar nicht sprechen – es sind Männerregeln, kein Zweifel, und objektiv nicht richtige. Aber es ist einfach so: Der zornige, schreiende, unbeherrschte Mann hat immer noch das Vertrauen seiner Umgebung. Eine Frau, die Entscheidungsfunktionen hat, darf ihre Erregung nicht auf »ihre Weise« zeigen, sonst gilt sie als unzurechnungsfähig. Und da es unter gegebenen Umständen keinen Sinn hat, sich über die mindestens ebensogroße Unbeherrschtheit und Unzurechnungsfähigkeit des zornigen Mannes zu unterhalten, hilft nur eines: die Frau muß sich Tricks aneignen, um die Tränen zu unterdrücken. Die Zeitschrift bietet, unterstützt von Psychologinnen, einige solcher Tricks an. Und zum Schluß ein paar elegante Fluchtmöglichkeiten falls sich zeigt, daß sie in diesem speziellen Fall nicht wirken werden.

Die Ambivalenz zeigt sich aber auch in der manchmal seltsamen Art, in der mit Problemen umgegangen wird. Die Zeitschrift *Self,* eine schicke, sachliche Zeitschrift mit betontem Fitneß Schwerpunkt, widmete ein Schwerpunktheft der dringlichen Frage des Streß.

Streß, erfuhren wir in dem ersten Artikel, betrifft Frauen in besonderer Weise. Zwar ist ihre körperliche und psychische Konstitution so gelagert, daß sie Dauerbelastungen organisch gut vertragen, vielleicht besser als Männer. Andrerseits aber wird ihnen einfach objektiv zuviel zugemutet:

»Eine Studie der Decision-Research-Firma hat ergeben, daß berufstätige Frauen 25 % weniger Freizeit haben als Männer in vergleichbaren Positionen. ›Keine andere Gesellschaft in unserer Geschichte hat es einer Schicht von Privilegierten in anspruchsvollen Stellungen jemals zugemutet, ohne nennenswerte dienstleistende Infrastruktur zu funktionieren. Wir aber verlangen das von den Karrierefrauen«, merkt Professor Silver (Soziologieprofessor an der Columbia University) dazu an.

Die sprichwörtliche »Doppelbelastung« der berufstätigen Frau vervielfältigt sich für so manche Karrierefrau noch weiter. Sie hat ihren Job, sie hat die Vor- und Nacharbeiten, die dazugehören und die meist zu Hause erledigt werden, sie hat die gesellschaftlichen Verpflichtungen, die zum Erfolg gehören (aber keine Ehefrau, die ihr bei der Organisation derselben hilft), sie hat oft noch die Karriere des Mannes in ihrer Eigenschaft als seine Ehefrau mitzubetreuen, sie hat die Familie ... oder keine, eine Entscheidung, die für viele Frauen mit einer spezifischen Variante von Streß verbunden ist.

Die Zeitschrift *Self* erörtert das alles; geht dann auf die gesundheitliche Bedeutung und die möglichen Konsequenzen von Streß und Überlastung ein; stellt eine Reihe sehr erfolgreicher Frauen vor und befragt sie nach ihren speziellen Tricks zur Bewältigung von Streß; läßt dann noch von einer Soziologin die spezielle Erpreßbarkeit der Frauen zu zusätzlichen Dienstleistungen erörtern. Und dann folgen zwei Beiträge, die irgendwie nicht in dieses Muster passen, sondern die Ambivalenz verraten. Der erste: ein »Lösungsvorschlag« für das Zeitproblem. Also, da wäre zumindest *ein* Bereich, wo man wirklich Zeit sparen könne, und zwar das morgendliche Make-up. Nicht etwa, in dem man es ganz bleiben läßt, nein; eine unanfechtbare und auch unanfechtbar weibliche Maske gehört zum Karrieredreß. Aber, *Self* hat eine Idee, man kann das ganze doch gleich kombinieren mit einer anderen zeitaufwendigen Sache, der Anfahrt zum Arbeitsplatz, und sich im Bus, in der U-Bahn, mit etwas Planung sogar im Auto während der Fahrt ins Büro schminken. Pardon, im Auto während der Fahrt ins Büro? Ja, und zwar stückchenweise, bei jedem Rotlicht ein bißchen. Man muß natürlich planen können. Man muß folgendes einstecken: einen Spiegel (für U-Bahn und Bus, das Auto hat ja praktischerweise einen Rückspiegel dafür); eine Puderquaste, Lidschatten, Eyeliner und Maskara, Lippenstift, Handlotion, eine Haarbürste und einen feuchten Schwamm in einer Plastiktüte. Und dann geht's los:

»Schick in Sekunden
Der Countdown läuft so ° Minute 0:00 – hinein in den Bus/das Auto, die Haare können noch feucht sein ° Minute 0:10 – Haare hochstecken ° Minute 0:30 – Abdeckstift unter die Augen ° Minute 1:00 – Rouge auf Wangen und Kinn ° Minute 1:30 – Eyeliner rund um die Augen ° Minute 2:00 – bitte wirklich nur bei Rotlicht an der Ampel bei komplettem Stillstand des Wagens! Maskara auftragen ° Minute 3:00 – Lippenstift auftragen ° Minute 3:15 – Gesicht pudern ° Minute 3:45 – Haare losbinden und durchkämmen ° Minute 4:30 – Hände eincremen ° Minute 5:00 – Am Ziel! In jeder Hinsicht!
Und wenn Sie einen weiten Weg in die Arbeit haben, oder besonders viele Verkehrsampeln, können Sie den Plan noch ausbauen. Investieren Sie Ihre Zeit noch effektiver. Es gibt batteriebetriebene Haartrockner und neue, schnelltrocknende Nagellackstifte, alles geeignet für unterwegs.
Um sicher zu sein, daß Sie in der Eile keinen Fehler gemacht haben, empfiehlt es sich, Ihr Aussehen schnell noch in einer Fensterscheibe oder im Spiegel des Lifts zu kontrollieren.«
Dieser Beitrag liest sich wie Komik. Die Managerin, die sich allmorgendlich im Rückspiegel ihres Autos schminkt, ist mehr Karikatur denn Rollenbild – und lebt außerdem gefährlich. Die Frau, die sich feinsäuberlich ihr kleines Schminkpäckchen zurechtlegt, inklusive feuchtem Schwamm, hat sicher mehr Zeit dafür aufgewendet als die Zeit, die sie mit dieser Prozedur angeblich sparen soll. Auch der Vorschlag, an etwas späterer Stelle, man solle im Restaurant die Klinge des Messers dazu benützen, den Lippenstift aufzufrischen,

weil es unprofessionell wirke, einen Spiegel hervorzuholen, ist eher als üble Satire zu lesen – und dennoch offenbar ernst gemeint.

Aber der zweite Beitrag zur »Streß-bewältigung« ist schlicht entlarvend:

»Wir alle kennen dieses Märchen: Kellnerin aus der Kleinstadt zieht in die große Welt und findet dort das Glück, die große Karriere und das aufregende Nachtleben. Nur: diesmal spielen wir die Geschichte umgekehrt herum. Klingt verrückt? (Oder könnte das ein Märchen ganz in Ihrem Sinne sein?) Die Frau, die wir hier vorstellen, hat genau das getan: ihre Stöckelschuhe und ihre Aktentasche zurückgelassen, die schillernde Großstadt verlassen und sich in eine ländliche Kleinstadt zurückgezogen. Und trotzdem ist es keine Geschichte des Scheiterns. Mut und Aufgeschlossenheit waren die Voraussetzungen für diesen Schritt. Und er wurde belohnt, denn er brachte sie genau dorthin, wo sie sein wollte, und machte sie zu dem, was sie sein wollte.«

Sehr schön, sehr philosophisch. Wert, genauer gelesen zu werden. Also: Winky ist 30 Jahre alt, lebt in New York, arbeitet für eine Möbeldesignfirma. Ein anspruchsvoller, abwechslungsreicher, auch gut bezahlter Job, der erst spätabends nach den Cocktails mit Klienten endet. Von Winky in dieser Inkarnation sehen wir kein Bild, dafür sehen wir vier Fotos vom heutigen Happy-End: Winky ganz gelöst im Gespräch mit den freundlichen Nachbarn (in New York lebte sie hinter Schlössern und Riegeln), Winky mit nicht näher identifiziertem Pflanzensträußchen in der Hand und im Anorak, Winky im Hochzeitskleid an der Seite des attraktiven Kleinstadtmannes, der ihr nach nur zwei Monaten Landlebens einen Heiratsantrag machte, und schließlich die Krönung, Winky im Berufsdress ihrer neuen Arbeit, als Kellnerin, glückstrahlend mit einem Stapel Teller auf dem Arm. Was hat Winky zu dieser Lebensveränderung bewogen? Die Erschöpfung, im wesentlichen. Mit 30, nach 6 Jahren »lustiger, aber hektischer Großstadt-Karriere«, hatte Winky genug davon und kehrte zurück in ihren Heimatort. Dann kam Chuck. Der Rest der Geschichte ist schwer nachzuerzählen, denn reduziert auf seine essentiellen Ereignisse, klingt das ganze recht retrospektiv, was eine Zeitschrift wie *Self* natürlich nicht will. Von daher gewinnt auch die Geschichte ihre eigenartige Atmosphäre: sie ist uralt und traditionell wie ein Heimatroman, wird aber erzählt im Hightech-Stil als absolut innovative, bahnbrechende Story. Zusammengefaßt: Winky lernt Chuck kennen, sie heiraten, bauen »ein Traumhaus«, Winky gibt ihren neuen Job in der kleinstädtischen Möbelfabrik auf und wird Kellnerin, schafft sich Hund an, geht Radfahren, fühlt sich entspannt.

Erzählt wird das ganze aber im Vokabular der neuen Karrierefrau, indem über Selbsterfüllung, Verwurzelung, Gemeinschaft, zwanglos kreatives Denken, die Exploration von Alternativen usw. die Rede ist. Daher klingt Winky ungeheuer einfallsreich, ihr Leben klingt sehr ungewöhnlich und unkonventionell. Bis man wieder auf einen Absatz stößt, der dieses Leben genauer umreißt und es haarscharf als das Leben unserer Mütter und Großmütter zu erkennen gibt. Nur beachte man die Verlagerung der Darstellungsweise:

»Wie dachte Chuck über ihren Karrierewechsel (von der Möbelfabrik zum Restaurant)? ›Er hat mich sehr unterstützt‹, sagt Winky. ›Es hat sich sogar herausgestellt, daß er die neue Lösung bevorzugte. Vorher war es zu stressig. Jetzt arbeite ich vier Tage die Woche, jeweils vier Stunden lang. Damit bleibt viel Zeit für die kleinen, zeitraubenden Dinge, und Chuck und ich können am Wochenende Qualitätszeit miteinander verbringen. Die Wäsche, der Haushalt, das ist alles aus dem Weg, und wir können Radfahren oder Segeln gehen.‹

Winkys neuer Beruf bietet auch andere, nicht-monetäre

Vorteile. Zum Beispiel Flexibilität. Chuck muß beruflich oft verreisen, nach Kalifornien, nach Washington. Wenn sie mit einer anderen Kellnerin tauscht, kann Winky mitfahren. Natürlich gab es eine gehaltsmäßige Umstellung. Früher verdiente Winky gut, heute kann sie knapp die Lebensmittel davon bezahlen. Zum Glück verdient Chuck so viel, daß sie sich nicht einschränken müssen.« Wir können zusammenfassen: Einer Frau war der anspruchsvolle Job zuviel, und statt dessen wurde sie Kellnerin, suchte sich einen Mann als Hauptfamilienernährer, erledigt dafür die gesamte Hausarbeit allein und darf manchmal als Ehefrau mit auf Reisen gehen. Ist daran etwas Neues? Sicher: Aussteigephantasien sind normal. Sie sind auch nicht geschlechtsgebunden, nur wird wohl kein Mann in seinen Aussteigephantasien davon träumen, den »entspannenden« Job einer Kellnerin-und-Hausfrau zu ergreifen. Alter Wein in neuen Schläuchen? (Es fragt sich allerdings, ob Frauen schon hinreichend »eingestiegen« sind, um sich bereits »Aussteigephantasien« verdient zu haben.)

IX. Erfolg! Und Angst vor dem Erfolg

»Erfolg« ist ein sehr subjektiver Begriff. Geld, Lebensqualität, persönliche Erfüllung in einer als sinnvoll wahrgenommenen Tätigkeit, Status, Anerkennung – es gibt fast unendlich viele Indikatoren für Erfolg.
Wir wollen aus dieser Fülle drei »Typen« herausgreifen, die von den Frauen, mit denen wir sprachen, als eine Art »nicht-entfremdeten« Erfolges erlebt wurden:
– das traditionelle Modell
– das politisierte Modell
– das individualistische Modell.

Im *traditionellen Modell* akzeptiert die Frau, daß ihre beruflichen und persönlichen Ziele nicht ohne weiteres miteinander zu vereinbaren sind, sondern daß sie für sich eine möglichst befriedigende Mischform finden muß. Wenn sie Kinder und ein Privatleben haben will, wird sie sich nicht hundertprozentig ihrer Karriere widmen können. Wenn sie ihre Kinder nicht selber erzieht, wird sie laufend mit Organisationsproblemen und Gewissenskonflikten konfrontiert sein. Die Alternative aber, ganz auf einen dieser beiden Lebensschwerpunkte zu verzichten, erscheint ihr unerfreulicher als die zu erwartenden Probleme einer Kombination. Für diese Frau läuft das Selbstverständnis, und auch das Erfolgsverständnis, immer zweigleisig: sie fühlt sich erfolgreich, wenn beide Bereiche zwar nicht absolut optimal, aber doch insgesamt ganz gut laufen.

Im *politisierten Modell* hat sich die Frau für den vollen Einsatz in einem klassischen, oft »harten« Karrierezweig entschieden: Industrie, Privatwirtschaft, Politik. Ihre Arbeit erfordert die Aufgabe weiter Teile anderer Lebensbereiche: Privatleben steht an zweiter Stelle, Freundschaften sind oft arbeitsverbunden usf. Sie erlebt diesen Verzicht als erträglich, weil sie ihn mit einer über den bloßen materiellen Erfolg hinausragenden Leistung verbindet: Sie arbeitet für eine wichtige Sache, sie hilft der Sache der Frauen durch ihren Durchbruch in höchste Männersparten etc.

Im *individuellen Modell* wird Erfolg mit persönlicher Freiheit und Selbsterfüllung gleichgesetzt. Die Frau strebt eine hochqualifizierte Stellung an, weil diese ihr mehr Unabhängigkeit, Flexibilität und Selbständigkeit erlaubt. Oft sind solche Berufe im kreativen Bereich angesiedelt, aber auch Privatunternehmerinnen können so motiviert sein. Der Arbeitseinsatz solcher Arbeit kann oft gemäß allen üblichen Indikatoren sehr hoch, die Streßbelastung beträchtlich sein. Da die Frau diese Arbeit aber als selbstbestimmt erlebt, nimmt sie diese Belastungen in Kauf. *Sie* entscheidet, ob sie noch einen dritten Auftrag annimmt, für den sie zweimal die Woche nach Stuttgart fliegen muß. Sie arbeitet 60 Stunden in der Woche, aber dafür entscheidet nur sie, *welche* 60 Stunden das sein sollen.

Die Frage »wozu Erfolg« ist angesichts dieser Subjektivität der Erfolgsdefinition schwer zu verstehen. Denn wenn Erfolg dermaßen frei definierbar ist, bleibt die Alternative dazu eigentlich nurmehr: der Mißerfolg. Und da das wohl kaum von den Erfolgskritikerinnen so gedacht sein kann, müssen wir annehmen, daß diese von einer ganz bestimmten Erfolgsvorstellung ausgehen. Dubios ist für sie wohl nicht das subjektive, selbstbestimmbare Erfolgserlebnis, sondern dubios sind eine Reihe herkömmlicher Erfolgsbestimmungen wie Geldstreben, Erfolgssucht, der Wille zur Macht u. ä. Vor allem, da die Vorstellung, den »langen Weg durch die Institutionen« zu gehen, um durch Infiltrierung die machttragenden Einrichtungen allmählich zu verändern, an Überzeugungskraft verloren hat, stehen viele europäische Feministinnen einer »weiblichen Teilhabe an der Macht zum Zwecke ihrer Veränderung« eher skeptisch gegenüber und haben dazu bloß die Assoziation einer Margaret Thatcher.

Nicht nur für die Frauenbewegung, auch für die einzelne Frau ist »Karriere«, ist »Erfolg« ein problematischer Begriff. Für uns fing das schon damit an, daß unsere Gesprächspartnerinnen fast durch die Bank den Begriff »erfolgreich« für sich selber schamhaft zurückwiesen, sogar dann, wenn die Außenwelt, wenn ihr objektiver beruflicher Status sie über jeden Zweifel hinweg als erfolgreiche Frauen zu erkennen gab. Da wir gerade zuvor eine Untersuchung über beruflich erfolgreiche Männer abgeschlossen hatten, war der Kontrast für uns besonders krass. Mit dem Begriff des Erfolges hatten wir da keine Probleme gehabt. Kein Mann zweifelte daran, ob er denn wirklich erfolgreich und interessant genug sei, um für unsere Untersuchung in Frage zu kommen. Im Gegenteil; die meisten fühlten sich ganz offensichtlich sehr geschmeichelt, gaben uns sofort einen Termin, schickten den Firmenchauffeur, um uns abzuholen, plusterten sich vielleicht ein wenig vor der Sekretärin damit auf. Daß wir eine wissenschaftliche Untersuchung über erfolgreiche Männer machten und dazu mit ihnen sprechen wollten, verschaffte uns ein besonders leichtes Entree, und jeder Mann identifizierte sich schnell und gerne mit dem Etikett »erfolgreich«.

Ganz anders die Frauen. Kaum eine, die nicht zunächst ausführlich und innig Zweifel daran äußerte, ob sie denn überhaupt in diese Gruppe der »beruflich Erfolgreichen« passe. »Sie wollen *mich* interviewen? *Ich* wurde Ihnen als erfolgreiche Frau genannt? Ich weiß nicht, ob ich wirklich in Ihre Gruppe passe.« usw. Überraschenderweise taten sich die meisten sogar noch mit dem Etikett der »Karrierefrau« leichter. Denn Karrierefrau, das ist offenbar bloß ein Wunsch, ein Versuch, ein Anspruch; Erfolg aber, diesen Eindruck bekamen wir stark vermittelt, ist schon ein Gütesiegel, den nur ganz Unbescheidene sich selber verleihen würden.

Selbst noch im Gespräch waren viele Frauen dann bemüht, ihren Status und ihre Leistungen zu relativieren. Sie beschrieben sich als »absolute Ausnahme«, ihren Aufstieg als »Zufall« oder als »Kette von Zufällen«, die hauptsächliche Ursache ihres Erfolges als »Glück« und »glückliche Umstände«.

Während die Männer in unserer vorangegangenen Untersuchung sogar recht brüchige Lebensläufe in der Erzählung zu einem intelligenten, planvoll aufgebauten Aufstieg umkonstruierten, schilderten umgekehrt Frauen ihre sichtbar systematisch erarbeiteten Erfolge als Serie von schicksalshaften Fügungen, deren passive und fast unfreiwillige Nutznießerinnen sie unwillkürlich wurden (weshalb man ihnen ihren Erfolg auch nicht grollen sollte?). Ein Manager zum Beispiel, der als Jugendlicher herumgebummelt, das Studium abgebrochen hatte, sich dann an zwei Projekte heranwagte, die beide scheiterten, mit einer Firma in Konkurs ging, letzten Endes aber Fuß fassen konnte und jetzt an wesentlicher Stelle im Management einer soliden Firma war – oft genug mittels persönlicher oder verwandtschaftlicher Beziehungen, die ihm den Start in dieser Firma überhaupt erst ermöglichten –, erzählte seinen Werdegang niemals in dieser Form, als Serie von Auf- und Ab-Erlebnissen, mit glücklichen Fügungen, günstigen Zufällen, Mißerfolgen usw. Sondern er hatte eine nahtlose Version anzubieten, in der selbst die negativen Punkte in einem positiven Licht dastanden: die Jugend als Sturm-und-Drang-Phase, die Konkurse als wichtige Erprobungsjahre usw. Auch wenn es in der Situation bestimmt nicht so war, sondern vom Mann wahrscheinlich als schmerzliche und beängstigende Lebensphase erlebt wurde: Der Außenwelt gegenüber hatte er, als Erfolgsmann, eine passende Biographie zu präsentieren. An die er vielleicht irgendwann sogar, zu seinem Trost und seiner Freude, selber glauben konnte.

Frauen dagegen, die sich gegen widrige Umstände, ohne viel Zuspruch von Familie und Umwelt, letztlich doch konsistent durchschlugen und zwar ablenken, nicht aber beirren ließen, beschrieben sich als kleine Hälmchen im Wind einer stürmischen Arbeitswelt, als unscheinbare kleine Gräschen, die eine freundliche Boe ganz zufällig nach oben geweht hatte. »Mag mich« und »sei mir nicht böse« – zwei Leitsprüche der Frauen. Und als Ziele auch nicht falsch, denn sicher ist das Leben angenehmer, geht die Arbeit lustvoller und produktiver weiter, wenn das Klima gut ist, niemand sich übervorteilt oder übergangen fühlt, alle Beiträge gewertet und alle Personen mitsamt ihrer Persönlichkeit anerkannt werden. Aber es macht die Frauen dennoch erpreßbar und teilt die Arbeitswelt in zwei Bereiche. Den einen, in dem die Frauen sind, in dem es »menschlich« zugeht: in dem getratscht, Kaffee getrunken, privat telefoniert, gestritten und intrigiert wird; und den anderen, in dem angeblich alles auf einer viel höheren Stufe der Sachlichkeit und Feingeistigkeit abläuft, in dem man nur über Börsenkurse spricht, Gefühle nur sublimiert erlebt als Karriereoptimierungsmaßnahme, in dem persönliche Empfindungen und Probleme hinter die »Sache« zurücktreten müssen. In Wirklichkeit unterscheidet sich der zweite Bereich überhaupt nicht vom ersten. Der Chef hat nicht bloß deshalb Magengeschwüre, weil er über den Börsenkurs nachdenkt, sondern weil seine Frau ihn verlassen will und sein Sohn gerade aus der Schule fliegt. Er intrigiert nicht nur deshalb gegen den Inhaber der Firma T., weil sich das aus wirtschaftlichen Gegebenheiten zwangsläufig ergibt, sondern auch, weil er diesen Menschen nicht leiden kann. Bei den »Arbeitsessen« geht es nicht sachlicher zu als beim Kaffeeklatsch der Sekretärinnen. Aber der Mythos besteht fort.

Diesen Abschnitt möchten wir gerne mit einem kleinen Experiment einleiten. Wenn Sie mitmachen wollen, dann holen Sie sich jetzt Papier und Kugelschreiber. Wir erzählen Ihnen den Anfang einer kleinen Geschichte über eine junge Frau, und Sie schreiben diese Geschichte dann spontan ein Stückchen weiter.

Anna ist Medizinstudentin. Sie und ihr Freund mußten gerade eine wichtige Prüfung ablegen. Nun werden die Ergebnisse im Aushang bekanntgegeben. Mit den anderen Studenten und Studentinnen drängeln sich auch Anna und ihr Freund um den Aushang. Daraus ist dann ersichtlich, daß Anna als Kursbeste benotet wurde.
Nehmen Sie sich die paar Minuten, denken Sie sich zu Anna eine kurze, weiterführende Geschichte aus. Wie geht es jetzt, in Ihrer Phantasie, weiter?
. . . .
. . . .
Vor einigen Semestern machten wir an einer österreichischen Universität ein Seminar über Frauen in der Arbeitswelt. Wir zögerten lange, ob wir dieses Experiment – das ein sehr berühmtes sozialwissenschaftliches Experiment ist – überhaupt in der Veranstaltung durchführen sollten. Wir hielten es für überaltet, nicht mehr relevant; wir glaubten außerdem, daß es, wenn überhaupt gültig, dann sehr auf amerikanische Verhältnisse zugeschnitten war. Wir machten es dann doch, mehr als »Eisbrecher« für die Seminarteilnehmerinnen denn

als echtes Experiment, und verbrachten dann gemeinsam einen guten Tag damit, die bedrückenden Ergebnisse zu verarbeiten.

Das Experiment, das in Amerika zur berühmten These über eine vermeintliche weibliche »Angst vor dem Erfolg« führte, war die Erfindung einer gewissen Matina Horner, die damit berühmt wurde.

Matina Horner war damals Studentin der Psychologie, und befand sich im letzten Abschnitt ihrer Ausbildung. Und es fiel ihr auf, daß sich in ihr ambivalente Gefühle regten, wenn sie an ihre zukünftige Karriere dachte. Bald würde sie ihr Doktorat bekommen, und sie freute sich und war stolz und war sich der verbesserten Karrierechancen bewußt, die dieser Titel mit sich brächte. Aber daneben gab es noch ein zweites Gefühl, das Matina nicht so recht identifizieren konnte, und dieses Gefühl wunderte und irritierte sie. Sie beschloß, mehr darüber herauszufinden. Zuerst wollte sie feststellen, ob es anderen auch so ging. Sie erfand diese kleine Geschichte über eine junge Medizinstudentin, die wie Matina selbst am Schluß ihres Studiums stand, knapp vor dem Ziel ihres bisherigen Lebens, die einen schönen Erfolg erzielt hat und die nun ... was? Das sollten die befragten Studenten und Studentinnen beantworten.

Die Geschichte über Anna war einfach. Den Studenten – die dieselbe Geschichte, aber mit einem männlichen Helden – vorgelegt bekamen, fielen daher auch relativ einfache Fortsetzungen ein. Er schließt das Studium so erfolgreich ab wie diese Prüfung, macht dann sein Krankenhauspraktikum, wird Arzt usw.

Anders die weiblichen Studenten, denen Matina Horner diese Aufgabe vorlegte. Was denen zu dieser simplen kleinen Story einfiel, war drastisch, extrem, detailliert und – fast durchweg negativ. Die arme Anna – ihre Geschlechtsgenossinnen prophezeiten ihr Unglück und Katastrophen. Der

Freund, sein Stolz durch die so erfolgreiche Freundin verletzt, verließ sie. Ihre Kommilitonen, von einer solchen Streberin angewidert, wollten mit ihr nichts mehr zu tun haben. Ihr gutes Ergebnis war das Resultat eines Benotungsfehlers – bei allen weiteren Prüfungen fiel sie durch und konnte ihr Studium nicht abschließen. Sie studierte zwar zu Ende und wurde Ärztin, erlebte aber dafür in ihrem Privatleben nichts als Rückschläge. Sie wurde deprimiert und verzweifelt. Ein Einbrecher drang in ihre Wohnung ein und ermordete sie. Auf dem Heimweg von der Uni hatte sie einen Verkehrsunfall und wurde schwer verletzt. Und so weiter. In manchen Geschichten waren Annas Probleme die direkte Konsequenz ihres »Erfolges«, ihrer Ambitionen – die Umwelt wandte sich von einer dermaßen klugen Frau ab, Männer konnten ihre Überlegenheit nicht verkraften, sie scheiterte als Frau, sie wurde von der Welt bestraft. In anderen Geschichten waren es Unfälle, Zufälligkeiten, denen Anna zum Opfer fiel. In wiederum anderen war sie selbst es, die den Erfolg nicht verkraftete – sie verfiel in Depressionen, verpfuschte ihr Liebes- und Familienleben, war unglücklich. Erfindungsreich in den Arten der Bestrafung und des Unglücks, die sie Anna zuteil werden ließen, waren sich die Studentinnen dennoch in einem einig: im bösen Ende für die gescheite Anna. Diese Ergebnisse entfachten in den USA eine heftige Diskussion. Da es sich bei den beantwortenden Studentinnen um junge Frauen handelte, die mit Anna vergleichbar waren, war anzunehmen, daß sie sich mit Anna identifizierten – daß ihre Geschichten über Anna also zumindest teilweise Projektionen der eigenen Ängste waren.

Unter dem Schlagwort »Angst vor dem Erfolg« – besser hätte es vielleicht »Ambivalenz gegenüber dem Erfolg« geheißen –, wurden dann Erklärungen hierfür gesucht. Plausibel erschien vor allem die Schlußfolgerung, daß intelligenten Frauen im Sozialisationsprozeß eine verhängnisvolle Doppelbotschaft vermittelt wird: Auf der einen Seite wird von ihnen akademische Leistung verlangt, stehen ihnen Studienplätze und Berufe offen. Auf der anderen Seite wird ihnen vermittelt, daß die Gesellschaft ihren Erfolg eigentlich nicht will, daß sie dafür bestraft werden. Ein Mann, der ambitioniert und erfolgreich ist, hat keine solche Doppelbotschaft. Ist er im Studium gut, darf er erwarten, später in der Arbeitswelt gut zu sein. Und ist er in der Arbeitswelt gut, dann wird er dadurch zu einem besonders attraktiven Heiratspartner. Jeder Erfolg verstärkt also den nächsten – Intelligenz, Erfolg, sexuelle Attraktivität, Ehe, Vaterschaft, – sie bilden eine Einheit. Wer in einer »Kategorie« erfolgreich ist, verbessert damit auch seine Chancen in den anderen.

Anders dagegen bei den Frauen. Sie bekommen von ihrer Umwelt vermittelt, daß Erfolg in einer Kategorie in den anderen Kategorien eine Zurücksetzung mit sich bringt. Wer sich für Familie und Kinder engagiert, kann keine richtige Karriere machen. Wer intelligent und ambitioniert ist, kriegt keinen Mann. Wer als Frau zu lange studiert wird am Schluß entdecken, daß inzwischen alle »guten Männer« schon weggeheiratet wurden. Wer sich als Frau zu sehr für den Beruf engagiert, wird bemerken, daß irgendeine unbedarfte Konkurrentin ihr den Mann weggeschmeichelt hat. So viele Risiken, und auf der anderen Seite so viel Unsicherheit: denn am Ende hat man ein glückliches Ehe- und Familienleben aufs Spiel gesetzt, und den erhofften beruflichen Erfolg bekommt man erst recht nicht, dann steht man ohne irgend etwas da.

Ehrlich gesagt hatten wir unsere Zweifel, was dieses Experiment betraf. Zu vieles davon schien speziell die Situation in einem amerikanischen College zu spiegeln, wo das Campus-Leben viel geschlossener ist als an europäischen Universitäten; wo die Studenten in einer Art dörflichen Struktur leben und viel stärker für ihre gesellschaftlichen Aktivitäten und Erfolge bewertet werden als in Europa. Wen kümmert es in

Europa wirklich, ob Sabine X. für Freitagabend ein »date« hat oder nicht. Die amerikanische Sexualkultur ist eine ganz andere; der Druck, der auf Frauen in dieser Hinsicht lastet, ist viel stärker. Junge Frauen strebten es bis vor kurzem noch an, spätestens bis zur Promotion auch verlobt zu sein. Ihr Status in der Universitäts-Studentenkultur leitete sich auch davon ab, wie populär sie bei den jungen Männern waren. Auch die Karrierefrau in Amerika ist einer viel stärkeren sexuellen Verunsicherungskampagne ausgesetzt als dies in Europa der Fall ist. Hier gibt es vielleicht Anspielungen darauf, daß die »Frustration« irgendeine erfolgreiche Frau hart gemacht hat, aber es ist trotzdem ungleich subtiler als in Amerika. In Amerika ist der Druck, auch sexuell »erfolgreich« zu sein, viel direkter; die Warnung, sich ja rechtzeitig einen Ehemann zu angeln und ihn irgendwie zu binden, kommt mit primitiver Direktheit. Wenn man amerikanische Frauenzeitschriften liest, sogar jene wie *Cosmopolitan*, die sich direkt an die junge aufstrebende Karrierefrau richtet, dann bekommt man den Eindruck, halbwegs attraktive Männer seien in Amerika ein rares Gut, und jede Frau, die einen solchen haben möchte, müsse sich auf einen gnadenlosen Kampf gegen viele andere Bewerberinnen gefaßt machen. Der Mann erscheint in dieser Literatur als der gelassene Umworbene, der eigentlich gar nicht heiraten will, sondern durch besonders geschicktes Taktieren – und danach durch lebenslange, aufmerksame und geschickte Betreuung und Beobachtung – dazu gebracht werden muß, bei dir zu bleiben statt sich einer der Tausenden anderen (jüngeren, schöneren, sexuell attraktiveren) Frauen hinzugeben, die ihn auch noch haben wollen.

Jedenfalls glaubten wir, Matina Horners zweifellos interessantes Experiment würde in Europa zu einem anderen Resultat führen. Und obwohl das Experiment in den USA alle paar Jahre von irgendeiner jungen Soziologin wiederholt wird, um zu sehen, ob die These noch stimmt, trauten wir eigentlich auch diesen Ergebnissen nicht so ganz, sondern glaubten, daß sich auch in den USA mittlerweile ein lässigeres Verhältnis zwischen den Frauen und ihrem Erfolg entwickelt haben müßte.

Wir ließen unsere Österreicherinnen also losschreiben. In der Pause lasen wir ihre Antworten durch – mit wachsendem Schrecken. Das las sich nämlich so:

»Anna wurde zwar die Beste, aber sie findet sich damit ab, daß ihr Freund Karl trotzdem ernster genommen wird als sie. Würde sie das nicht tun, kann sie ziemlich sicher sein, daß er sich bald von ihr abwendet.«

»Anna ist weiterhin sehr gut und graduiert auch als Klassenbeste. Aber bei der Arbeitssuche hilft ihr das nicht weiter, sie bekommt keinen Turnusplatz. Nach Monaten des Suchens und der Frustration beschließt sie, ihren Freund zu heiraten und ein Kind zu bekommen. Ihr Freund Karl hat sein Studium ebenfalls abgeschlossen, aber mit weniger guten Noten. Durch viel Glück ist es ihm aber gelungen, eine Turnusstelle zu erhalten. Anna bekommt ein Kind. Nach zwei Jahren wird ihr ein Turnusplatz angeboten. Nun beginnt der Streß mit Kleinkind und Job. Nach dem Turnus hilft sie bei ihrem Mann mit, der inzwischen eine Privatpraxis eröffnen konnte.«

»Anna und ihr Freund studieren beide zu Ende, sie immer mit den besten Noten, er mit mäßigem Erfolg. Sie heiraten. Anna bekommt das erste Kind und bricht ihre Ausbildung ab. Denn ihr Mann muß sich profilieren, hat daher einen übermäßigen Arbeitseinsatz und kann ihr mit dem Kind nicht helfen. Anna bekommt noch zwei weitere Kinder.«

»Anna bekommt ein Kind, unterbricht das Studium, hilft ihrem Freund bei seinem Studium. Er wird Turnusarzt, hat keine Zeit für Kinderbetreuung. Karl beendet den Turnus und übernimmt die Praxis seines Schwiegervaters, Anna arbeitet halbtags als Sprechstundenhilfe mit. Anna hat Depressionen. Karl will sich damit nicht auseinandersetzen, beginnt ein Verhältnis mit einer anderen Frau. Er empfiehlt Anna, zu seinem Kollegen, einem Psychiater, in Therapie zu gehen. Anna erfährt von Karls Liebschaft mit einer anderen, dreht durch. Karl veranlaßt ihre Einweisung in eine psychiatrische Anstalt.«

So oder ähnlich lauteten 54 Prozent der Geschichten in unserem Sample – eine Mitgift von Horror und Scheitern, die auch unsere Österreicherinnen ihrer Geschlechtsgenossin mit auf den Lebensweg gaben.

In der anschließenden, ausführlichen gemeinsamen Auswertung dieses Ergebnisses fallen vor allem zwei interessante Aspekte auf, die in Horners ursprünglicher Studie nicht berücksichtigt wurden.

Erstens hatten wir, anders als Matina Horner, unseren männlichen Seminarteilnehmern bewußt nicht das »männliche Äquivalent« dieser Geschichte erzählt, sondern wir hatten sie gebeten, ebenfalls für Anna eine Fortsetzung zu erfinden. Daß Männer ein weniger ambivalentes Verhältnis zum Erfolg haben, wollten wir gerne glauben. Uns interessierte, ob sie zum Erfolg einer Frau eine negative oder problematische Einstellung haben. Bald hatten wir unsere Antwort: Die Geschichten der Männer, was die Zukunft der klugen Anna betraf, waren viel ausgewogener als die der Frauen. Zwar sprachen auch manche der Männer die Probleme an, die Anna möglicherweise erwarten: die Schwierigkeit, einen Turnusplatz zu bekommen, die Probleme, Familie und Arztberuf zu verbinden. Erstaunlicherweise spielten Karls Ego-Probleme in den Erzählungen keine Rolle. Weil Männer nicht zugeben wollen, daß sie eine intelligente Frau nicht verkraften? Möglicherweise; in der Diskussion schien es eher so zu sein, daß die Männer, wenn sie sich in Anna hineinversetzten, einem bloßen »Freund« und seiner vermeintlichen Reaktion nicht die überragende Bedeutung zumaßen, wie das bei den Frauen der Fall war. Sie sahen Karl nicht als den künftigen Ehemann, als die wichtige männliche urteilende Stimme, als die Person, die gehegt und beruhigt werden muß, sondern nahmen die Erzählung beim Wort: daß er einfach ein Freund war, den Anna während ihrer Studentenzeit hatte. In sehr vielen Männergeschichten kam er überhaupt nicht mehr vor, wurde er offenbar als Randfigur perzipiert und gar nicht in Annas Zukunft hineingedacht. »Es hieß ja nicht, daß sie verlobt sind«, meinten die männlichen Teilnehmer und waren erstaunt, daß die Mehrheit der Frauen Karl ganz selbstverständlich in Annas weiteres Leben hineingeschrieben hatten. Dieser Einwand wiederum löste bei den Frauen Konsternierung aus: Wenn er in der Geschichte genannt wird, und sei es auch nur kurz, dann muß er wichtig sein, nahmen sie an.

Der zweite interessante Aspekt kam ebenfalls erst in der Diskussion heraus. Wir überlegten lange hin und her, welche inneren Unsicherheiten die Frauen dazu bewegt hatten, Anna so drastische Vorhersagungen zu machen. Diese Frage stellte sich, meinten wir, vor allem bei den besonders extremen Geschichten, bei denen Anna nicht bloß eine unterdrückte Hausfrau oder eine untertänige Assistentin des zu Unrecht emporgeschossenen Karl ist, sondern in denen ihr echte Gewalt angetan wird. Es meldete sich dann eine Teilnehmerin zu Wort und meinte beschämt, sie habe vielleicht ein bißchen geschwindelt, und sie würde das jetzt gerne beichten. Sie wisse ja, man habe aus der eigenen Erfindung und Phantasie schreiben sollen, aber bei der Geschichte sei sie einfach so deutlich an ihre Freundin Lisa erinnert worden, daß sie deren wahre Geschichte aufgeschrieben habe statt eine Antwort zu erfinden. Und zwar sei Lisa die Frau, die in der Anstalt gelandet sei, weil sie das Scheitern all ihrer Hoffnungen und die Gefühllosigkeit ihres Mannes nicht mehr ertragen habe. Daraufhin meldeten sich weitere Frauen und meinten, auch sie hätten in ihre Geschichten Details aus der tatsächlichen Erfahrung von irgendwelchen Freundinnen und Bekannten eingebaut.

Damit wurde ein neuer und wichtiger Aspekt in die Auswertung nicht nur dieses Experiments, sondern auch der Ergebnisse von Matina Horner hereingebracht: die Frage nämlich, wieviel der weiblichen Unsicherheit bloß das Produkt ihrer eigenen Unsicherheiten und inneren Ängste ist und wieviel davon aus einer realistischen Kenntnis der Sachlage entspringt. Die meisten Frauen werden vermutlich auf Anhieb zehn Beispiele dafür nennen können, in denen begabte und vielversprechende Frauen letztlich nichts aus sich machen konnten, weil sie entweder selber aufgaben oder durch äußere Umstände an der Verwirklichung ihrer Ziele gehindert wurden. Und zwar gehindert wurden *als Frauen* und nicht bloß, weil das Schicksal uns alle an unseren Plänen hindern kann. Frauen, die sich selber zurückstellen und einen weniger motivierten, weniger begabten Ehemann in seinem Aufstieg fördern; ihren Ehrgeiz hinter seine Karriere stellen, weil das der gesellschaftlich akzeptiertere und leichtere Weg zu sein scheint; die sich lange durchsetzen, um dann knapp vor ihrem Ziel den Mut zu verlieren und sich den Konventionen hinzugeben mit zu früher Familiengründung oder voreilig geschlossener Ehe; keine von uns muß lange nachdenken, um im eigenen Umfeld unzählige Beispiele solcher »Karrieren« zu finden. Dagegen muß man schon länger nachdenken, um für eine hypothetische Anna ein positives Rollenmodell zu finden.

Um in unseren Überlegungen nun einen Schritt weiter zu gelangen, brauchen wir einen anderen Begriff aus der amerikanischen Soziologie, nämlich den der »self-fulfilling prophecy«, der die »sich selber bewahrheitende Erwartung«. Wenn man den Ausgang einer Sache schon zu kennen glaubt, dann kann es vorkommen, daß man das eigene Verhalten schon auf diesen Ausgang ausrichtet – und damit erreicht, daß er wirklich eintrifft.

Wenn wir die Aufsätze unserer Befragten noch einmal und sorgfältiger lesen, dann fällt auf, wie stark alle Handlungen und Wendepunkte von Anna selbst ausgehen. Das betrifft kleinere Verhaltensweisen ebenso wie größere Entscheidungen. Anna »hält es für besser, ihr gutes Abschneiden bei der Prüfung herunterzuspielen und Karl zu sagen, daß Noten schließlich auch eine Glücksfrage seien und man sie eben gerade das gefragt habe, was sie zufällig am besten wußte«. Oder Anna »feiert die Prüfung nicht und erwähnt sie auch nicht mehr. Im Leben zählt ja schließlich das Gefühlsleben am meisten. Karl ist bei dieser Prüfung durchgefallen, und das versetzt Anna in eine heikle Situation. Für sich selbst verdrängt sie die Freude ebenfalls, wertet die Prüfung ab«.

Je nachdem, wie sensibel Karl ist, muß ihm ein solches Verhalten entweder als Herablassung oder als Masochismus erscheinen, in beiden Fällen jedenfalls fast schon wie eine Herausforderung zur Aggressivität. Im umgekehrten Fall würden es alle höchst lächerlich finden, wenn eine Studentin trotzig und verdrossen ist, weil ihr Freund bei einer Prüfung besser abgeschnitten hat als sie. Einer der Befragten war das wohl, zumindest latent, bewußt, denn sie ließ Karl bei der Prüfung durchfallen, um zumindest eine geringe Rechtfertigung für seinen (in der Geschichte aber niemals erwähnten, sondern von den beantwortenden Frauen einfach vorausgesetzten) Zorn zu geben. Einem nahestehenden Menschen gegenüber, unabhängig von Geschlechtszugehörigkeit, wird man eher nicht triumphierend auftrumpfen mit dem eigenen Erfolg, während er gleichzeitig meinen Mißerfolg oder einen geringeren Erfolg erlebt hat. Aber man wird nicht alle möglichen Verrenkungen und Unaufrichtigkeiten veranstalten, um dessen Ärger von sich abzuwenden.

Und wahrscheinlich wird man abwarten, wie er oder sie reagiert und sich fühlt, bevor man sich in orientalischen Unterwerfungs- und Entschuldigungsritualen ergeht.

Die Erwartung auf die Mißbilligung und Abweisung durch Karl betraf in den Geschichten aber nicht bloß solche Details des zwischenmenschlichen Verhaltens. Es erstreckte sich auf viel gravierendere Lebensentscheidungen.

In 31 Prozent aller weiblichen Antworten kam eine ungelegene, ungeplante oder für die Frau nachteilige Schwangerschaft vor. Im Jahr 1988 ist das viel; und noch beeindruckender ist diese Zahl, wenn wir bedenken, daß wir es in Anna mit einer Medizinstudentin zu tun haben, von der alle Welt erwarten darf, daß sie mit der Empfängnisverhütung vertraut ist. Und wieder sind die Formulierungen aufschlußreich.

Anna, mit dem besten Abschluß ihres Jahrgangs, findet keinen Turnusplatz. Das ist möglich, kann auch einem männlichen Mediziner passieren. Er aber wird nicht und kann nicht ihre Konsequenz ziehen: heiraten und ein Kind bekommen, um eine Rechtfertigung für die Unterbrechung der Laufbahn zu haben. Spürte Anna einen unwiderstehlichen Drang, eine Familie zu gründen? Hatte sie vielleicht einen Plan? Dachte sie sich also zum Beispiel, daß es jetzt ganz günstig wäre, mit der Gründung einer Familie zu beginnen, um die Wartezeit auf einen Turnusplatz konstruktiv zu nutzen? Nein, sondern das Kind und die Ehe sind alternative Versorgungsmodelle für eine Frau, die kurzfristig in Panik geraten ist ob einer Hürde in ihrem geplanten Berufsaufstieg.

Nun Karl: Ihm konzidiert die Verfasserin dieser Geschichte »Glück«; sie schenkt ihm einen Turnusplatz, eine Ehefrau und ein Kind und soviel Erfolg, daß er nach wenigen Jahren eine Privatpraxis besitzt. Ihn hält in ihrer Vorstellung nichts auf: seine schlechteren Noten nicht, die fehlenden Turnusplätze nicht, die Verantwortung für eine Familie mit Kind auch nicht. Wollen wir daraus schließen, daß Frauen sich nicht als »Glückskinder« sehen sondern lieber als arme kleine Waisenkinder, die allein und verlassen im dunklen Wald zurückbleiben müssen, wenn sie sich nicht rasch an das Glück eines anderen anhängen? Aber interessanter noch sind andere Fragen. In der Erzählung ist Karl eine vollkommen dimensionslose Figur, über die wir nichts erfahren. Will er auch ein Kind? Ist er es, der Anna diese »Lösung« ihres Ausbildungsproblems vorschlägt? Gibt es Streit, weil Karl sich nicht an der Versorgung des gemeinsamen Kindes beteiligen will? Setzt er Anna unter Druck, nach dem verspäteten Abschluß ihrer eigenen Ausbildung bei ihm mitzuarbeiten, statt – und so lange ist die Unterbrechung ja gar nicht – sich nun mit vollem Engagement ihrer eigenen Laufbahn zu widmen? Das alles erfahren wir nicht; es erscheint der Erzählerin nicht relevant. Oder scheint es ihr so selbstverständlich, daß sie darüber gar kein Wort verlieren will? Und diese Erzählerin war damit nicht allein. In keiner der Geschichten wurde ein Zwang, ein Druck, eine Drohung von Karls Seite erwähnt. Das »Kopfweh«, das ihn daran hinderte, an der Prüfungsfeier teilzunehmen – woraufhin auch Anna, die darin einen Vorwurf und eine Beschwerde sah, auch nicht zur Feier ging –, war schon das äußerste an Druck, das »Karl« in den Erzählungen ausübte. Nie hieß es: »Karl drohte, Anna zu verlassen«; »Karl wollte unbedingt ein Kind«; »Karl bestand darauf, daß Anna als seine Sprechstundenhilfe arbeitete«. Sondern Anna »wußte«, daß sie Karl verlieren würde, wenn sie nicht XY täte. Aber: woher »wußte« sie das? Aus subtilen Hinweisen seinerseits, aus stummen, aber für jede Frau leicht interpretierbaren Signalen seines Unmuts? Aus den Kommentaren und Warnungen einer Umwelt, von Tanten und Müttern und Freundinnen über Zeitschriften und Ratkolumnen reichend? Nicht »Angst vor dem Erfolg« haben die Frauen, sondern Angst vor den Männern, der Umwelt und davor, daß die eigenen Fähigkeiten und inneren Kräfte vielleicht doch nicht ausreichen werden, um den lockenden Erfolg auch wirklich zu erreichen. Und davor, daß damit am Schluß dann gar nichts übrig bleibt: weder Karl noch eine glänzende Ärztinnenlaufbahn.

Gegen die tausend- und millionenfachen Entmutigungen der Umwelt, die beständig am Selbstbewußtsein junger Mädchen und Frauen nagen; an den verunsicherten, teils sogar ablehnenden und aggressiven Reaktionen der Männer, die es gewohnt sind, immer die besseren und die klügeren und die mit Glück gesegneteren zu sein; an den objektiven Hürden, die das Leben allen Menschen und den Frauen noch mit einer Sonderzulage in den Weg stellt; an all diesen Dingen können wir unmittelbar und sofort nichts ändern. Sie werden verändert durch bewußt gesetzte Schritte und Reformen und durch das langsam, sehr langsam sich verlagernde Schwergewicht unserer einzelnen und kollektiven Bewußtseinsstände und Verhaltensweisen, aber das erfordert seine Zeit. Was wir tun können, ganz unmittelbar, ist trotzdem nennenswert:

– Widerstände ansprechen und prüfen, statt sich in der Gewißheit ihrer unabänderlichen Kraft von ihnen abschrekken zu lassen.

– Sich selber nicht verstellen, und zwar in keine Richtung: weder, indem man dem Partner größere Sanftmut und Anpassungsfreude vorspielt als man sie auch wirklich leben möchte, noch, indem man mit »overkill« die ganze Widerstandskraft verpufft in kämpferischen Auftritten und mit Drohungen, die man nicht zu verwirklichen gedenkt bzw. die in keinem Verhältnis stehen zum jeweiligen Anlaß. Sich mit Widerwillen anpassen, dulden, hinunterschlucken, um dann irgendwann, wenn das Faß überläuft, unvorhersehbar zu explodieren, belastet die eigene Persönlichkeit und erlaubt es den anderen, einen als irrational einzustufen. Klare Abkommen hingegen, deutlich und einfach formuliert und vom Partner ausdrücklich akzeptiert, stellen eine viel bessere Ausgangssituation dar.

– Die eigenen Leistungen realistisch sehen. Wer ständig tiefstapelt, schaufelt sich damit bloß das eigene Grab. Sachlich und realistisch sind die Worte, an denen wir uns hierbei orientieren sollten; weder überschwengliche Bezeugungen der eigenen Bescheidenheit und Demut sind am Platz noch provozierende Brunstauftritte der männlichen Art. Wird dich ein Blitzstrahl treffen und zu Boden strecken, wenn du der Tatsache ins Auge siehst, daß du irgend etwas wirklich gut gemacht hast, daß du in irgendeiner Hinsicht wirklich außergewöhnlich gut bist? Warum diese und andere eigentlich ganz einfachen und naheliegenden Dinge Frauen so schwerfallen, damit befaßt sich die amerikanische Sozialwissenschaft schon seit längerem. Vor allem Soziologinnen und Psychologinnen versuchen, der weiblichen Identitätsschwäche auf die Spur zu kommen, Verhaltensweisen und Einstellungen zu identifizieren, mit denen Frauen sich selbst schaden.

So hat zum Beispiel die Psychiaterin Natalie Shainess an ihren Klientinnen beobachtet, wie Frauen sich in Konfliktsituationen, aber auch im normalen Alltag selbst Fallstricke legen.

Und zwar tun sie das auf mehrerlei Art.

– Sie vermitteln der Umwelt deutlich ihre Unsicherheit und machen sich damit angreifbar.

– Sie sehen eine ungünstige Entwicklung voraus, noch bevor es das leiseste Anzeichen dafür gibt und verhalten sich dann so, als ob es unausweichlich wäre – womit sie sicherstellen, daß es auch unausweichlich wird.

– Von inneren Ambivalenzen und Unsicherheiten geplagt,

handeln sie oft zweigleisig – nehmen sich einen Vorteil, den sie haben, selber wieder weg oder begünstigen eine Situation, obwohl sie die gar nicht wollen.

– Durch viele Verhaltensfehler erreichen Frauen, daß die Diskriminierung leichter geht – sie helfen mit, Situationen zu erzeugen, in denen sie dann gar nicht mehr gewinnen können. Natalie Shainess führt viele Beispiele an. Was ihr immer wieder auffällt: wie schwer es Frauen fällt, eine Situation der Ungewißheit zu ertragen. Um einer solchen Situation zu entgehen, forcieren sie oft eine Entscheidung, wo es weit besser wäre, abzuwarten. Sogar eine negative Entscheidung – zum Beispiel eine Absage – erscheint ihnen psychisch erträglicher als die fortgesetzte Ungewißheit. Wahrscheinlich ist das kein weiblicher, sondern ein allgemein menschlicher Zug – Warten, Unklarheit, das sind Schwebezustände, die oft schwer zu ertragen sind. In Konfliktsituationen aber hat derjenige, der sich besser beherrschen kann, den Vorteil. Das gilt für Privatbeziehungen genauso wie für geschäftliche Situationen.

Als nächsten Punkt führt Shainess an, wie schwer es Frauen oft fällt, ihre Wünsche und Vorstellungen deutlich anzumelden. Sie warten, daß ihnen ein passendes Angebot gemacht wird; gibt es gar kein Entkommen mehr, und sie müssen sich selber äußern, dann verlangen sie oft weniger, als ihnen zusteht. Danach ärgern sie sich über sich selber und wollen das schlechte Ergebnis nachträglich revidieren. Das wiederum wird in der Arbeitswelt als unprofessionelles Verhalten erlebt. Oder: die Frau beißt die Zähne zusammen, bleibt in einer Konfrontationssituation hart, setzt sich auch durch – und fühlt sich anschließend so »schuldig« und mies, daß sie das Klima wieder zu verbessern versucht durch Zugeständnisse, die keiner von ihr verlangt oder erwartet.

Zum selbstdestruktiven Verhalten gehören noch zahlreiche

andere Details, die uns, wenn wir Shainess' Fallbeispiele lesen, in schmerzhaftem Wiedererkennen zusammenzucken lassen. Es stimmt; wenn eine Frau gelobt wird, erwidert sie oft, indem sie die Leistung oder Sache, für die sie gelobt wird, bagatellisiert und abwertet oder indem sie unaufgefordert die Aufmerksamkeit des Sprechers auf irgendwelche Unzulänglichkeiten und Makel lenkt. Frauen geben oft zu umständliche und zu lange Rechtfertigungen und Erklärungen ab und definieren sich damit als Untertanen, als Schulmädchen, nicht aber als mündige und wichtige und ebenbürtige Person, die getan hat, was sie selber für richtig hielt. Sie lassen sich oft, gerade in der Anfangsphase (einer Beziehung genauso wie eines Arbeitsverhältnisses) viel zu viel gefallen in der Annahme, damit einen großen Vorschuß an Dankbarkeit zu erwerben, besonders liebenswert zu sein; ihr Gegenüber, soweit männlich, betrachtet eine Anfangsphase aber als die kritische Zeit, in der Regeln festgelegt und Grenzen markiert werden. Und in ihren Augen hat sich die Frau nicht als nett, entgegenkommend und liebenswert erwiesen, sondern sie hat sich selber zum Fußabstreifer erklärt.

X. Schlußwort
Mit schlechtem Beispiel voran oder:
Lockert den Burschen die Krawatten,
und es geht uns allen besser

»Karrierefrau« – das Bild, das dieser Begriff wachruft, ist jenes einer dynamischen, zielstrebigen, vielleicht etwas eingleisigen Person, die ihrem Erfolg die höchste Priorität gibt und, allen Verunsicherungsversuchen der Umwelt zum Trotz, zu diesen Prioritäten steht.

Der wachsenden Literatur über dieses weibliche Wirtschaftswunder entnehmen wir die Kehrseite – die vielen inneren Unsicherheiten, die das gestylte Auftreten begleiten; die tiefen Ambivalenzen, um nicht zu sagen die primitiven Feindseligkeiten, der verunsicherten männlichen Arbeitswelt; die hinterhältigen Sabotageakte durch Ehemänner und Geliebte; die vielfältigen Selbstsabotagen eines immer noch rollenvergifteten Bewußtseins. Die qualvollen Entscheidungen. Die Triumphe. Die Selbstdressur zu einer Person, die in dem rauhen Klima einer männlichen Berufswelt mitstreiten will. Das alles wird präsentiert als eine Serie von Anachronismen: die Umwelt, die Kollegen, die Kindergärten, die Welt im allgemeinen hat sich einfach noch nicht mit diesem Frauentyp abgefunden. Und das ist bestimmt eine richtige Deutung.

Unsere eigenen Recherchen über Karrierefrauen ergaben nicht so sehr eine Summe von Barrieren, Ambivalenzen und Unebenheiten; es ergab sich eher eine Geschichte dessen, was auf Österreichisch »durchwursteln« heißt.

Man kann das als etwas Negatives sehen. Eine Frau, mitten

in einem hoffnungsvollen Aufstieg, hält den Druck plötzlich nicht mehr aus und geht statt dessen mit ihrem Mann nach Madagaskar, wo er ungebrochen an seiner ebenfalls hoffnungsvollen Karriere weiterbastelt, während sie ein Kind bekommt und Batiken lernt. Drei Jahre später macht sie mit einer Freundin eine Boutique auf, läßt sich von ihrem Mann scheiden, verkauft zwei Jahre später ihre Anteile und eröffnet statt dessen ein kleines Hotel, lernt einen anderen Mann kennen, zieht mit ihm in eine andere Stadt und macht dort ein zweites Hotel auf und hat am Ende einen bunt gescheckten Lebenslauf mit vielen Aufs und Abs und zahlreichen abgebrochenen verheißungsvollen Anfängen, während ihr Mann auf eine lückenlos aufsteigende Karriere als Wirtschaftsexperte zurückblicken kann und ihr späterer Freund, ein Grafiker, zwar auch nicht seßhaft war, aber doch immer bloß den Regungen seiner Karriere folgte, der Privatbereich bloß Fußnote.

In der Fachliteratur wird dieses Muster, wird diese mangelnde Geradlinigkeit weiblicher Karrieren sehr bemängelt. Vor allem die amerikanische Literatur, die sich schon viel länger und viel professioneller mit diesen Fragen befaßt, rät Frauen eindringlich dazu, ihre Lebensziele früh festzusetzen, sich bewußt zu sein, daß sie auch Verzicht und Besessenheit verlangen, und sich nicht von traditionell weiblichen Verirrungen aufhalten zu lassen.

Ein Manager hat eben einen langen Tag. Ein Manager hat eben ein Privatleben, das bestenfalls an zweiter Stelle steht und oft so gut wie gar nicht existiert. Ein Manager muß seine Gefühle eben kontrollieren, gezielt einsetzen können, usw.

Und eine Frau, die es mit ihrer Karriere ernst meint, muß wissen, daß alles seinen Preis hat.

Man kann die Sache aber auch anders sehen. Der Keim zu diesem Gedanken war, paradoxerweise, ausgerechnet in einem besonders strengen amerikanischen Wie-mach'-ich-

Superkarriere-Handbuch enthalten. Wir Frauen müssen, so die vorwurfsvolle Prämisse der Autorin, zumindest einen Teil der Schuld am mangelnden Fortkommen im Konzern auch bei uns selber suchen. Oft sind es nicht in erster Linie irgendwelche böswilligen Männer, die dem weiblichen Aufstieg Hürden in den Weg stellen, sondern es ist die Frau selber, die sich – manchmal bewußt, oft unbewußt, eine Grenze setzt. Sie ist es, die innerlich entscheidet, daß sie das letzte Stück persönlichen Einsatzes nicht bringen will. Daß sie nicht aus dem Haus gehen will im Bewußtsein, daß sie abends vielleicht schon wieder in irgendeinem Flugzeug nach irgendwohin sitzen wird. Daß sie nicht bis 8 Uhr abends in irgendeiner Kommission schmoren will.

Die Frauen, mit denen wir sprachen, hatten den unebeneren Karriereverlauf, aber oft hatten sie das interessantere Leben. Sie hatten ... Eigenschaften.

Oder, wie eine unserer Interviewpartnerinnen es formulierte, »women have more pleasures«. Die Frau, Italienerin, war Vorstand der Gewerkschaft der Diplomaten. Weder ihr pompöses Büro in einem dramatischen Regierungshochhaus am Stadtrand von Rom, noch ihr eigener glänzender Karriereverlauf, noch ihre Erscheinung, ziemlich streng in einem Wollkostüm, hatten uns darauf vorbereitet, daß wir von ihr eine flotte Schilderung des natürlichen Unterschiedes zwischen dem männlichen und dem weiblichen Wesen bekommen würden. Männer, vertraute uns die Diplomatin an, leben sogar im vergleichsweise abenteuerlichen Außendienst ein relativ anspruchsloses Leben. Es besteht fast nur aus ihrer Karriere, und dazu haben sie noch ein bißchen Interesse an ihrer Familie und eine kleine Präokkupation mit Sex. Und das war's dann schon. Frauen dagegen – unsere Interviewpartnerin gestikuliert, sucht nach der geeigneten Formulierung – sie haben viel mehr Interessen, viel mehr Farbe, sie haben ... more pleasures!

Was heißt es, sich voll und ganz der Karriere widmen? Der Erfolgsideologie gemäß heißt es, Leistung an erste Stelle zu plazieren, vor den anderen Freuden und Bereichen des Lebens: Leistung und Freude gleichzusetzen. Die Frauen, die laut Signora M. den entscheidenden, endgültigen Sprung zur Hochleistung nicht schafften, wurden nicht so sehr von außen zurückgehalten – solche Barrieren hatten sie, um überhaupt einmal so weit zu kommen, schon überwunden. Vielmehr steckten sie an irgendeinem Punkt selber zurück. Signora M. identifizierte bei einigen der von ihr interviewten Frauen einen Moment, in dem der »totale Erfolg« greifbar nahe schien und in dem die Frauen just in diesem Moment die Hand zurückzogen. Weil sie nicht bereit waren, den Preis zu zahlen: auf verbleibende Reste von Freizeit zu verzichten, sich endgültig von ihren Familien zu verabschieden, im totalen Dienst der Firma zu stehen.

Allerdings hat diese Frage noch eine zweite Seite. Viele erfolgreiche Frauen, die wir interviewten, nannten gerade Flexibilität, Freiheit und Zeit als den größten Luxus, den ihr Erfolg mit sich brachte. Aufstieg bedeutet auch, weniger Leute über sich zu haben – und damit weniger Vorgesetzte, deren Befehlen und Regeln man untergeordnet ist.

In einer Werbefirma erläuterte uns der Chef sehr deutlich diese Situation. Seine »Künstler« sind kreative, schöpferische Menschen, die am besten dem eigenen Rhythmus gehorchen. Sie kommen mal ganz zeitig, mal erst mittags, mal gar nicht; das macht nichts, solange das Produkt termingerecht abgeliefert wird. Wenn sie lieber spät nachts zu Hause arbeiten, ist das o.k.; wenn ihnen tagelang gar nichts einfallen will und sie lieber im Kaffeehaus sitzen und grübeln, hat er dafür Verständnis. Außerdem gibt es auch Zeiten, wo alle unter schrecklichem Druck stehen und Tag und Nacht zur Stelle sein müssen; dann kommt es vor, daß man auf Klappbetten im Atelier schläft, bloß um die Präsentation rechtzeitig fertigzukriegen. Die Sekretärinnen dagegen müssen ganz traditionell arbeiten. Sie müssen pünktlich da sein, um das Telefon zu beantworten und Terminkalender zu führen; man muß damit rechnen können, daß sie von 8 bis 5 zur Stelle sind, sonst läuft der Laden nicht. In diesem Sinn ist »Karriere-machen« auch »Freiheit-haben«. Das Problem damit ist wiederum, daß vor allem »Karrieremänner« oft nicht wissen, was sie mit dieser Freiheit anfangen sollten.

Da sie, um an ihre hohe Stelle zu gelangen, erst einmal alles andere im Leben vernachlässigen mußten, haben sie nun keine Bereiche mehr, auf die sie ihre freigewordene Zeit neu verteilen könnten. Die Familie ist längst in einem grünen, entlegenen Prestigevorort deponiert worden. Hobbies wurden danach gewählt, daß sie Kontakte zu möglichen Kunden herstellen. Was wie ein Klischee klingt, begegnete uns in unserer Untersuchung dutzendweise: Männer, die Frau und Familie hinter sich gelassen hatten, entweder tatsächlich durch eine Scheidung oder de facto durch völliges Auseinanderleben; die erlebt hatten, daß ein beruflicher Rückschlag identisch ist mit dem Verlust fast aller vermeintlichen »Freunde«, da alle Freunde sich aus dem Arbeitsleben rekrutierten und niemand Zeit hatte für einen »Verlierer«; die jahrelanges Verweilen in langweiligen, frustrierenden, gehaßten Positionen ertragen hatten für einen Erfolg, der sich hauptsächlich messen ließ in der Achtung von Leuten, die ihnen gleichgültig waren und in der Anschaffung von Luxusgütern, die sie aus Zeitmangel nicht in Anspruch nehmen konnten. Da war zum Beispiel der Topmanager einer Autofirma, der 10 Jahre lang todgelangweilt und von einem schrecklichen Vorgesetzten schikaniert in der Buchhaltung gelitten hatte; jetzt ist er erfolgreich und besitzt ein Boot, das er in 5 Jahren ein einziges Mal benutzt hat, und ein Freizeithaus in Spanien, in dem er überhaupt noch nie Urlaub gemacht hat.

Ist das wirklich ein erstrebenswertes Vorbild?

Wenn wir die Lebensläufe der Frauen, die wir für dieses Buch interviewten, ganz buchhalterisch betrachteten – und wir wählten ganz bewußt Frauen, die in einem »normalen« Rahmen Erfolg hatten und nicht absolute Ausnahmeerscheinungen waren –, dann kam unter dem Strich, wenn wir Bilanz zogen, eine ganz schöne Summe heraus. Sie hatten Fehler gemacht, sicher. Sie hatten es sich weit schwerer gemacht, als es nötig gewesen wäre. Sie hatten Zeit verloren. Sie hatten Triumphe nicht als solche erkannt und sich die Freude daran selber verdorben. Sie hatten viel Energie in Kämpfen mit Windmühlen vergeudet, während der wirkliche Kriegsschauplatz ganz woanders gewesen wäre. Und trotzdem war ihnen viel geblieben – vielleicht mehr als den Männern, die all diese Fehler nicht gemacht hatten. Sie hatten ein abwechslungsreiches Leben gehabt.
Auch das Gefühlsleben war nicht zu kurz gekommen.
Sie hatten Kinder, und zu diesen Kindern eine gute Beziehung. Ihr Arbeitsleben war nicht gradlinig und zielstrebig, dafür aber war es vielfältig und nicht langweilig.
Es führte keine beeindruckend aufgebaute Linie von ihrem 18. bis zu ihrem 40. Lebensjahr. Dafür aber konnten sie auf eine oft recht beeindruckende persönliche Entwicklung und Veränderung zurückblicken.
In ihrem Leben hatte es auch Phasen der Muße gegeben – nicht eine einzige große Sinnkrise, in der man alles bisher erreichte traumatisch in Frage stellt, sondern viele kleine Ruhestrecken, in denen man über sich und sein Leben sinniert.
Sie bewiesen, daß viele Wege zu vielen Zielen führen, denn selbst in wirtschaftlich schwierigeren Zeiten, wie den unseren, gelang es unzähligen Frauen auch ohne tolle Ausbildung, auch ohne viel Kapital, auch mit vielen Jahren Unterbrechung für sich einen neuen Anfang zu machen.

Wir wollen nicht zu euphorisch werden. Den meisten Frauen wäre es besser gegangen, und sie wären glücklicher gewesen, und ihre persönliche Situation wäre stabiler gewesen, wenn sie nicht einen ständigen Staffettenlauf mit den Hindernissen der Umwelt hätten machen müssen. Mit bevormundenden Eltern, bockigen Ehemännern, und dem eigenen unsicheren und leicht entmutigbaren Innenleben.

Trotzdem – die Richtung ist nicht ganz falsch.

Wenn wir nicht wieder das Motto »Kraft durch Freude« anklingen lassen wollen, dann tun wir gut daran zu bedenken, daß das Leben nicht nur aus Arbeit bestehen soll. Auch der Sommerschlußverkauf, ein Reisejahr in Südamerika, ein Baby, ein freier Nachmittag im Schwimmbad gehören dazu. Auch die Männer täten gut daran, sich von Geradlinigkeit und Leistungseifer ein wenig abbringen zu lassen.